U0067240

社會變遷與教育政策

劉世閔　著

作者簡介

劉世閔

【學歷】

- 美國紐約大學教育行政哲學博士
- 國立台中師範學院國民教育研究所學校行政碩士
- 國立台中師範學院初等教育系學校行政組學士

【經歷】

- 慈濟大學教育學程中心及教育研究所專任助理教授
- 國立花蓮師範學院初等教育系兼任助理教授
- 慈濟大學教育學程中心及教育研究所專任助理教授
- 國立空中大學兼任助理教授
- 美國紐約文化中心文化教室協辦

【現任】

- 國立高雄師範大學教育學系專任助理教授

序

本書係從一九九六年研究者取得教育部國家公費獎學金負笈美國留學開始，歷經八年多的研究成果彙整。研究取景的角度，以歷史文化脈絡作背景鋪陳，從一九九四年台灣教育改革發端，詳述教育政策的研擬、制定、實施及其後效，與迄今政策變化過程，試圖從不同層面剖析我國教育政策的演化與社會變遷的關係。

隨著社會變遷，過去所適用的教育政策現在已經逐漸地被調整、改革或適應，本研究所採取的研究方法主要為深度訪談與文獻分析的方式，分別針對政策趨勢作探討，剖析國際間教育改革路線的具體政策與假設，並以微觀方式針對國內教育改革理念與實務作實地研究與訪談。

這是一本論述台灣教育政策演變的書，全書共計八篇文章，有些是新近完成尚未出版過的作品，有些則修改於學術研討會發表尚未出版，或刊載於教育期刊中，皆於文末註明原出處，本書出版前亦作些許修改。第一章針對台灣教育政策背景作鋪陳，分析台灣地理位置與人口現況、經濟條件、政治因素、社會文化與教育政策之關係。第二章剖析教育政策的理念與社會變遷之關係。第三章則針對九年一貫課程政策形成之歷史背景與內涵分析。第四章探討學校人物之相關教育政策與其角色變遷。第五章則陳述比較美、英兩國之教育政策。第六章則分析本書所用之研究方法與方法論。第七章則分析不同層級之教育現場人員對於教育政策之制定與實施之觀點及意見。第八章則針對以上之章節作簡短之結語與省思。

劉世閔　謹識

二〇〇四年十一月

目　錄

第一章　背景篇

第二章　教育政策理念篇

第三章 九年一貫課程政策形成篇

第四章 教育政策與學校人物篇

第五章　國際教育政策比較篇

第八章　代結語與省思篇

▶附錄◀

▶參考文獻◀

▶索引◀

▶表　次◀

▶圖　次◀

第一章 背景篇

本章精華

第一節 ▶ 歷史的台灣
第二節 ▶ 台灣的地理、人口與教育
第三節 ▶ 台灣經濟與教育
第四節 ▶ 台灣政治與教育
第五節 ▶ 台灣社會、文化與教育

一九二九年美國經濟大蕭條，造成股市大崩盤，波及所有西方工業國家，經濟嚴重衰退，美國羅斯福總統於一九三九年起迄一九三九年間所推動的新政（New Deal），根據一九三三年六月國家工業復興法，設立國家復興署，因而逐漸扭轉頹勢，引領全球風騷。政策引領時代的變遷，時代也因政策而轉變。

因應時局而有不同政策，因政策而改變時局。因社會時代變遷而有不同的教育政策，而教育政策也主導部分社會時代變遷。這樣的類比說明時代變遷與教育政策間密不可分的關係。教育政策的目的不僅在發展人力、培植人才，也在成就全人，從社會變遷可以窺知教育政策的趨勢，從趨勢中找尋社會變遷的發展方向。

本章將分節介紹歷史的台灣，台灣的地理、人口與教育，台灣經濟與教育，台灣政治與教育，及台灣社會、文化與教育分述如下。

第一節 歷史的台灣

台灣複雜的歷史背景，建構成當今多元的社會體系，四百年的殖民史，使這塊土地認同情結錯綜複雜，這塊號稱台灣人共同母親的土地，玆用下列這首詩的描述：

母親台灣
是黑水溝旁的埋冤，
是「禹貢」之揚州，
是嬴政夢想不死仙丹的三仙山，

是徐福旅航的標的，
是諸葛直征討的夷洲，
是原住民逐鹿的山林；
是顏思齊、鄭芝龍盤據的巢穴，
是葡萄牙人眼中的 Ilha Formosa，
是荷蘭人與西班牙人的通商據點，
是 Martinus Sonck 的 Zeelandia，
是卡爾德思的 San Gallo，
是何斌獻策的輿圖，
是鄭成功反清復明的踏板，
是清廷「三年一小反，五年一大反」的民變場所，
是劉銘傳的現代化示範省，
是李鴻章馬關春帆樓辱權出賣的犧牲，
是邱逢甲詩中的割地，
是唐景崧台灣民主共和國的總統夢境；
是樺山資紀的始政之點，
是伊澤修二的國語傳習所，
是大日本帝國的南進基地，
是八田與一的嘉南大圳，
是東亞共榮圈的農醫補給站，
是國共內戰百萬軍民流離的庇護所，
是二二八的傷心處，
是蔣中正反共復國的根據地，
是生斯長斯遊子的歸鄉，
也是所有台灣人共同的母親。

台灣的地理、人口與教育

本節將探討台灣的地理與人口、族群、人口結構與教育之關係。

壹、台灣的地理與人口

台灣古稱「夷州」、「琉球」、「台員」、「大員」、「埋冤」、「大灣」、「笨港」及「北港」等。十六世紀，這個島嶼還未被歐洲的航海者所知悉的時候，葡萄牙人偶然地航行經過這島嶼的西海岸，驚異於她的美麗，而稱她為“Ilha Formosa”（美麗島，意指婆娑之洋、美麗之島的意思）。一位受雇於葡萄牙人的荷蘭航海官，名字叫做霖卓敦（Linchotten），就在他的航海圖上如此標記這個島嶼的名稱，福爾摩沙這個名稱從此在歐洲的書籍上，如此悅耳地，又如此合適地，取代了其他的名字（林茂生，2000）。茲分述這美麗之島的地理位置與面積及台灣政治地理的理念與現實。

一、台灣地理位置與面積

台灣，位於西太平洋濱，亞洲的東方海岸一小島嶼，西隔黑水溝（台灣海峽）與中國大陸福建省相望，北臨日、韓，南接菲律賓呂宋島，領土大約13,814平方里（東西90英里，南北240英里），呈東北西南走向，位於北緯20度15分至20度55分之間，跨東經120度至122度之間。約如荷蘭一樣大，或者相當於結合美國麻薩諸塞、羅德島和康乃狄克。雖然島嶼面積不大，但是，台灣在東亞的經濟中起了強大的作用（Copper, 1996; Boyd & Lee, 1995）。

二、台灣政治地理的理念與現實

台灣政治地理的理念與現實，可以從國民中小學課程設計的變遷發現軌跡的變化，台灣與中華民國從隸屬到結合的過程，也見證台灣政治地理的關係。

(一) 秋海棠形狀的中華民國（the Republic of China, ROC）

一九一一年成立後的中華民國，根據其憲法所轄包含三十五省的象徵秋海棠的政治版圖，在歷經國共內戰、國民黨政權撤退到台灣之際，目前在中華民國控制下的地區包含台灣省、台北和高雄兩個院轄市（其政治位階與「省」的狀態相似，台北市從一九六七年以來人口增長了一百萬，在政治、經濟和文化重要性上亦有所成長），其餘台灣本島縣市、澎湖、金馬和馬祖（這兩個屬於福建省的島嶼）及附近一些小島嶼。

(二) 中華民國在台灣（the ROC in Taiwan）

在李登輝主政十二年的國民黨政權下，企圖將神格化的中華民國神龕回歸現實本土台灣層面，中華民國在台灣成為新的政治圖騰，不過政治版圖與地理版圖始終不一的台灣地理教育情境下，台灣本土意識興起，中國大陸的地理版圖也從秋海棠逐漸被老母雞（缺少外蒙）所替代。

當 ROC 的領土幾乎只剩下台、澎、金、馬，而台灣省的人口幾乎就是中華民國的人口的時候，很快地，台灣省成為完全被中央政府所控制的省份。結果，許多省政府的功能和職責，與中央政府有疊床架屋的窘境。

當時台灣末代省長宋楚瑜曾跑遍台灣三百零九個鄉鎮市，累積相當實力的民意基礎，為了兌現他的選舉支票，在省長任上，不惜多次炮打國民黨中央，也因此與當時位處權力巔峰之李登輝交惡，為了消減其影響力，一九九六年年底，經國家發展會議議決凍省，一九九七年七月十六日，在國民黨與民進黨雙方支持省級虛級化的強力介入之下，將台灣省府組織業務功能精簡與調整，連帶著牽動修憲、碰觸台灣深層的政治認同敏感神經，隨之而來的利益糾葛包括：總統大選的詭譎、民進黨在立院崛起、國民黨的分化、親民黨的成立、省議員任期的延長、立法委員名額的增加、教育廳人事縮編及省屬高中國立化等，無不與凍省事件息息相關。

(三) 中華民國即台灣（the ROC is Taiwan）

一九四五年八月十五日二次大戰結束，十月二十五日國民政府接收台灣，國民政府遷台迄今，從少康中興、毋忘在莒到立足台灣，國家概念隨時代變遷與政治意識的轉變有所變化，陳水扁總統曾提出此論點，然而卻被前總統李登輝所否定，而所謂的中華民國是否等同於台灣？因此，國際間常有人質疑她究竟是一國或一省（Copper, 1996）？兩岸議題也成為國際與台灣政壇爭議的焦點，更有人譬喻兩者的關係如同中東火藥庫。

不過，如同 Mao（1997）所陳述：台灣經濟驚人的成長使人無法忽略，一些強大國家寧可承認中華人民共和國，不過卻以準政府形式接受台灣，以交換他們自身的經濟利益。近幾年中國大陸經濟革新，大陸經濟體引發一股磁吸效應，台商的大量西進，使兩岸的經濟逐漸消長。在二〇〇〇年的總統大選後，這種歇斯底里版圖分裂的概念，逐漸回歸到新任總統陳水扁主張中華民國即台灣的意識上，台灣的教育情境與政策取向也起了相當大的波瀾。這樣的背景下，使台灣與大陸的政經關係更為複雜。

貳、台灣族群與教育

台灣多山多丘陵，可用的天然資源有限，加以四周環海，人力成為該島重要資源之一，由於島內居民多半自大陸遷徙，相近的文化，不同的政治制度，使兩岸關係格外複雜。

一、人力資本

人力資本（human capital）是經濟學的重要名詞，盛行於一九六〇年代，教育可以增進所得，提升職業聲望，提供職業選擇及增進工作者生產力。衝突論認為人力資本科層化係再製資本主義經濟的生產力，或製造合乎資本主義統治階層所需之人力資本。資本主義所指人力資本是指企業所需的人力，人力資源包括組織成員的能力、知識、技術和態度。

一九九二年諾貝爾經濟學獎得主 Becker 認為人力資本係由下列重要因素所組成：教育、經驗、工作訓練、技能、健康、動機，個人如果在自己身上投資愈多的人力資本，將來得到更多薪資的可能性愈高（周新富，2003）。這樣的觀點促使教育政策採經濟學的觀點，教育從消費到投資，影響教育經費的投入與產出。而人力資本成為入學制度的指標。

人力的開發成為這塊天然資源貧瘠的土地上的重要教育政策，

早期研究教育政策多半與組織成員工作滿意度有關，因此健全人事制度，強化全面品質管理，人力的規劃、培育、流程、組織與激勵，無不與教育政策息息相關，王如哲（1999a）認為人力資源管理的範疇包括人力計畫（manpower planning）、晉用人員（recruitment）、選擇（selection）、評價（appraisal）與評鑑（evaluation）、訓練、薪資與待遇實施（wage and salary administration）、與工業界的關係（industrial relations）、管理發展（management development）、組織發展（organizational development）、組織設計與福利（organizational design and welfare）……等課題，因此，其範圍相當廣泛。著名的管理學大師 William Edwards Deming 即認為應以人才為寶。因此，政策的指標若無法促使領導者知人善任，自然無法激發組織效能的提升。

根據 Copper（1996）的統計分析，台灣最重要的資源是它的人口，在一九九五年時人口數達 21,244,000 人。而根據內政部的統計顯示，二〇〇四年二月底台閩地區總人口更高達 22,615,997 人，相較於狹小的領土，這個海島是地球上人口密集度最高的地區之一；台灣每平方英里的人口密集度幾乎是日本的兩倍，而且也比中國大陸幾乎高了五倍之多！

二、文化臍帶與族群

文化泛指人類社會中的道德觀念、宗教信仰、風俗習慣、技能、法律、藝術等，具體反映在日常生活中的食衣住行育樂等方面。Schein（1985）則以三個層次來揭示文化的特質，下層為人造物，中層為價值，上層為默會假定。根據 Mao （1997）的統計，台灣這塊土地上，原住民[1]占總人口 1.7 %，河洛[2]約 73.3 %，客家約 12 %，大陸於一九四五年遷台者約 13％（p. 79），近年來由於社會變遷，人口結構與這塊島上政治、經濟及社會間形成複雜情結，由於政治與社會因素的影響，使得族群與教育的關係，如同酵母與麵團在這蕞爾小島上發酵，統獨的議題也常成為島上政治人物與居民難以處理的情結。

台灣人民的祖先，大多數是來自於福建省閩南的河洛人（福佬人），和來自於與福建省相鄰的廣東省客家人的後裔，他們在三、四百多年前離開中國大陸（Floyd, 1999; Mao, 1997）。在國民政府主政時期，台灣文化基本上與中原文化相同／似，近年來台灣主流意識文化逐漸興起，目前台灣人口主要由以下五大族群所構成：

(一) 原住民

包含阿美族、泰雅族、排灣族、布農族、魯凱族、鄒族、雅美族（達悟）、卑南族、賽夏族（上述族群在日治時期稱為高砂族）、邵族、噶瑪蘭族與太魯閣組等十二族，受漢族排擠目前多居住在台灣丘陵與高山地帶。

(二) 平埔族

凱達格蘭、道卡斯、拍瀑拉、巴則海、巴布薩、洪雅、西拉雅、噶瑪蘭、邵（民進黨執政視後兩族為原住民）這些族逐漸漢化，文

---

1 有一些人認為原住民是馬來人與南洋的小黑人或琉球人混血的後裔；另外有人相信，同樣是純馬來人的後裔，東至台灣，西到馬達加斯加島，向扇狀分布各地（林茂生，2000）。

2 河洛人又稱閩人、福佬人，主要來自廈門、泉州、漳州或漳浦等四個地區的移民。

化特色慢慢消失。

(三) 河洛人

主要來自黃河洛水一帶，一說因東漢末年黃巾之亂而南遷閩南之泉州、漳州與廣東之潮州、欽州等地輾轉至台灣。

(四) 客家人

一說東晉五胡亂華時由中原南徙至中國廣東一帶，再輾轉遷台者，由於較河洛人後到被稱為客，乃相對於主之意。

(五) 一九四九年大陸遷台之「外省人」

在一九四五至一九四九年之間從中國大陸來台的人，當時約二百萬軍、民遷入，約占當時人口數 20%，由閩客族裔的眼光觀之稱之為外省，即非原籍台灣者所組成。

在台灣，當年由中國大陸來台的外省籍人士和本土台灣人（河洛人和客家人）之間，普遍存在著族群的緊張關係，平埔族因漢化頗深，原住民則因為人數過少而常被邊緣化。於國民政府主政時期，因操國語之外省團體，結合當時國語政策，在政治的層級上占有相當優勢，同時也為台灣注入多元的文化內涵。

參、人口結構與教育

一、人口與九年國民義務教育政策

為了緩解升學壓力，台灣自一九六八年度起實施九年國民教育，並於一九八二年頒布施行「強迫入學條例」，完成九年義務教育之一貫體系。分為國小六年教育、國中三年教育。政府主導教育的觀念逐漸落實，直到一九九九年教育基本法的頒布，家長教育權的概念逐漸被喚起。

九年國民義務教育的主要功能改變了傳統性別偏見、降低文盲比例與造成粗廉的大班大校現象。在一九五二年，學齡六到十一歲有93.1%的男童和74.1%的女童進入國小受教育。截至一九九六年，國小男童和女童的出席率分別提升到了 97.5%和 94.3%（Floyd, 1999）。這項資料顯示性別角色在台灣教育價值上逐漸有明顯的變化，女童接受教育的正當性與合法性，隨著這項政策有了質量上明顯的改善。

一九六一年以前，文盲的比率下降到25.9%，到了一九六六年，其比率更下降為23.1%。一九六八年，九年國民義務教育更將原本六年的強制教育延長為九年。直到一九六九年文盲的年遞減率約為3%（Directorate-General of Budget, Accounting and Statistics, 1989）。到了一九九五年，「未受教育的比率降為5.99%」並且「持續下降中」（Su, 1997, p. 296）。

不過，這項計畫也迫使課程必須在短短四個月內完成，為招收更多學生入學，班級數無形擴大，師生比明顯產生變化，一九六七年，師生比是1: 27.02，到了一九六八年，其比增為33.21（Directorate-General of Budget, Accounting and Statistics, Executive Yuan, 1989），這樣的情況使台灣出現大班大校，台北縣秀朗國小一度號稱全世界最大國小，擁有萬人以上學生。

二、加入WTO後人口結構的轉變

六〇年代李國鼎倡議實施家庭計畫，企圖讓當時高居世界第二位人口稠密度之台灣婦女受孕率降低，當時三三二一的口號，主張每三年才生育一子，二個孩子恰恰好，生男生女一樣好，於是，配合宣導後，台灣人口成長的比例逐年下降。

從二〇〇二年元旦起，台灣正式成為世界貿易組織（the World Trade Organisation, WTO）第一百四十四個會員國，不可否認地，官方企圖利用此一平台在國際上發聲，在兩岸間增進互動，同時，受到其互惠原則的影響，跨國遠距教學、短期留學在台設校設班招生的衝擊等，台灣教育將在質、量上有了結構性改變。

近年來，由於台灣頂客族（double incomes no kids, DINK）驟增，受少子化影響（報載二〇〇四年新生入學人數三十萬人，為四十年來新低），學校班級人數數量與師資結構都產生結構性轉變，各級學校也可能面臨倒閉的危機，加以台灣與世界經貿往來更頻繁，政治不穩定產生人口遷移現象，外籍配偶（印尼、越南及其他國家等外籍人士）大量引進，新台灣之子不斷增加，逐漸改變台灣人口比例與結構，繼之而來的相關教育問題也更形複雜。

肆、小結

本節分別探討台灣歷史、地理、人口與教育之關係，說明台灣歷史脈動、政治地理、人口政策對教育情境現狀之影響，隨著上述情境與族群人口比例的轉變，教育問題與政策也隨之異動。

台灣經濟與教育

本節將探究台灣經濟起飛與奇蹟、經濟泡沫化、經濟發展與教育之關係。

壹、經濟起飛與奇蹟

一、戰後破敗的經濟體系與新金融政策

台灣過去三十多年的經濟發展是顯而易見的，一九四九年台灣的物價飛騰，民生凋蔽，舊台幣嚴重貶值，當年六月十五日國民政府推動舊台幣「四萬換一元」的新貨幣政策，台灣開始新台幣的金融改革政策，著名的民謠「燒肉粽」便是反映當時民間社會生活疾苦的寫照。

二、經濟的起飛與茁壯

台灣於一九六〇年代開始的經濟起飛，有人分析這乃是基於大量、培訓有素的本地勞工，和廉價的製作成本，另一個因素則因為政府慣採以出口為目的的策略，加上一九六九年開始以經濟建設為主的十大建設之推動，台灣經濟發展如同Young（1995）所描述的，台灣的發展「已經被視為是『一個從貧困到富有的故事』、『任何定義下的經濟奇蹟』、『鼓勵其他發展中的國家的一個典範』」（p.

120）。

貳、經濟泡沫化與轉型

八〇年代開始，受全球經濟、產業外移與代工經濟崩潰的影響，台灣經濟開始泡沫化，為促使競爭，教育無形中成為促進產業轉型的利器，例如高中職比例的調整。

一、代工經濟之崩潰

進入一九八〇年代，整個情勢改變了。大部分的人口，尤其是藍領階級，開始在股票市場投機炒作，產生缺乏勞動力（Chen, 1998），繼之而來的泡沫經濟導致股市幾乎崩潰。此外，台灣的優勢逐漸被開發中的國家所取代，例如泰國和中國，他們是廉價勞工的新供應者。結果，許多小型企業和勞動密集型的企業關閉了，他們的商業在其他國家中重新部署，例如中國大陸或者東南亞。

二、產業的轉型與教育

根據 Mao （1997）的分析顯示，台灣要保持它的全球競爭力，其經濟必須從勞動密集的形態調整為技術密集的形態。而 Sheu（1993）的分析也認為一種高純熟的勞動力，不但有助於國家的經濟發展，對於台灣人的居住水準和生活品質之提升亦有所助益。經濟發展與人才培育成為這塊小島教育政策的當務之急。

參、經濟發展與教育

一、經濟小巨人

在「一中」原則下，中華民國（台灣）在一九七一年十月二十五日退出聯合國席次，為中華人民共和國（the People's Republic of China, PRC）所取代，台灣雖然在外交上逐漸被國際上孤立，強大的經濟力卻不容被國際忽視，許多國家在政治上選擇 PRC，但為了經濟利益卻接受台灣的非官方形式的立場。國民生產所得在過去數十年間國民生產毛額（gross national product, GNP）幾乎以每年 8%成長。在一九五一到五二年間，每人年平均收入為 145 到 152 美元，截至一九八九年，到達了 6,000 美金，一九九三年更增長到 10,000 美金（Wu, 1999; Huang, 1994）。而從一九五二年到一九九五年，每人的 GNP 增加了 63 倍，國家的收入也增加了 60.8 倍（Huang, 1998, p. 1）。高技術人力是促進創造出台灣經濟奇蹟的重要因素，九〇年代台灣一度與新加坡、南韓及香港名列亞洲四小龍，「國內、外的學者……已經認為教育是它經濟成長中最重要的一項元素。」（Young, 1995, p. 122）。

二、經濟奇蹟與教育集權

Liu（2000）曾在博士論文中寫著台灣教育被視同工具促進經濟發展，教育如同觸媒般在那段期間促進台灣社會經濟發展。教育促進經濟發展，反之亦然，一九九四年前，台灣教育政策基於勞力市場的需求（Young, 1995, p. 123），為了配合整體國家發展的需求，經濟效益始終優於教育。Lee & Postiglione （1995）曾分析台灣經濟奇蹟已經受限於一個無法免除政治影響且設限於建立社會秩序的高度集權系統，而限制教育角色（p. 6），台灣經濟奇蹟之背後，也促使教育高度集權化。

台灣政治與教育

本節將分別探討五權分立與轉變，台灣政黨與教育，法統與異端及政治口號與教育。

壹、五權分立與其轉變

按照中華民國國父孫中山先生的五權憲政的概念，台灣政治主要有五股力量，分別為：行政、立法、司法、考試、監察。政府的五個分支中，行政院一直是最具權力的。行政院由總統提名的行政院長來帶領，行政院有義務向立法機關提出一份年度政策和管理的報告，但行政院的行動由立法院監管；立法院之於行政院的政策具有解釋、否決或修改的力量。如果立法機構反對行政院的重要政策，它可以要求行政院修改此策略。在行政院組織中，教育部（Ministry of Education, MOE）負責全國的教育決策和發展，且也負責經營有關學術、文化和教育的事項。

台灣的教育政策向來由教育部所主導，不過，在改組前一向慣於成為行政院施政背書圖章的立法院，由於新興反對力量的涉入，萬年國會的解體，媒體的茁壯與開放，這種情況開始轉變（Shu, 1996, p.1），一九九一年十二月三十一日由大陸遷台的資深中央民意代表終止行使其職權，一九九二年十二月十九日，國會全面改選，結果，國民黨獲得一百零三席，民進黨獲得五十席，無黨籍人士獲七席，社民黨獲一席。民進黨及其他在野勢力在立法院超過總數的三分之一，影響力日亦擴張，立法院除了審查教育部送審的法案，也開始立法並要求教育部執行，教育政策在多方角力下，成為妥協的產品，這樣的關係如同但昭偉、邱世明（1998）所觀察：

> 以往一黨執政時代，法案進入立法院即使不是毫髮無損，至少仍然安然無恙；如今則是雖非體無完膚，但也傷痕累累。許多原本立意頗佳的教育決策，最後卻因政黨、壓力團體的影響而扭曲變形(p. 11)。

譬如，教育部於一九九八年九月三十日宣布「九年一貫課程」後，引發許多爭辯，由於立法院的附帶決議，使得教育部必須在緊迫時間內完成公布其綱要，否則不免遭到刪除預算的危機，立院與教育部兩者之間的關係也逐漸轉變，政策的決定也充滿妥協與混沌的情況。

貳、台灣政黨與教育

政黨是民主政治的產物，欲求教育與政治分離從古迄今即是一種超現實的烏托邦，台灣「教育即政治」的情況尤其在課程、教材上更是明顯，目前台灣影響教育政策的政治力來自五個重要政黨。

一、國民黨

孫中山博士及其跟隨者在中國大陸建立了中華民國前，於清光緒二十年（1894）成立了中國歷史上的第一個政黨——國民黨（Kuomintang, KMT）。這個政黨曾在大陸經北伐、抗日而執政。

不過，在歷經國共內戰，國民黨政權在大陸瓦解之際，共產黨成為其仇敵，於是中小學教科書成為宣揚反共抗俄的工具：除了為鞏固領導中心的造神運動，將領導者予以神格化之外，更將反攻大陸、三民主義等核心價值透過教科書傳輸。

一九四九年輾轉到台灣成立新政權，以黨領政、一黨獨大的國民黨政權在歷經數十年的統治，在台灣人的心中播種，國民黨與政府幾乎是同義詞（Copper, 1996）。解嚴後，台灣政黨政治從一黨獨大到群雄並起，原本黨國一體的局面，直到二〇〇〇年總統大選才逐漸顛覆這種傳統概念。隨著政權的移轉，國民黨這個政治組織歷經新黨、親民黨及台聯黨三次分裂，前任黨主席宣稱其為外來政權所影響，加上二〇〇四年總統大選失利，整個黨氣勢已不若從前黨國一致之光景。

二、民主進步黨

一九七九年十二月十日高雄市爆發美麗島事件，開啟台灣反對運動的先聲，一群反對國民黨政權的勢力在高雄點燃反對火花，一九八六年九月黨外（泛指國民黨以外人士集結）運動突破黨禁，同年九月二十八日由尤清、謝長廷等秘密組成「組黨行動規劃小組」宣布成立民主進步黨（Democratic Progressive Party, DDP）。一九八六年十二月的中央民代選舉中，民進黨有十二席立委及十席國大代表當選，台灣正式進入政黨政治時代（Copper, 1996；楊碧川，1998）。

自一九九一年民進黨內部新潮流系的台獨黨綱通過後，制定新憲法、公民投票與成立台灣共和國已經變成民進黨內新的教條，兩岸關係也逐漸成為兩國論的說法，隨著二〇〇〇年及二〇〇四年總統大選的勝利，民主進步黨政逐漸擴展它在台灣的影響力。然而，隨著內部派系彼此內鬥，加上兩次總統大選的勝選，教育部長人事更迭，教育政策也經常處於變動中。

(一) 民進黨的教育主張

在教育方面，民進黨認為國民黨執政時政治權威的不當干預，不但學校已淪為背誦死知識，尊崇落伍教條的場所，國民因而充滿了官方刻板僵化的褊狹觀念，普遍缺乏現代社會的思考方式、合理主義精神、社會連帶意識、正確的歷史認識、高雅的文化素養和現代世界知識。因此，民進黨主張以自由機制來瓦解國民黨統治基礎：這些機制包括建立開放的教育體系，提供學生更大自由選擇發展的機會，撤除政治對校園的干預，俾學校自由發揮教學、研究和服務社會的功能。其次，維護教育中立學術自由，保障教師和學生教育權，提升教育素質。再則兼顧現代文化與本土文化，使文化能歷代相承，融合同化外來文化，反對刻意以政治力移植、壓抑或消滅文化。第四則為充實文化內涵，並加強國際文化交流，注意城鄉文化活動的均衡發展，尤其切忌摻雜黨派意圖，避免充當黨派宣傳工具（民進黨中央黨部秘書處編印之《黨章．黨綱》，1995）。

(二) 民進黨之教育行動綱領

民進黨之教育行動綱領上，包含：

1. 維護學術研究及創作之自由，尊重教師講學，實行教授治校，建立優秀教師終身保障制度。

2. 廢除中小學標準本教科書及課程制度，嚴禁政治教條灌輸，培養自由思考精神，助長獨立判斷能力。

3. 充實文教經費，提高中央政府文教預算，嚴禁黨團活動之開支占用教育項目。

4. 在不違反國家教育目標範圍內，人民設立各級私立學校並自訂其課程內容的權利予以保障。

5. 廢除教官及軍訓制度，禁止黨派及特務控制或干預校政，實現校園民主。

6. 國民義務教育延長至十二年。

7. 改革大專聯考制度，增設學校，擴大公立大專招生名額，提高教學標準及淘汰率。

8. 降低各級學校上課班級人數，增強教學輔助設備，以發揮教學效果。

9. 大專「固定學生學分制」應盡量納入「彈性學年制」精神。

10. 充實研究所師資、設備，並與國外著名大學合作，設立分校。

11. 設立或獎勵民間創辦殘障教養機構。

12. 教育機構人事任免、考核及經費應予公開，建立教員免職、解聘的申訴制度。

13. 提高教師待遇，保障教師生活，貫徹教師退休制度。

14. 辦理大學以上學生長期低利教育貸款，由政府作保證，並擴大貧苦學生的獎助制度。

15. 嚴禁私立學校斂財，保障私立學校教師員工，並切實獎勵成績優良私立學校。

16. 優先補助落後地區改善教育設施，謀求教育均衡發展（民主進步黨中央黨部行動綱領，無日期）。這些政策當中，有些已成為當今政壇重要的教育理念與政策，顯見民進黨自由與鬆綁的主軸在教育政策上逐漸發酵。

三、新黨

一九九三年八月十日，國民黨中的次級團體新國民黨連線，成員包括趙少康、王建煊、李勝峰、陳癸淼、郁慕明、謝啟大等國民黨中生代立委因不滿當時李登輝偏離一中原則，於台北市青島東路創設新黨（New Party, NP）。他們認同國父孫中山的理想，以追求民族統一、政治民主、民生均富的目標，堅守公義、平等、安全、務實、乾淨的原則。一九九五年十二月，新黨初試啼聲，以「三黨不過半，國泰又民安」為口號，在立法院獲得二十一席席次（總得票率 12.95%），成為當時台灣第三大政黨，但自一九九七年後，新黨因政治訴求失焦、加上內訌不斷，造成支持者失望，而逐步陷入危機，在二〇〇一年底立委選戰中，又因受同質性極高的親民黨擠壓與同化，僅獲一席立委席次，未跨過 5%的政黨門檻，而走向泡沫化，新黨組黨宣言以捍衛中華民國、反對台灣獨立的核心價值，也成為該黨重要主張。

四、親民黨

二〇〇〇年台灣總統大選，脫離國民黨獨立參選的湖南湘潭籍候選人宋楚瑜與張昭雄率「新台灣人服務團隊」以些微差距敗北，選後其支持者呼籲成立新的政黨以別於國民黨，於是二〇〇〇年三月三十一日成立親民黨（People First Party, PFP），以宋楚瑜為黨主席。該黨對教科文主張如下：

(一)恢復憲法保障教科文預算占中央政府年度總預算15%以上。

(二)徹底檢討教改及多元入學方案缺失，化繁為簡，確保公平就學權益。

(三)由中央統籌編列地方教師退休專款，以利教師新陳代謝，減少地方財政負擔。

(四)拓展科技人才培育，塑造優良科技研發環境，擴大獎勵科技新興產業。

(五)尊重多元文化，強化文化機制，整合文化資源。健全師資與提升教育品質成為該黨重要指標（親民黨教科文政策主張，2004）。

五、台灣團結聯盟

二〇〇〇年大選後，國民黨敗選，隔年七月二十四日從國民黨本土派分裂出的「台灣團結聯盟」（Taiwan Solidarity Union, TSU）正式對外公布，八月十五日這個首度以台灣為名成立的政黨，以國民黨前主席李登輝為黨之精神領袖，以李系國王人馬前內政部長黃主文為首任黨主席，這個李系色彩濃厚的台聯成立之時，以「穩定政局，振興經濟；鞏固民主，壯大台灣」四項原則，希望團結台灣本土意識。二〇〇三年五月十一日，五月第二個星期日，剛好為母親節，由黃昭堂等所發起的「台灣正名運動遊行」活動，加上李登輝發表的「中華民國不存在」的政治說帖，也被彼岸視為是台獨的具體措施。在教育政策上，台聯主張重視鄉土語言，擬將台語列為第二官方語言，顯示台聯建立台灣為主體，教育政策為強化台灣之國家認同。

參、法統與異端

繼承中華文化是法統還是異端？已經成為台灣政黨攻防之焦點，教育政策在政治力的主導下逐漸模糊焦點，二〇〇四年大選則更為詭譎，國民黨、親民黨與新黨合組泛藍聯盟，並結合民進黨數位前任主席如施明德與許信良等之力量，對抗由民進黨與台聯共組之泛綠政權，於是，「捍衛中華民國」、「中華民國在台灣」、「中華民國式的台灣獨立」及「激進式台灣獨立」也分列於各政黨之基本教義光譜上，中國化、去中國化、本土化與台獨間的複雜情結，使得學校課程難免受到洗禮，敏感的台灣政治神經，對教育最大的影響不外是意識形態的轉變，所謂意識形態係指觀念、價值和信仰的生產與再現，為社會成員所共享的信仰和價值模式。顏慶祥（1997）則認為政治意識形態的定義指一套政治世界觀，通常涵攝對政治事件與政治價值具有強烈的觀點，可視為某一族群對於政權、政府以及本身政治立場所持有的一套信念體系（p.19）。

而政黨間的黨同伐異現象，法統與異端間的爭辯，也使教育政策經常搖擺，具體的表現展現在課程、顏色與節日（例如雙十節與一九四七年的二二八事件），在這塊「顏色重於是非」的土地上，學校教育因此烙下政治意識的痕跡。面對中國大陸經濟上的磁吸作用，台灣學校如何面對經濟中國化、政治與課程逐漸去中化的情境？

一、台灣與中國兩岸關係與教育

如果想要為台灣與大陸的關係用一適當名詞予以形容，那麼複雜或許可勉強一用。在睽違將近五十年隔離的兩岸重啟經商大門，老兵返鄉探親，大陸配偶陸續來台，台商大陸布局，全球化對兩岸經貿影響，也逐漸反過來影響台灣政、經與教育的規劃，近年來，台灣與大陸經貿往來頻繁，就某些層面而言，兩岸政治與軍事上的敵對，卻在經濟上逐漸出現合縱連橫的現象，這種詭譎的氛圍（例如全世界僅台灣不承認大陸學歷，一些台籍政要與台商幹部卻又紛赴大陸進修，台商子弟學校課程銜接與認證等問題），促使兩岸在動態間逐漸調整各種政策。

根據 Copper（1996）分析：台灣就政治上而言，幾乎算是全然獨立的狀態，經濟上，台灣卻與中國進行同速的統整，這兩種狀況哪一種較為流行實在難說（p. xi）。而中華民國政治圖騰與國際一中現實衝突概念下，台灣人民國家認同究竟是過去式、現在式、進行式或是未來式？也成為台灣各政黨爭議的焦點。

二、台灣的國際地位

「台灣問題」到底是國際問題還是國內問題？是很多國際人士關心的話題，受到中華人民共和國在國際上的封殺，台灣從退出聯合國，在國際處境上逐漸被視為國際孤兒，如此劣勢迫使台灣政壇以金援外交企圖突破中共的外交封鎖，加上兩岸的軍事競賽與美國居中的錯綜複雜關係。不過，此舉也讓台灣民眾對台灣國際地位日趨悲觀，同時弔詭地激發一股島民民族自決的風氣。

肆、政治口號與教育

政策的推行難免配合口號的宣導，因此分析教育政策時，口號成為分析的重要符號，政策的口號也反映時代背景下執政者的信念與價值，更是政治理念訴求的「世說新語」。

一、鬆綁

(一) 台灣鬆綁概念的興起

一九九八年才四十三歲即獲選為中研院院士的朱敬一曾指出，台灣的教育有八大管制，即：私人興學管制、教材課程管制、師資管制、高中高職比例管制、學費管制、文憑學籍管制、專上系統擴充管制及教育經費管制。此次教育改革表象的主題是鬆綁，希望解除上述種種管制，實質的重點係將決策權力重新更動（轉引自薛曉華，1995）。

(二) 鬆綁概念的解讀

鬆綁的概念，根據 Liu（ 2000）的研究顯示，有人把它翻譯成“deregulation”，就字面意義而言，主要是去規則化；有人則解讀為分權（decentralization），將權責由中央解構至地方、學校或教師；有人則主張鬆綁二元，有些要鬆，有些要綁；甚至還有人認為鬆綁是鬆鬆地綁（loosely tied），於是在學校管理、課程、入學制度及教學方式皆有巨幅變化。

二、教授治校與校長遴選

(一) 從大學自主之教授治校到校長遴選

一九八六年頂著諾貝爾化學獎桂冠得主李遠哲教授於年底應邀訪台時，在一場座談會上強調教授治校的重要性。他主張大學若能如此，才有成為一流大學的可能。當時的主張與台灣民主運動相互結合，其中於一九八九年大學教育改革促進會所提出「大學自主，教授治校，學生自治」的口號，教授治校這種聲明係依據美國柏克萊加州大學的「學術諮議會」組織，該組織的組成主要是幾十位教授，共同決定全校的學術發展，當時大學法的修正，便以教授治校、大學自主、學術自由與學生自治等為主軸，以保障大學的學術自由，於是由行政人員、教授和學生組成的校務會議成為大學最高決策單位，而學生有結社自治的權利等。教育部與各大學之關係也從全面監控蛻變為監督的關係，而各校的運作也從威權轉變為參與決定。教授治校的意義也就成為教授來接管大學行政工作，而在於用學術、用教育來辦大學（黃武雄，1990）。

(二) 從大學校長遴選到中小學校長遴選

一九九四年李遠哲回國接任中央研究院院長，隨即被時任行政院院長連戰所延攬，擔任行政院教改會召集人，由於大學校長遴選任用方式逐漸受教授治校的理念所影響，也因此意外放諸到中小學校長的任用上，校長因此改派任為遴選。一九九四年大學法修訂前，公立、直轄市立等公立大學校長係由教育部聘任或由地方政府提請教育部聘任；大學法修訂後，此種局勢開始轉變，國立大學者會由各校組成遴選委員會遴選二至三人報部擇聘，其餘公立者，由各該主管政府層報教育部組織遴選委員會擇聘之，其中遴選委員會之教師代表不得少於總數的二分之一。這樣的權利分配顯然將中央集權釋放出相當之能量由學校承接。在私立大學方面，一九九四年大學法修訂前後，私校校長雖均仍由董事會報請教育部核准後聘任之，根據大學法及其施行細則之規定，私立大學董事會在提請教育部核准人選之前，應先組成遴選委員會，其委員之組成與前述公立大學校長遴選委員會相同（施行細則第四條第二項）。突破以往由董事會獨攬私校校長人選，必須容納學校教師之意見，使私校管理者與經營者產生互相合作之基礎。

三、第二國道與技職教育

台灣社會一向較不重視技職教育，高職畢業後即是就業，對提升產業升級的台灣顯然是不足的，因此，吳京擔任教育部長時曾積極倡議「第二條國道」，即高職學生畢業後可以升學專科學校、技術學院、科技大學、研究所等，而不只進入一般大學體系的升學之路，期望打通技職教育的任、督二脈，不過也因技職教育常被視為第二，在台灣人心中始終很難占領焦點。

四、帶好每個孩子，不放棄任何一個學生

整個教育改革總諮議報告書的基本精神即在帶好每位學生。李遠哲在「多元文化的教育理念」這篇文章中表示，「多元文化教育的理念，在於肯定人的價值，重視個人潛能的發展，使每個人不但能珍惜自己族群的文化，也能欣賞並重視各族群文化與世界不同的文化。在社會正義的原則下，對於不同性別、弱勢族群或身心障礙

者的教育需求，應予以特別考量，協助他們的發展。」因此，把孩子帶上來，結合Gardner的多元智能理論，與教育部的教訓輔三合一方案，也意外地在台灣教育改革中，成為教育當局要求學校力行的圭臬。

教師在教學第一線上，有義務不放棄任何一位學生，必須要引導學生適性發展。教育者若能面對程度較差的同學也能不放棄，找到他的長處亮點，這樣明星學校與否並不會有何不好，因此重點不必在技術官僚強調常態分班，反之，若是教育者一樣是大小眼，放棄某些程度不好的學生，這樣就算打破明星學校又能有何助益？一樣只是鴕鳥的官僚作為而已。對於每一位學生皆能因材施教、有教無類並且永不放棄，才能激發學生的潛能，帶好每一位學生。也因為不放棄，教師才能在有教無類與因材施教兩大議題間真正權衡。常態編班不盡然是萬靈藥，因材不教才是問題的核心。

五、創新教學，九年一貫

「創新教學，九年一貫」是前教育部長曾志朗對實施九年一貫課程的期許，也突顯九年一貫課程的意涵與精神。曾志朗認為台灣教育在威權體制下，個人價值服膺於國家與集體主義下，這股潮流表現於教育，無可避免的傾向重視「均數」而輕忽「眾數」。因此強調創新教學以培養孩子自主思考的習慣。

六、生命教育年

釋證嚴法師曾說：「死是生的開頭，生是死的起點。」這種生死觀點有佛家輪迴的見解，生死議題在儒家思想「未知生，焉知死」的前提下，則較少論及死亡，生命教育一向是學校教育較欠缺的一環，目前台灣的學校教育，重視社會達爾文主義，「適者生存，不適者淘汰」的鐵律下，學生忙著考試，卻鮮少對社會上的人情冷暖、生活百態理解、體會。不知也不會體察別人的疾苦，冷血與冷漠成為一種社會常態。在功利主義取向的現今社會中，時下青少年已迷失在價值體系紊亂的都市叢林。

雖然傳統台灣教育標榜「德、智、體、群、美」五育兼重，德育甚至被評為五育之首。然而，即便教育人員的奮力疾呼，在與學校切身利益的升學率與社會達爾文主義的適者生存觀相比，德育的成效似乎在教育改革的口號聲中，成為一種遙不可及的精神「標誌」，一種實質的「口號」。於是，高學歷低道德者所在多有，為利無義成家常便飯，民免無恥反成常態，道德瀕臨絕種，倫理只是空談。

近年來台灣社會已發生多起嚴重的校園暴力、兇殺、凌虐以及連串的自殺事件，台灣九二一地震，接連美國九一一事件，人們又開始探詢這個存在已久，卻又經常被人所遺忘的生命教育議題。近年來，科技的研究，如基因體醫學的倫理、法律與社會議題（ethical, legial, & social implications, ELSI）計畫，也引發各界對生命教育的關注，開始深思生命的本質、源起與意義。

在國際方面，聯合國大會一九四八年十二月十日第217A（III）號決議通過並宣布的世界人權宣言第三條：人人有權享有生命、自由和人身安全。緊接著一九七九年澳洲雪梨成立「生命教育中心」（Life Educational Center, LEC）致力藥物濫用、暴力與愛滋防治的工作，而生命教育的目標應包含啟發生命智慧、深化價值反省及整合知情意行等方面。

台灣方面傅偉勳教授於一九九三年創「生死學」一詞，在這之先，他以及一些社會科學學者已經把美國的「死亡學」（thanatology）引進台灣，推廣西式的「死亡教育」（death education）。自一九九七年十二月起，台灣省教育廳宣布推展生命教育，委由台中市曉明女中規劃「生命教育課程」，當時曉明女中成立「倫理教育推廣中心」，負責生命教育之推動，同時邀請四十所國中、二十所高中為各地區之中心學校，協助生命教育的推動。一九九九學年度起，台北市政府教育局也組成生命教育推動小組，分國小、國中及高中職組分別規劃進行推動事宜。二〇〇一年一月二日，前教育部長曾志朗在就任記者會上曾談起：宣布民國九十年為「生命教育年」，是項口頭宣示馬上於同年三月一日決議通過「教育部推動生命教育中程計畫」，而生命教育內涵則包含幫助學生探索與認識生命的意義、尊重與珍惜生命的價值、熱愛並發展個人獨特的生命、實踐並活出天地人我共融共存的和諧關係。不過這些措施隨著教育部長人事更迭，生命教育的政策生命並不長久。

七、綠色科技島

全球化引發環境的永續發展問題已成為國際間的顯學，民進黨財經行動綱領中希望將台灣發展成綠色科技島，於是政府乃積極推動「綠色矽島」概念，希望將環境、生態保護成果配合網路、多媒體、生化科技技術基礎，發展綠色產業，讓環境保護與經濟發展相輔相成，而這些產業也逐漸成為政府推動高等教育的重要指標。不過，這幾年台灣財政困難，教育經費大幅縮水，高等教育之投資遠不及香港及大陸，「科技島」是否僅是畫餅充飢？

八、終結教改亂象，追求優質教學

麻國慶（2002）認為台灣教育過分重視理工實用、輕忽人文理想的教育體制，使學生精於生存手段，卻昧於生活意義，也讓社會付出價值觀念偏頗、倫理觀念模糊、社會正義不彰、政經亂象迭現的沈痛代價。

教育原應引導學生創造有意義的生命，但品格陶冶與全人發展的教育理想，早在物質、科技與經濟掛帥的衝擊下，粉碎扭曲，有識之士對此現象莫不深以為憂。這種重理輕文的教育體制也使得年輕學子價值觀念偏頗，教育的不健全，導致社會亂象叢生，學校內吸毒、暴力、色情案件層出不窮，以及社會中政治意識形態撕裂。因此，白文正（1996）分析，今日台灣社會的諸多亂象，說明台灣不僅缺少後現代社會中應有的容忍，也缺乏現代社會的理性標準。一個缺少容忍的社會反而容易導致新威權主義的再現，而缺少合理的標準將使得虛無主義乘虛而入，或以相對主義為唯一可行的出路。於是由台大教授黃光國等發起終結教改亂象，追求優質教學的呼籲。

九、十年教改像文化大革命

台大心理系教授黃光國曾於報紙為文表示十年教改如同彼岸的十年文革，文革發生於一九六六年至一九七六年的中國大陸，當時的口號是「破四舊，立四新」，所謂破四舊指的是「破除舊思想、舊文化、舊風俗、舊習慣」：除此之外還要「破三套，立一套」，指的就是破除中華傳統文化、資本主義教育及封建主義教育，確立社會主義。受到文化大革命及經濟拮据的影響，大陸地區文盲比例仍然相當高，其高等教育反而受到嚴重摧殘而停滯、退化。黃光國認為台灣如此民粹式的教改，將導致邁向另一個文化大革命，他認為教改應歸咎於家長根深柢固的「升學觀念」，不過他的批判也引發一些人本學者的反對。

口號的確能吸引大眾注意，造成流行而影響政策，口號具有反映時代背景的象徵意義，從口號可以發現當時政策之價值取向，從而了解時代的脈動。

台灣社會、文化與教育

本節將針對台灣社會變遷與社會意識、社會階層與教育、教育與認同等問題分述如下：

壹、社會變遷與社會意識

社會變遷係指社會組織與成員在文化、結構、價值觀和行為模式方面的不斷變化。當社會生產技術從土地、資本過渡到知識，社會快速前進的步伐，使維持社會穩定的鎖鑰便開始鬆脫，價值混淆、規範失靈、道德淪喪、謀生困難等社會問題繼之而來，社會變遷狹義地說，就是社會結構的變遷；而所謂社會結構，就是「界定人類行為及人際關係」的那些角色與地位的集合體（章英華，2001）。社會急劇變遷，導致社會解組、價值衝突、個人行為失調，使得原有的教育制度與教育規範，無法滿足社會與個別的需求，形成嚴重教育問題。西風東漸使台灣夾雜在傳統與現代，集體與個體，資本與社會間產生嚴重地混淆。但昭偉、邱世明（1998）就曾分析，「台灣社會的主流價值體系至今仍然不脫儒家本色，絕不是個人主義傾向的，而是社群主義傾向的……台灣社會正逐漸的走向西方個人主義，個人主義的價值觀也正在我們社會中逐漸的為人們所接受」（pp. 6-7）。當西方的思維漸漸融入東方，台灣的文化體系就顯得複雜且多采多姿。

貳、社會階層與教育

孟子騰文公上：「物之不齊，物之性也」，這種觀念說明物性的不齊，很難得有始初起點的平等，由於社會不均造成社會階層（social stratification）現象。社會階層具有流動性及可能性，是社會學家為社會弱勢族群發聲的重要概念，社會依據不同層級予以分類排序，而其分層的形成、定型與變化，有既定的模式及運作的原則與機制，並展現不同的社會風貌。例如傳統印度有 Caster 制度，將社會階層分為五級，出身即決定個體身分，個體社會位置是被賦予地位來表達其身分屬性，這種社會遺傳的特質，使個體無法拒絕其祖先遺傳而來的社會位階且無法更動，位處社會階層最底層的賤民不得參與教育的禁令直到一九五〇年代才廢除。此外，家庭社經地位不免影響到個人教育機會之多寡，雖然有一種社會階級係由個體的才能與努力獲得，不為其出身家庭或團體地位所決定。不過，才能與努力也受教育所影響，而此種影響又與教育機會成正比，於是家庭社經地位透過適度的教育媒介成為教育成就的重要影響力之一，促進社會流動。林生傳（1994）認為現代社會階級並非固定，它具有流動的性質，一個人或一個團體所居的社會階級，可能會有改變。這種個人或團體的社會地位由一社會階級流向另一社會階級稱為社會流動（social mobility）。可作以下的區分：

一、依流動方向分為二種

(一)向上流動（upward mobility）：居為較低社會階級者一向較高社會階級的流動，稱之。

(二)向下流動（downward mobility）：原居於較高社會階級者一向較低社會階級者，稱之。

二、依流動人數分為兩種

(一)個人流動（individual mobility）：流動如果只是發生在個人身上，即為個人流動。

(二)團體流動（collective mobility）：有時某種流動並非只是發生在個人身上，而似乎是某一群具有相同社會特質的人均發生這種流動，稱之。

三、社會流動、社經地位與教育

事實上，社會流動與家庭社經地位有密不可分的關係，以功能論而言，教育具有促進社會流動的作用，然而以衝突論而言，教育則成為複製社會階層的元兇，根據楊瑩（1988）在「台灣地區教育擴展過程中，不同家庭背景子女受教育機會差異之研究」中發現：

(一)個人受教育之機會常因其父母教育、父親職業、社會階級、家庭經濟狀況而有極顯著的差異，上述條件愈佳之家庭，其子女受教育之機會也愈居於較有利之地位。

(二)我國不同家庭背景子女受教育機會之差異，在國中階段，因九年國教之實施而有明顯之改善，但在義務教育階段以上教育，不同階段或文化背景家庭的子女其受教育機會雖有增加之事實，但因家庭背景造成的差異仍然存在，而且此種差異比義務教育階段更為明顯。

(三)在義務教育以上階段，不同階段子女升學率之差異，在學術性（高中、大學院校）教育體系中，仍有較技職教育體系為高的趨勢。

(四)在教育擴展過程中，不同階段子女受教育機會均有增加趨勢，但各階段子女受教育機會增加之速度不一，在教育擴展之初，最早獲益的常是較高社會階級之子女。

社會階層隨著台灣總統大選，號稱年幼時三級貧戶，代表民進黨角逐總統的候選人陳水扁的勝出，而有新的革命性指標，然而，近年來，高學歷也未必是就業的最佳保證，台灣賭風隨著樂透而狂熱，教育程度的多寡，顯然與社經地位有某種契合關係，以目前教育與入學體制逐漸朝向功績主義的觀念下，陳水扁現象恐怕將是空前，也是絕後。

參、教育與認同問題

下列分述認同的定義、民族認同與教育及社會變遷與台灣認同。

一、認同的定義

從行政學的觀點而言，認同是組織成員認同組織價值，將個體需求與組織目標緊密結合的歷程，成員一旦形成內聚力，投注於組織中，一方面得以自我實現，一方面達成組織目標及提高組織效能的動態關係，因此行政學上的認同研究，通常包含對成員信念、行為、角色認同及組織文化、人際關係與士氣之交互作用等。

從心理學的角度觀之，認同是個體對自身身分的一種投射與歸屬，自然涉及模仿、情感投射、行為塑造與認知歷程之自我形成（self-formation）與轉變，亦即對於「我是誰？」「我要什麼？」的一種認證。

從社會學的角度觀之，認同通常包含血緣、土地、文化、國別、理念等集體意識之情感投入與社會歸屬。George Mead 在一九三四年曾分析 "I" 與 "the me" 分別形成人的「身分認同」（personal identity）與「社會認同」（social identity）。前者是心理學的自我認知；後者則是個人自認為歸屬於某個團體的意識，具有同樣社會地位、特質的人自然比較有可能形成同樣的社會認同。這種自我與社會認同有時會彰顯並受到集體意識所影響，Campbell（2000）則認為文化認同如社會建構。於是，國族社會的形態與認同，裡外都受到兩方面的夾攻，一方面是族群與區域的差異的突顯，及相應的自主及獨立的要求；另一方面則是全球性人口移動、跨國傳播網，以及在經濟活動、貨品和服務的生產、行銷與消費模式中的相連變遷（李衣雲、林文凱、郭玉群譯，1997）。足見認同包含自我覺知與社會覺知兩者之情感投射，而教育的目的在培養什麼樣的人？教育的目的基本上是培養個體社會化過程，教育也成為架構個體自我覺知與社會覺知的橋樑。

二、民族認同與教育

文化與國家認同問題常在台灣政治光譜的兩端發射，受到中共在外交上的擠壓，台灣民族主義興起，也使認同議題更加複雜化。

根據王前龍（2002）的分析：民族主義上所推導出來的國家認同觀具有以下特色，是其他形態的認同觀所不足的：(一)主張固體是著根於民族群體脈絡中；(二)確認「民族」的文化社群的存在並以之作為國家認同的基礎；(三)「民族」的概念蘊含團結、互助、合作、忠誠、奉獻等較屬集體主義性格的價值，有助於適應國家可能面臨的各種挑戰。不過，這塊島上的居民逐漸隨著全球化與本土化的影響，認同的問題顯然更為詭譎而複雜，教育政策誠然受到相當程度的影響而有些許改變。

三、社會變遷與台灣認同

台灣認同在戒嚴時期幾乎是銷聲匿跡的，二二八事件也形同禁忌，這種本土認同隨著解嚴而開始展現活力。

(一) 從寒蟬效應到大鳴大放

台灣此刻面臨本土化與全球化的衝擊，人口結構的變遷使得認同議題更為多元而複雜。台灣本土認同從噤聲到發聲，台灣在七〇年代以前，受到戒嚴法的約束，台灣本土認同被視同禁忌，二二八事件幾乎從歷史中消失，卯靜儒（2002）指出：

> 曾經噤若寒蟬的「台灣認同論述」放到精采的台灣八〇年代的政治社會運動時空中，時間夠久了，孕育成熟了，到了九〇年代初期台灣認同的論述成為一種是被要求贖回的聲音，過去沒有說的台灣的鄉土文化、鄉土歷史、語言、教育……等，回過頭來成為自然湧現的台灣認同的論述，而且是以一種被救贖的姿

態出現。

從禁忌到大鳴大放，從邊緣到中心，台灣認同的論述也逐漸在校園發酵，台灣中心式的教育論述也逐漸因政黨輪替而有明顯轉化。

(二) 文化認同 vs. 政治認同

由於台灣與大陸有著文化與血緣的複雜關係，卻又有政治上的分裂與分治的事實，而大陸當局在國際外交上試圖封殺台灣生存空間，反而激化島內民族意識抬頭，然而近年來台資往來頻繁的兩岸經貿依賴關係，使得此地居民產生兩極認同的歇斯底里。

肆、台灣文化與教育

台灣本身的文化除了原住民文化外，大多數的居民傳承漢文化，近年來西風東漸，整個教育與考試制度皆深受影響。

一、西化與崇洋

自清末洋務運動以來，經五四運動的全盤西化主張，台灣的教育受中國傳統教育影響甚深，從清末師夷之長技以制夷的華夏中心思維，在幾經失敗的革新措施中，崇洋媚外的情結就不斷在台灣教育界出現，後殖民時代的台灣基本上是相當受西方資本主義所影響的，王前龍（2002）主張自由主義的國家認同觀如下：

(一)就個人權力而言，預設個體具有自主性，不從屬於一個高度同質性的團體；(二)自由民主社會倡導多元寬容，因為任何社會都具有多元價值，且大部分來自不同族裔文化背景；(三)立憲法治、分權制衡、私有財產、市場經濟。

自由主義國家中以美國最具特色，葉至誠（2000）表示美國文化的主要特徵是資本主義、工商業及都市的占優勢、個人主義、小家庭制、民主政治及科學技術的注重。清末列強中美國曾將庚子賠款捐出以供培養學生留美之用，這項措施也逐漸成為今天公費留美制度的濫觴，當國家菁英多數來自留學人士，出國深造也成為許多島民心中學制最終的環節，從坊間外語補習班的數量與性質可見一斑，而當愛國主義與全球教育的撕裂，台灣語言教育政策也在母語與外語間搖擺，英語教學師資也成為朝野政黨攻防的爭議所在，各縣市實施英語教學的期程不一，有人也因此質疑是否學校教育成為複製階層的元兇，城鄉間是否因此產生差距，國際化與本土化是否衝突及學生自我認同等問題。

二、科舉、聯考到多元入學方案

根據但昭偉、邱世明（1998）的分析，過去幾十年中，台灣教育活動根據的是三個主軸。第一個主軸是「教育是富國強兵的機制」；第二個主軸是「教育是實現儒家理想的活動」；第三個主軸是「教育是求取功名的踏板」。而這種望子成龍、望女成鳳的觀念其實可以遠溯自唐宋時期的科舉制度。

科舉取士是古代培育公務員的搖籃，士子透過此制度在社會階層中流動，同時，用制式的範疇箝制士子的思維自古皆然，科舉所結合的權位更深深令士子們趨之若鶩。瞿海源（2003）認為台灣國家教育制度之建立與民眾重視教育價值兩者之間長期的交互作用是台灣教育發展以及民眾追求高教育成就的重要因素。在華人文化傳統中，自古至今，都很強調教育的價值。讀書人是士農工商四民之首。這樣現象的衍生受到科舉影響頗深。

科舉的實施，造就了「萬般皆下品，唯有讀書高」的文化，士人讀書的主要動機是家族的榮耀和財富及權力之源。讀書人透過科舉取士獲取功名亦是在社會向上流動的憑藉。自清朝統治台灣後，科考制度對台灣社會教育的提升就有重大的影響（瞿海源，2003）。

受科舉制度的影響，台灣入學制度可說是個人才篩選器，入學制度如巨大的咖啡壺裡的濾紙，人才透過考試這層濾紙，學校目標與升學主義充分結合，使智力與學力成為選擇的重要標竿，Zeng（1995）主張東亞國家龍門是民俗文化的象徵，跳過龍門者成龍，不過者則為鯉，考試制度如同濾紙，分離篩選與決定社會菁英與普羅階層。Zeng（1996）曾在他的論文 *The Dragon Gate: The Orgin and Development of University entrance examinations in Japan, Korea and Taiwan* 運用鯉躍龍門的典故，說明東亞國家的考試制度對教育的巨大影響。

一九五四年台灣開始實施公立大學聯招制度，目的在公平考試、公平分發，聯考的概念與科舉取士概念相仿，其優點在於製造公平機會，對於低社經背景可藉以遂行社會流動，而其產生之缺點如智育掛帥、文憑主義、考試領導教學、能力分班與惡性補習皆為教改人士所詬病。

也有人質疑聯招僅是工具性的公平，缺乏實質的平等，由於聯考的公平正義牽涉到工具與目的的差異，易使這個機制淪為工具，反而忽略教育的目的，受到聯考升學主義所影響，教育本質嚴重受到扭曲，於是大學入學考試中心經過三年研究，於一九九二年提議「我國大學入學制度改革建議書——大學多元入學方案」，突破大學聯招一試定江山的傳統思維，二年後毛高文部長開始試辦「大學推薦甄選」，逐年擴大試辦名額。受到一九九四年四一〇遊行的影響，加上Gardner多元智能的提倡，使多元入學強調考招分離的概念逐漸落實在入學制度上。一九九七年又推出申請入學，於一九九八年推動，教育部以公報的方式訂定名額與原則，並開放各校自訂申請條件，自辦招生事宜（陳林曉梅，2000）。

上述推薦甄選與申請入學是由各校系自訂具體條件、備審資料、參考在校成績等，作為了解學生的能力性向或動機以及智育以外的學習過程與內涵，以研判並選擇合適學生的參數（李奉儒、詹嘉惠，2002）。於是入學制度最大變革為多元入學概念與考招分離原則。二〇〇二學年度起實施大學多元入學方案。

所謂多元入學，目前多元入學管道分為兩大類：一是「甄試入學制」，包括申請入學及推薦甄試兩種管道；二是「考試分發入學制」，依其考試階段、考試科目、成績採計及分發方式不同，分為甲、乙、丙三案（黃昆輝、郭生玉，2004）。原本希望透過多元的方式讓考試壓力減輕，不過實施之後，升學的壓力仍然是一樣嚴重。根據黃文三（2004）的觀點，多元入學制度（multiple entrance system）專指目前我國高中及大學入學管道多元化，學生參加學科基本能力測驗及指定科目考試等方式後，採用申請入學、推薦甄試及登記分發入學，以符應學生適才適性發展的入學制度。於是該方案逐漸取代傳統的聯考，此方案採取考招分離措施，考招分離的「考」係指由專責單位負責辦理入學測驗命題、考試、成績處理、資料處理及研究等激勵學校特色，而「招」則由各校單獨或聯合招生，企圖提供學生多元、適性與公平之入學機會，換言之，考招分離就是「考試」由大考中心統籌，「招生」則交給各個學校處理，達到「校選生、生選校」的雙重理想，不過由於實施方式複雜，有人質疑是否因此演變成優勢團體成為入學制度的最大受益者，嚴重違反原本設計的初衷，聯招與多元入學方案也因而成為藍、綠陣營攻防爭執的焦點。

三、集體意識

涂爾幹認為社會現象是一種存在於個人身體以外的「行為」、「思想」和「感覺」，因一種強制力而施行於個人的。這種現象並不同於有機體的現象，也不同於心理的現象（許行，1969）。這種意識並非具有固定體制，卻對個體產生巨大影響，其所憑藉的是知識與道德的力量，不盡然是武力與脅迫，透過傳統、儀式、習俗、符號、行為、價值、理想、共同情感……等，對個人有極大束縛力，個體之所以順從意識形態，其背後動機是成長與符合社會需求。因此個體受系統教育在社會化的過程，多少受到集體意識所宰制與影響，而逐漸成為一個「社會人」（the social being）。因此，林清江（1998）認為我們都身為社會中的一份子，受到社會制度所規範，而教育也是一種社會制度，教育作用根本上是一種強制作用。此種強制作用並不是憑藉物理力量，而是訴諸道德力量和教師權威，使兒童產生一種遵行的義務心；而自由權威，並非互斥的，而是相輔相成的。學生尊重並接受權威，才有自由。

四、望子成龍的資優教育與家長選擇

由於教育本身具有改變職業分層的功能，也驅使家長重職業在社會的階層位置過於孩子本身的學習興趣，受儒家思想所影響，因材施教的概念產生學校能力分班的方式，而間接促使到社會流動，因此此地家長的觀念，總希望孩子不要輸在起跑點，卻也因此助長填鴨式的惡補風氣，孩童背上沉重的書包，眼前厚重的眼鏡，加上各式林立的補習班、安親班，使資優教育在台灣變質。

台灣許多家長未必有成龍之經驗，強烈的希望自己的夙願在下一代身上實現，因此對子女莫不抱有「望子成龍，望女成鳳」心態，此點由春秋戰國時代「孟母三遷」的故事即可窺見一斑。而孟母屢次辛苦搬遷所求為何？無不是想為其子女覓得最佳的學習環境，這與近年來台灣教育的「家長教育選擇權」的理念不謀而合，現代親職難為，台灣家長重視選師高於選校，家長教育選擇權也涉及複雜的權力分配的社會關係。

從台灣歷史、地理、人口、經濟、政治、社會文化對教育政策與課程設計產生相當大的影響，舉凡語言、兩性、人權、分流等概念在教育上的措施莫不受到上述因素所左右，而這些因素錯綜複雜程度所形成的集體意識也不知不覺影響到社會風氣及形成教育政策的理念。

第二章 教育政策理念篇

本章精華

教育政策分析係為當今重要的顯學之一，所謂「政」即正也，如左傳桓公二年：「政以正民」；又有官府所治公事之義，如國語晉語：「棄政而役」。因此，「政」可視為「政事」（吳清山，2004）。論語中有「不在其位，不謀其政。」左傳曰：「政以正民」。可見政指「政治」、「政事」或「政權」等意思，政包含人、事、財、物各方面事務控制社會的經營與管理、管理國家事務與治理百姓等意思。策則是策略、檔案、政令與謀略的意思，是一般性地規劃行動或設計，有措施、策略、方針之意。戰國策中的「策」，即是戰國時代各國發生事情時所採取的謀略和對策。

因此，「教育政策」是推展教育工作的方針，達成教育目標的策略、教育計畫與實施的依據，也是評估教育成就的指標（林天祐，1997；羅清水，1999）。黃乃熒（1999）則認為教育政策是反省某種假定、價值與信念的心向，並藉以引導教育決策行為。足見教育政策是針對教育問題，所提出具有解決問題的計畫、策略與措施，而決定政策本身，事實上就隱含許多價值與意向，這些價值自然對於政策產生相當效應。此外，政策可能是各方角力妥協的產物，政策也可能是商機，投資客刻意的圍事與運作，形成氣氛、作成政策。而教育政策的形成也涉及對於舊政策的不滿或不足所提出的省思與具體作為。茲就改革的隱喻與本質、教育政策的制定與流程、教育政策制定常見的價值與假設、政策指標之權衡及近年教育政策的爭議分述如下。

改革的隱喻與本質[1]

壹、隱喻的涵義

隱喻可以增添想像的色彩，張光甫（2003）主張隱喻是理論的前奏（here the metaphors stop and the theories begin）。在教育理論與政策的語境裡，常有隱喻的應用，因為我們需要借隱喻說明理論與政策。李怡嚴（2002）認為：

> 隱喻不但是心智思考的工具，而是非常重要的得力工具。若是沒有隱喻，則人類認知的範圍，將局促於知覺運動的貧瘠領域。雖然還是比許多動物要好，可是絕不會有文字、文化、哲學、科學等文明的要素。

隱喻是用一個熟悉的事物或活動，去比喻另一個不甚熟悉的事物或活動，用隱喻的好處是讓難懂的觀念鮮明易解，然而，用之不當，反使觀念曖昧不清，遠離真相（張光甫，2003）。而常見的方

1 本文修改自劉世閔（2001a）。改革的隱喻：以教育為例。《菁莪季刊》，13 (2)，2-6。

式是一種類比的方式，謝文全（2003）認為隱喻（metaphor）是運用類比的方法，將某一類型的概念來類比另一類型的概念，透過認知置換來重新詮釋意義的方法。

因此，藉由隱喻來對某些現象作一番揣測，對難以言明的現象作具象化處理，隱喻也是一種轉借象徵性的偽，具有易失真而逼真的語言現象，只可會意，不能言傳，故而隱喻成為真相的代言、事實的寫真的一種詮釋與溝通方式。

貳、改革的本質

「改革」的本質（color/nature）究竟是什麼？這樣的議題，或許如同聖奧古斯丁（Saint Augustine）很難答覆「時間」的概念一般：「如其無人問我，我知道時間是什麼；如其有人問起我來，我卻又不知道了」（吳俊升，1989，p.1）。大約西元五百年前，希臘哲學家何銳利特氏（Heraclitus）曾說：「您無法踏入相同的水中兩次，因為其他的水已持續流過」（Morgan, 1997）。腳入河中，前水已不復原水，這樣的隱喻說明變革無所不在，到處發生，因其異而有所變革。

羅貫中在《三國演義》開宗明義說道：「天下大事，分久必合，合久必分」。似乎他歸納出歷史的定則，就在非彼即此的鐘擺困境中，冥冥之中，自有定數，然而，改革是否真能在鐘擺左右向度中搖盪？還是周而復始？改革究竟「是」什麼？不同的假設，可能植基於不同的文化的價值、觀點與信念，也形成不同的政策、思維與習慣，透過下列的隱喻，希望引發讀者如同禪宗六祖壇經自序品的公案所提「風、幡或心動」的爭辯，下列分別以改革如鐘擺、歷程、天平、螺旋、接力賽、潮汐、拼圖的隱喻，請各自解讀改革的意涵。

參、改革的隱喻

一、改革如鐘擺

鐘擺論者認為改革如同鐘擺的擺錘一般，懸宕其中向兩端擺盪，兩極可為正反之相，因此或為左（激進）右（保守），或為強弱，或為鬆綁，或為正斜，或為加減，或為否泰，或為盛衰，或為競合，或為成敗，或為分合，或為內外，或為上下，或為速緩，或為真偽。如同《易經》所言：「否極泰來」，事窮則變，變則通；兩極亦可為相異之相，如公平與品質（quality and equality），介入或中立，標準與多元，手段與目的，菁英與大眾（meritocracy and universality）（Astuto, Clark, Read, McGree, & Fernandez, 1994），穩定與變動，演進與革命，共同與差異，自律與自主，民主與專業，效能與彈性，集體（組織）與個體，理性與感性，質變與量變，性惡與性善，本土與國際，自然與人為，因材施教與有教無類，不同向度有著不同層次選擇性與詮釋性，於是，台灣教育改革在管理上希冀從中央集權到學校本位（school-based management, SBM），從重視集體轉為重視個體，學校教科書從單一到多元，課程從「量變」而「質變」（殷允芃，1998），評量方式從重公平、客觀轉而追逐多元方式的價值，經費的運籌從管理而希冀自主，師資的培育從計畫到市場；以鐘擺兩端的公平與品質為例，英國教育改革從一九六七年《卜勞登報告書》（*the Plowden Report*）傳遞「積極性差別待遇」（positive discrimination）的概念後，教育機會均等有著不同的詮釋，因此，「教育優先區計畫」（educational priority areas scheme）鼓吹人道式的公平（human justice），對於文化不利地區有著優先的補助計畫，法國在密特朗執政時期所推出的喬斯濱法案（Jospin Act）也有類似的作為（priority education zones），然而，英國在一九八八教育改革法案（the Educational Reform Act, ERA）年及一九九三年所實施教育法案（the 1993 Education Act）裡，人道式平等意涵轉為功績式平等（merit justice），將市場機能導入教育機制，如家長選擇權（parental choice）、開放註冊（open enrollment）、教育券制度（voucher system）、撥款支助學校（grant-maintained schools, GMSs）的設置，家校關係從此轉變成生產與消費的關係，這樣概念的轉移，試圖讓市場的操控概念去激化教育的品質（Liu, 2000），讓劣質品在市場競擇下消失。然而，鐘擺式改革也易陷於兩個向度中擇一的兩難迷思，無法跳脫產出另類思考。

二、改革如歷程

Michael Fullan（1991）認為革新本身不是終點（innovations are not ends in themselves, p. 27），因此，改革係從導入（initiation）、執行（implementation）、持續（continuation）到結果（outcome）。改革不是一張簡單的藍圖，須計畫好後再按章行事，事實上，改革是不斷變動的歷程，過程中有合作、衝突、逃避、妥協與順從；視改革為歷程，因此，此派論點恆變是正常的，唯一不變的是「變」。

三、改革如天平

這樣的隱喻乃對現實的匱乏或不足的現象的解釋，因此改革隱含平衡的機制，在失衡的狀態下，以求平衡故需要改革，例如以往家長與學校間的關係分工而鮮少合作，信任專業的教條下，家長的投入（involvement）不足，導致社會問題叢生，有些改革者於是認為，在這樣失衡的狀態下，應將家長的力量與資源投入，使家庭教育與學校教育能充分合作，這樣失衡的概念，使改革的動力來自於一股試圖撥亂反正的力量，再使之平衡。

四、改革如螺旋

它強調改革的類似性與不可複製性，「前水」與「原水」在歷史的時間通則下，現場還原或逼真已無法為原真，如羅貫中《三國演義》的完成，係植基於民間傳說的劇本與《三國誌》中的描繪，然而《三國演義》中的記載已非全如《三國誌》的描述，以至於史觀與史實在求真的態度上是有所差異的，歷史能否再製？這樣的命題好比問複製人真「是」（is）其人？還是真「如」（as）其人，「如」則不等於「是」（“as” is not “is”），「複製人」是否等同供體的原人，或者僅是基因組態像而已，如此，此說隱含改革無法炮製，現場也無法還原，除非時空因素能克服，電影《回到未來》的情節仍是電影，似曾相似得有如新瓶舊酒或舊瓶新酒，改革似輪迴，前進在時空的定則下，依舊不斷地迴旋，譬如九年一貫課程是舊概念新解讀，在不同時空情境下，交叉出不同的變。

五、改革如接力賽

「羅馬不是一天造成的」，牛頓發現地心引力時自謙地說：「我站在巨人的肩膀上，才得到可以鳥瞰的視野」，然而，地心引力的發現卻引發物理學上極大的變革，這樣的改革如同接力賽，不必昨非而今是，或昨是而今非，改革是積累的，「巨人」的隱喻顯現出前人努力的前因，導致現今的果，因此，成敗的果係植基於前因的功過，改革似上一棒交接給下一棒，逐次循環而變。以教育為例，今日校園民主並非一朝一夕而成，從社會的開放多元、教師法將公教分途、學校教評會審查校園人事、教師會與家長會的興起、家長選擇權的重視、校長的遴選乃至地方教育審議委員會的設置，傳統科層體制的價值，逐漸為社會「民主」的概念所取代，只不過這樣的民主概念，易被簡化為選舉的措施。

六、改革如潮汐

改革如潮水，潮汐時來時往，或為高潮，或為低潮，有時掀起滔天巨浪，導致風雲變色，有時水波不興，雲淡風清，譬如詹志禹（1998）將近年的教育改革分為三波：第一波是民間教改團體於一九九四年四月十日發起的「四一〇教改大遊行」，雖缺乏系統規劃，卻激發教改的意識與動力；第二波的改革係為回應四一〇的訴求，在李遠哲領軍的行政院教育改革審議委員會所進行的「政府主導教育改革」（張鈿富，1998，p. 18），從一九九四到一九九六年完成的四期的教育改革諮議報告書與總諮議報告書，強調學校本位的經營方式（school-based management, SBM）；第三波則是課程改革。隨著一波波社會的價值、規範、技術、實行及架構的更迭下，改革有如潮汐起伏般或高漲，或消退（fade away）。

七、改革如拼圖

Bolman & Deal（1991）分別用結構（structural frame）、人力資源（human resource frame）、政治（political frame）及象徵（symbolic，包含文化層面）四個架構來了解組織，因此改革就如同包含

四個架構的拼圖，是組織結構、人事狀況、權利義務、組織文化的重拼裝、重分配（redistribution）。台灣教師會和新式家長會的興起，讓學校校園結構與權力重組，校園勢力的拼圖，在這波改革聲浪中彼此消長中。

教育改革已在台灣校園掀起一陣陣風潮，流風所及，有些教育單位以新為尚，以改革為標的，有些則紋風不動，以不變應萬變，或許改革的本質如同黑格爾所謂「正」、「反」、「合」邏輯下，有著一體多面的風貌，Fullan（1991）曾說革新是多面相（innovation is multidimensional），每個人似乎戴著自己與生俱來的眼鏡，來解析這個世界，然而，我們不禁要問：改革的目的何在？為何要改？如何來改？改革如係歷程而非藍圖，教育政策的研擬便無法全然照章行事，學校政策的研擬須經縝密的思考與實證的研究，改革若在急就章上開始，可能在急就章下胎死腹中，政策執行的先鋒（early adopters）或對政策執行完全相應不理的遲緩者（laggards）自有其解讀與應變新政策之道，杜威說「賦予教材生命的是教師」（Dewey, 1916），那麼「賦予政策的便是規劃與執行政策者」，這波台灣課程改革，是否也須針對教師文化重新了解？

改革像什麼？鐘擺、歷程、天平、螺旋、接力賽、潮汐、還是拼圖？或許決策者與執行者心中各有一把尺吧，或者上層在位者與基層教師用著各自的眼鏡，正在檢視著這波的教育改革，研究者也很難為它下個操作型定義，各位教師、教育研究者、教育決策者及關心教育者，您心中的改革又像什麼？不同隱喻產生不同思維，這些思維逐漸滲透、浸濡而對政策制定與流程產生巨大改變。

教育政策制定與流程

本節分述政策制定的流程及教育政策制定的影響因素。

壹、政策制定的流程

政策制定過程包含議題界定、議程設定、政策形成、政策採用、政策執行與評鑑。Minogue（1983）指出，政策制定過程包括三個階段：形成階段、執行階段及評估階段。而著名的管理學大師 Deming 則提出四步驟：即規劃（plan）、執行（do）、評核（check）、行動（action）。因此政策制定分析大概可歸納為議題、執行與後效評估等步驟。

政策分析首先要辨識現存的問題，以確認問題來自於制度還是人為因素，議題也是時代脈動的焦點，議題背後之理念，往往成為政策形成之根據。議題的產生可能來自社會變遷的結果，導致社會解組、價值衝突、個人行為失調，使得原有的教育制度無法滿足社區個別的需求，形成教育問題，可能因新的社會期望要求教育制度有新的調適。或者因學校為維護自身利益，產生調適，形成教育問題。或者因政策規定，須遵照上級單位指示，遵循政策推動，形成教育問題。

其次，需要思考教育問題是公共、普遍、技術性，還是全面影響教育政策的問題。然後需要評估不同教育的結果及效應，意即，要評估某項政策是否有效，需要由其教育效應（educational effect）及教育產出（educational outcomes）的多少及優劣來判斷（鄭燕祥，2003）。因此政策有其輕重緩急之別，得視情境與可能產生之後效評估。

當然教育政策實施的結果後產生不同的後效，因此也須評估政策制定的影響因素，政策制定涉及決定者與外在環境因素交互作用等考量，而政策決定者本身的假定有牽涉其價值體系，教育政策的價值選擇可能有不同的取向。春秋時代有「三事」之說，即正德、利用、厚生，近代更有人以權利、效能、公平及人本等當成分析的單位，不過，這些價值難免有些衝突與對立，教育應該強調價格還是價值？

貳、教育政策制定的六個 W

教育政策制定的六個 W 如下：

一、誰（who）在決定

誰負有政策決定權，對教育政策具有直接的影響力。例如，立法機關：其負有監督、質詢的權力，其對教育政策具有詮釋與監督權。或如社會菁英：其具有專業學識與聲望，對教育政策的建議與批評，常會影響教育政策的取向。抑或智庫的獻策，其在教育政策的制定過程中，提供理論與實徵資料。

此外，政策常受到包括利益團體、教師組織、家長團體以及學生組織所影響。吳定（1999）認為利益團體（interest group）乃是多元開放社會必然產物，在利益多元化的社會現象中，要實現個人的利益，往往需要透過團體的途徑來爭取、協調，才能引起政府決策者的重視（p. 115）。利益團體的組織與運作形態，在當今快速變遷的社會結構中，開始為其產業利益成為建構政府與人民的中介力量，在日益都市化與高度工業化的社會，這種自主團體的出現日益頻繁，他們自主地結合正式組織，為其共同利益向政府單位施壓，其對社會影響亦與日俱增，此類型團體藉由基金會、募款、工會或政府支助而產生。不過，利益團體之利益不見得等同於大眾利益，根據林閔政（1996）與楊泰順（1993）的說明，利益團體對政策合法化運作的影響途徑，可粗分為兩類：

(一) 直接遊說

以政府部門為對象，利益團體代表設法直接會見官員或民意代表，藉由面對面的溝通，以達到影響政府政策的目的。

(二) 間接遊說

遊說者並不接觸行政官員或民意代表，以社會大眾為對象，透過草根性的遊說活動，如透過選民寫信影響傳播媒體或是介入選舉過程等方式，以形成輿論或選民壓力，來造成決策官員或民意代表，使他們不得不接受遊說所主張的立場。此外，教師、家長與學生等組織對於教育政策之影響於後會有專節介紹。

二、決定什麼（what）

教育政策制定、推動與執行的內涵，某些公共輿論，例如，教育是公共財，抑或個人訴求的私有財？這種議題容易成為爭議的焦點，透過傳播媒體所形成的輿論會影響政策的制定。

三、如何（how）決定

常見的決定模式包括古典、滿意與逐步等理性決定模式，此外，還有因政策內涵符應議題的非理性垃圾桶決定模式等。

四、何時（when）決定

政策決定的時間點，有時是外圍氣氛的影響，有時是內在衝突所造成，如某些偶發事件，其配合媒體輿論的炒作會形成壓力，這些偶發事件所形成的氛圍，足以影響政策制定。

五、何地（where）決定

政策適用於何情境？場合？

六、為何（why）決定

為何要如此設計政策？

教育政策的制定具有方向、時效與相對等特性，因此政策成為法令與行動的依據；其次，政策乃在處理社會脈絡的時空產生的議題，故具有其時效；第三，政策的研擬並非絕對理性，政策的執行解決某些議題，可能產生其他議題，利益某些社群，但未必同等對待其他社群。

第三節

教育政策制定常見的價值與假設

本節分述教育政策制定常見的取向，例如：正義、自由、公平、品質、效能、權力等。

壹、正義

評估教育政策之良窳，正義是重要指標之一，近數十年來關於道德論證的爭論，有兩種互相對立的主張：一為目的論（teleologie），一為義務論（deontologie）。

一、目的論

(一) 定義

目的論又稱為效益論（utilitarianism）、功利主義或結果論。目的論強調行為的目的（telos）或結果（consequences），其極端形式甚至以行為的結果為決定行為善惡的唯一因素（孫效智，1995）。意即主張一個行為的對或錯，完全決定於這個行為所產生的結果或所實現的目的，是否合乎效益原則（the principle of utility）（林火旺，1998）。

(二) 代表人物

效益主義就是最典型的目的論主張，效益主義在判斷一個行為的正當與否，完全由這個行為是否能達成整體效益的最大化所決定（林火旺，1998）。古典效益的主要代表人物有David Hume（1711-1776），Jeremy Bentham（1748-1832），J. St. Mill（1806-1873）及H. Sidgwick等人。

邊沁（Bentham）是英國哲學家與經濟學家，功利主義的創始人，一七七六年出版主要著作有《政府片段論》（*A fragment of Government*），他在其中尖銳地反駁了守舊派對英國憲法的美化，揭露了這部憲法的缺陷（趙敦華，2002）。主張立法的目標在達到最大多數人的最大幸福，因而他的基本假定是結果說，行為的結果須增進幸福，則為正確，反之則為謬誤。因此此說係依據行為本身所產生的後果的善與惡來判斷道德行為的有效性。邊沁認為所謂法者，1.必合於功利原理；2.內容必合於社會中流行之期待；3.形式不拘成文與否；4.手續必由憲法中主權者之命令或許可；5.在實際運作中產生權利與義務，以刑賞促進服從；6.要深遠廣大，足以招至或促進安全、富足、財產等。

Mill是十九世紀著名的哲學家、政治學家、經濟學家和思想家。自幼接受其父詹姆士彌爾（James Mill, 1776-1836）及邊沁功利主義思想（吳美玲，1999）所影響。

效益論的集大成者是Henry Sidgwick，他曾著《倫理學的方法》（*The Methods of Ethics*）一書，他主張四個規範性原則：

1.正義原則（*the justice principle*）

聲言假如一個人判斷其行為是正當的，那他將認為像這樣行為在相同的情境條件之下，亦會被其他人判斷為正當的行為。

2.智慮（prudence 謹慎）原則

聲言每個人對於現在的與未來的善或惡應該予以同樣的或同等的關切。這個原則的主旨在於描述最古老的智慮訓誡。

3.理性慈善（rational benevolence）原則

一個人所享有的善，與其他人所享有的善具有同樣的，或同等的重要性。

4.良好的意識（desirable consciousness）原則

良好的意識必須被視為是最後的善（ultimate good），及具有理性的事物總是會普遍地趨向於善（余桂霖，1997）。

由於人在心理上都是趨樂避苦的，追求快樂，因此當「義務論」成為道德教條、多數人則寧可選擇「效益論」（utilitarianism）作為其價值判斷的依據。

(三) 效益論的原則

所謂效益主要因其重視行為的功利甚於義務，效益主義主要有三大原則：趨樂避苦、最大多數人最大幸福原則及結果重於動機等。

1.趨樂避苦

對功利主義來說，行為的價值首先取決於其結果，凡是能帶來最大限度幸福的，即為善（good），反之則不善。對功利主義來說，作為行為目標的幸福，往往與快樂（pleasure）相聯繫，而快樂首先又表現為感性層面的滿足。Mill 曾對 Bentham 所理解的快樂做了些許修正，他主張做一個慾望沒有滿足的人要比做一頭慾望滿足的豬要好，做一個不滿足的蘇格拉底比做一個滿足的傻瓜要好。如果傻瓜和豬都不同意的話，那是因為他們只知道問題與自己相關的那一個方面，而蘇格拉底這些人卻知道問題的兩個方面（趙敦華，2002；曾淑芬，2002）。

人難免在心理上是趨樂避苦的，因此以目的論觀點觀之，最良善的政策即符合最大多數人的最大快樂，若是以此觀點來分析教育政策的良窳，那麼政策執行的結果帶來快樂的結果便是善，反之即惡。

2. 最大多數人最大幸福原則

效益論的基本主張是，為最大多數的人謀最大的福利便是道德的內涵與最高原則（孫效智，1995）。易言之，決策的指標在於最大多數人最大幸福原則（the greatest happiest for the greatest number of people），這是一種所謂的51分哲學，設若政策滿意指數是100分，那麼政策制定之原則以最大多數人的最大幸福為考量原則，即以功利或最大幸福的原理作為道德基礎的主義。它承認功利是道德基礎的信條（吳美玲，1999）。換言之，這種觀點判別政策的良窳，端視該政策產生的結果是否獲得最大的效益。因此林火旺（1998）指出我們一般的正義觀念中，保障弱勢團體的權益當然是正義的政策。但是從效益主義的正義原則考量，無障礙空間不見得是一個正義的政策，因為為了實現這個政策，政府必須花費龐大的物力和財力，所服務的對象卻只是全國極為少數的人口。

3. 結果重於動機

效益論主張行為的對錯善惡取決於其結果，正義觀主張在投資能獲得最大的利潤報酬，就證實了行為的合法性（翁大鈞，2000）。因此政策結果要比政策動機來得重要，不過，政策的好壞往往很難透過計算而得到一個具體的數據。

「正義」（justice）用來分析政策不外是當制度與政策符合道德

的社會實踐。教育政策須反映公平正義和個別差異的教育理念。基本上，教育是一種開發個人潛能和促進個體自我實現的歷程，政策取決的思考標準在於義務或者效益，在整個教育過程中，必須以「人」為本位，善用適當的教育方法。

二、義務論

義務論則認為，一個行為的對或錯，不是完全決定於行為所造成的結果或目的，而是取決於行為的類型（林火旺，1998）。義務論認為決定行為倫理品質的因素除了行為結果外，還有其他一些因素應納入考量，例如：行為者的動機，行為是否符合眾所公認的道德規範或標準（好比正義原則）等（孫效智，1995）。這派的觀點來分析教育政策，主要看政策設計動機是否純正，是否具有「善意」，而比較不關心政策造成的效果。例如，入學制度的公正性須合乎所有人的期望，一個好的政策應該要兼具公平與正義，才能深得民心。而政策也涉及教育資源分配。

三、正義的詮釋

正義從不同觀點有不同的詮釋，正義是人類社會結構中的一個基本要素，包括資源分配、利益分配和風險的分配（石慧瑩、吳瓊君，2001）。換言之，所謂正義的原則不外是：若 B 以 C 待 A 為非，那麼 A 用 C 對 B 就不可能對。不過，古今中外對正義的解釋，各有其主張，因此政策的實施不免有所不同。

(一) 儒家的正義觀

儒家哲學之準繩係仁義道德，孔子的正義觀基本上圍繞在「以德報德，以直抱怨。」他所憂心的是「聞義不能徙，不善不能改。」如此的觀點，衍生出下列兩種看法：

1.義重於利

孔子曾說：「君子喻於義，小人喻於利」（《論語・里仁》）。孟子在見梁惠王時也說：「何必曰利，亦有仁義而已矣」（《孟子・梁惠王》）。之後，董仲舒更提出：「正其誼不謀其利，明其道不計其功」（《漢書・董仲舒傳》），這些觀點說明儒家對於正義是有所為，有所不為，謙謙君子重義而輕利。

2.正義高於性命

孔子在《論語・衛靈公十五》：「志士仁人，無求生以害仁，有殺身以成仁」。為正義犧牲生命對儒家而言，反而彰顯了生命之價值，因此，孟子曰：「生，亦我所欲也；義，亦我所欲也；二者不可得兼，舍生而取義者也」。而荀子亦言：「君子……畏患而不避義死」，強調仁義超越生命的價值與意義。叔孫豹曾提出「三不朽」之論：「太上有立德，其次有立功，其次有立言，雖久不廢，此之謂三不朽」，彰顯儒家慧命重於性命的想法。司馬遷〈報任安書〉，曾寫下他的千古名句：「人固有一死，或重於泰山，或輕於鴻毛，用之所趨異也。」李白在《比干碑》提到「不可死而死是輕其生……可死而不死是重其死。」韓愈的「不畏義死，不榮幸生」《清邊郡王楊燕奇碑文》，文天祥〈過零丁洋〉這首詩中寫道：「人生自古誰無死，留取丹心照汗青。」這些名言都受到儒家思維所影響，也說明儒家思維視道德高於性命。

(二) 漢摩拉比法典

巴比倫王朝第六君王漢摩拉比，在入侵美索不達米亞後，受蘇美一阿卡德文化所影響，編列著名的《漢摩拉比法典》（*The Code of Hammurapi*），將之刻在一支高 2.35 公尺深綠色原石柱上，這部是世界上最古老的一本法典（西元前 1792-1750），共有六章二百八十五條（劉世閔，2002a），漢摩拉比王朝係 Amorite 部族建立，漢摩拉比所頒布著名的《漢摩拉比法典》，目前仍保存於羅浮宮博物館。這部用阿卡德文字寫成的法典採取「以眼還眼，以牙還牙」的方式，正義即以眼還眼、以牙還牙；以平等對待平等，以不平等對待不平等，成為此派的中心思想。換言之，這部法典所標榜的公平正義原則：1.對待不同條件者（例如貧富）給予不同待遇的垂直公平原則；2.以眼還眼、以牙還牙的水平公平原則，即對待相同條件者，給予相同待遇。

(三) 康德的正義觀

康德（Immanuel Kant, 1724-1804），義務論的代表之一，十八世紀德國著名哲學家，西方哲學多半循著康德路線，著有道德形而上的《基本原理》（*Foundation of the Metasphysics of Morals*）一書，他主張決定行為道德價值是動機，而非行為的結果。依他的觀點，人是理性的動物，所有責任（duties）或義務（obligations）的陳述可以被轉變成命令（imperative）的語言。因此上帝與人道都必須服從相同的理性原則，而理智（reason）是足以引導我們走向這些原則（余桂霖，1998）。因此，正義成為無上命令，是人性的最高指引，個體服從個體所設定的法則極為自主，故爾上帝與人到遵從相同理智。康德對人性假設是人類為理性動物。此種人類為義務而義務的道德行為，使他主張「即使地球會毀滅，也應堅持正義」（fiat iustitia pereat mundus）（黃藿，2003）。因此，從康德義務論倫理學的觀點來看，我們必須克制本性的偏好與欲望以服從義務。

(四) 馬克思的正義觀

馬克思是德國政治理論家，一八四八年與恩格斯合著《資本論》，有猶太血統的他，曾受到歧視與不公平待遇，因此，他視正義為不道德主義（immoralism）（Daly, 2000），他認為正義與權力都是「過氣『失時』的語言垃圾」，都是「意識形態的廢話」，馬克思認為「共產黨人不該以道德訓誡別人」，原因是道德不過階級利益的遮羞布而已（洪鎌德，1996）。馬克思主張人的意識乃是由他的社會存有所決定的（鄒理民譯，1991）。資本主義下的勞資關係是不對等，資本主義不僅精神不公正，而且本質上不公正，違反工人的人性……就笛卡兒信徒功利論與康德論而言，馬克思的正義觀不被理解，兩者觀點皆被他所批判（Daly, 2000）。

(五) 羅爾斯的正義觀

約翰．羅爾斯（John Rawls, 1921-2002），美國著名哲學家及倫理學家。一九二一年一月二十一日生於馬里蘭州，一九五〇年獲得普林斯頓大學博士學位，著有《正義論》（*A Theory of Justice*, 1972）、《政治自由主義》（*Political Liberalism*）及《萬民法》等（何懷宏，2002；林火旺，1998）。

羅爾斯主張「正義即公平」（justice as fairness）。正義原則的內容是由一個公平的程序所決定，而所謂公平程序，則是這個程序並沒有對任何一個人特別有利或特別不利。認為所謂完全程序正義有兩個特點：1. 對於公平的分配，存在一個獨立的標準，而且這個標準的定義獨立且先於程序；2. 有可能發明一個運作程序，此一程序可以保證達成所要的結果（林火旺，1998）。一個正義的社會，必須賦予每一個公民相同的基本自由，不能因為身分、地位、財富、所得、智力、膚色、種族、性別的差別，而有所不同。因此從羅爾絲的觀點，正義第一原則即是平等的自由權力，且是絲毫不能妥協的。他所主張的「機會平等」原則，就是企圖達到這樣的目的。不過，羅爾斯這樣的正義觀所要求的是社會制度的改變，使得天生不平等所造成的社會不平等能得到矯正（許漢，2001）。故正義不可為某些人的更大利益而損害另一些人自由。犧牲少數成就多數也不被視為正義。正義的權利亦不能屈服在政治交易與利益的權衡。另外，羅爾斯的正義是具有互惠概念的，因此，羅爾斯提出「機會平等」原則，他的正義觀所要求的是社會制度的改變，使得天生不平等所造成的社會不平等能得到矯正（許漢，2001）。

貳、自由

個體在社會組織中，組織愈科層化，個體愈不自由，自由是在不妨害他人自由基礎上，由個體自主決定其權力、經濟生活、醫療照護及教育方式等。近年來受到新右派（New Right）及新自由主義（Neo-liberalism）等思潮所影響，例如芝加哥學派著名的經濟學家 F. A. Hayek 與 M. Friedman 為首的新右派陣營，抨擊 J. M. Keynes 的經濟理論過分強調政府干預經濟活動，甚至壟斷公共及社會服務，釀成社會資源的浪費。因此，新右派提倡自由企業、競爭、私有產權及「小政府」的理念（鄧廣良，1998）。這些思潮倡議避免國家或政府干預自由市場的正常及有效運作，強調消費者至上、教育即市場及家長如消費者等理念。

私有化概念的興起，消費者選擇權的提倡，教育如其他商品一般可以在市場條件下進行買賣，家長或學生成為消費者。市場自由化主義主要目的在解決經濟問題，提升國家競爭力，自由市場本身背後假設係為一自然形成的完整自律機制，故設若視教育力為國家競爭力之一，那麼教育市場化也成為歐美近年教育改革的選項，用以提升其國際競爭力。而自由市場中的消費者對於生產者而言，就扮演制衡與監督力量，為提升競爭力，公共部門的私有化也成為手段之一。這股思潮進入教育即成為家長是教育市場的知識消費者，學校則成為知識生產者；紓解升學壓力、鼓勵私人興學與公辦民營的方式在政府財政緊縮之際，成為自由化的最佳說辭。因此自由反映在政策上主要的現象有私有、選擇、講學、設校、結社及學習等。

一、私有化

私有化假定個體都為自我的利益服務，且按照其意願來追求其利益，私有化具體的展現即自由興學權：根據〈教育基本法〉第七條第一項人民有自由興學權[2]。除了鼓勵私人興學外，近年政府更鼓勵「公辦民營」的經營方式，不必接受政府過多法規的限制，故其經營較為自由。民營化係指完全私有化，而公辦民營則強調公部門某種程度的涉入。政府鼓勵私營化，把辦教育當作經濟上之商品，市場機制讓學校自主大增，不過相對的政府失能，各校自主讓學費逐漸高漲。

2 〈教育基本法〉第七條明文規定：「人民有依據教育目的興學之自由」。

二、選擇權

自由隱含選擇的機制，因此諾貝爾獎經濟學得主費德曼（Milton Friedman）在一九六二年發表其著作《資本主義與自由》（*Capitalism and Freedom*）一書中提到：家長應有為其子女選擇學校的權利，此外稅捐應給予學生所就讀的學校。而學校經費的多寡，決定於就讀的學生人數。

新右派內部有兩大陣營：新自由主義者（neo-liberal）和新保守主義者（neo-conservative）（黃嘉雄，1999）。新自由主義源於十八世紀古典經濟學家史密斯（Adam Smith）的自由市場經濟理論（黃嘉雄，1999）。這種人性觀點依賴個人自利、理性的算計能力，個體可以在市場中獲得最大滿足，資源可以得到最佳的分配。自由參與與選擇教育權即表示家長有教育參與權與教育選擇權，象徵自由參與與自由選擇。在教育政策上即有跨學區學校的設計、教育券與學校如知識的消費市場等概念興起。

三、講學自由

講學自由是包括研究學問、講授學問與發表學問之自由，亦即廣義的「學術自由」。而言論、著作與出版之自由也和講學息息相關。根據司法院大法官會議釋號字第380號協同意見書即謂：

> 所謂講學自由，固係指國家不得對講學者濫加干預、壓抑之意，而此雖非完全否定下級教育機關就此所享有之自由；然因大學之本質在於以學術為中心，進而深入探討真理，並發展新的知識領域，故必須予

> 以特別之保障，其與中、小學教育，為因應學生尚在身心成長、發展階段，理解、批判等能力猶有未足，國家為維持一定之國民知識水準，俾其來日產生奇葩，結成異果，而須為一定教育之實踐，因得加以廣泛的限制者不同。是以基於教育之本質，講學自由應僅適用於大學或高等研究機構。

足見我國《憲法》上的講學自由係指「大學內研究學術」、「講授學術研究成果」及「發表學術研究結果」之自由，與所謂學術自由同義。而教師的言論自由權在保障教師在一定法律規定下，基於教育知能與專業良知，可提出不同興革的意見，使學校的發展能更順利。

四、設校自由

《憲法》第十一條「人民之講學自由」中所包含的「設校講學自由」之精神。不過，設校自由可能因教育數量的膨脹，造成教育過度的現象，如同鄭燕祥（2003）所分析：

> 在許多國家，由於高等教育的迅速發展，許多畢業生無法找到與其所學相關的合適工作，這形成了原來只需要由中學生擔任的工作由大專生去擔當的情況，這種現象屬雇用上或經濟發展上的教育過度（over education）。所謂「教育過度而失業」（educated unemployment）。這反映教育投資未能因應經濟發展需求，令人才錯誤積壓，使勞動力不能為社會

所充分利用或只能在萎縮狀態下被使用，結果又是教育浪費。

換言之，失業潮的產生，並未因學歷的大幅提升而減少，高學歷所造成的高失業率背後真實的原因，是自由設校產生教育過度的現象。

五、結社自由權

影響教師結社的法令主要為憲法、教師法與人民團體法。《憲法》第十四條所訂人民結社自由，為促進教師專業水準，並塑造教育專業文化，教師之結社自由也不應因其教師之身分而被剝奪。而《教師法》第二十六條也規定教師組織可分為學校教師會、地方教師會及全國教師會三級，各級教師組織之設立，應依人民團體法規定向該管主管機關申請報備、立案。《人民團體法》第八條規定：人民團體之組織，應由發起人檢具申請書、章程草案及發起人名冊，向主管機關申請許可。前項發起人須滿二十歲，並應有三十人以上，且無下列情事為限：

(一)因犯罪經判處有期徒刑以上之刑確定，尚未執行或執行未畢者。但受緩刑宣告者，不在此限。

(二)受保安處分或感訓處分之裁判確定，尚未執行或執行未畢者。

(三)受破產之宣告，尚未復權者。

(四)受禁治產之宣告，尚未撤銷者。

第一項申請書格式由中央主管機關定之。

因此學校教師會之組織只要有三十人以上，無上述情事者即可籌組教師會。然而，目前教師的結社自由並未涵括教師工會（受限於工會法第四條之規定），因此工會常行使之勞動三權，教師並未一一俱足，故罷教之行使在台灣尚未合法化。

六、學習自由

自由概念在入學制度上，就是增加家長與學生選擇的機制，多元方案的實施，「校選生，生選校」的雙重選取概念展現自由的機制。此外，為了回應民間教改的訴求，教育部定一九九四年為教育改革年，一九九五年教育部長郭為藩在《邁向二十一世紀的教育遠景》中提出「紓解升學壓力」與「教育自由化」兩大主軸的教育改革目標，並提出二〇〇〇年大學多元入學制度將完全制度化（丘愛鈴，2004）。紓解學生壓力與教育自由皆在增加學生學習自由。

參、公平

均等涉及先天與後天地位的差異，國家本身具有公共性格，教育的公共性在儒家思想而言是可以理解的，「不患寡而患不均」這種現象說明公平（equity）價值的重要性，一旦失去這種價值便會「不平則鳴」。教育系統是否提供完善的機會給予每個個體，確保其服務不受個體之背景因素所影響。陳昭穎（2001）認為公平旨在衡量一項教育政策，其投入或產出在社會上不同團體間的分配情形。當比較不同社會境界或政策的效果時，決策者所關心的部分不只是資源配置的效率問題，還有活動成果的分配是否公平或可以被接受。

有人認為公平性因素包含兩個面向：一為實質公平，一為程序公平。實質公平係指一分配的結果本身是否公平，及分配量或質的多寡，不能違反正義原則，不能因為組織及個人利益而犧牲了大眾的需求；程序公平則是只作成該分配決定的過程是否公平、平等、公正無私（魏振煇，1999）。有人則主張公平有水平與垂直的差異，垂直公平者甚至主張對於文化與地區不力者予以積極性補助。

理想的教育自當促使人人在公開公平的民主化基礎上適性發展，涉及質與量、權力與資源的分配，事實上，每個人天生所擁有的文化、社會與人力資本即不盡然相等，所謂公平的概念自然也不盡然相同。

一、促進公平的教育策略

中華民國　國父曾說：「圓顱方趾，同為社會之人，生於富貴之家，即能受教育，生於貧賤之家，即不能受教育，此不平之甚也。」《中華民國憲法》第一五九條明文規定：「國民受教育之機會一律平等。」然而，由於家庭背景、職業、社會、性別、種族、身心特質、宗教與地區因素不同，使個體接受教育機會也不均等，因此常見促進教育機會均等（equality of educational opportunity）的教育政策有：(一)延長國民教育年限；(二)提供公平合理的入學途徑；(三)推展全面性的特殊教育；(四)廣設獎助學金的名額；(五)規劃教育優先區；(六)合理運用教育資源。

近年來世界各國無不盡力延長其國民教育年限，目前台灣、俄國及中國大陸為九年，法國十年，英國為十一年，美國因各州學制不同，國民義務教育年限分別為九到十三年。入學途徑方面受到多元智能理論所影響，以往偏以紙筆測驗的入學途徑也逐漸增加不同管道。對於資質、生理、心理優異及障礙之學生，各國也分別有不同法令加以保障（例如台灣有特殊教育法）教育機會均等政策積極方面在促進正義社會，消極方面則在消除經濟不平等。整體教育政策應公平地反映教育參與者各種利益需求的程度，制定清楚的規範與補償的機制。

二、公平與教育機會

公平合理地分享由教育資源所帶來的惠益，是教育政策決定者的重要指標，在分析教育政策的公平性時，大體上考慮教育機會均等與教育經費的分配。

教育機會均等係指不因地區、性別、宗教信仰、種族、公私立、社經地位等因素影響，有同等的入學機會接受教育，所謂同等條件係指學校經費、設備、師資素質、學生家庭背景以及社會文化環境等；且於教育過程中，並能夠得到公平及適性教育，使個體依其天賦才能得到適性發展；教育公平中所強調的公平，按照楊瑩（1994）的說法，著重公平開放的「入學」（access to school）機會而已，也逐漸重視入學後教育「過程」（process）與「內容」（content）的均等，以及教育資源「投入」（input）與產出（output）之間的關係。

根據 Coleman 的分析及其他學者對其界定所作的引申，教育機會平等的定義可分為：

(一)接受教育機會上的均等（equality of access to education）：例如享受相同的在學年期。

(二)參與教育過程上的均等（equality of participation in educational process）：例如接受相同內容及相同素質的教育。

(三)教育結果的均等（equality of education results）：例如獲得相同標準的教育結果。

(四)教育效果的均等（equality of education effects）：例如教育在個人發展上，發揮相同的長、短期效果等（引自曾榮光，1985）。

公平的概念涉及資源的運用與分配，資源則又有人、事、時、地、物與經費的區別，因此分配的原則是按照程序或實質？按照目的或功利？按照血統、膚色、年齡、性別、職業、族群、種族、宗教信仰或社經地位？或多或少會影響教育政策之制定與執行。

三、公平與教育史上著名訟案[3]

五〇年代以前，各國強調之重點在入學接受基礎教育之機會相等，因此，提供免費的公立小學教育成為各國政府施政的重點。劉世閔（2003a）曾分析美國種族與教育均等間的訟案。

(一) 甘尼斯事件

甘尼斯事件（Gaines case）發生於一九三八年十一月九日，美國有一名時年二十五歲黑人學生甘尼斯（Lloyd Gaines）向密蘇里最高法院控告密蘇里州立大學拒絕他的申請案，他認為密大違反《憲法》第十四條修正案，該大學所設的法律系所收的是純白人學生，該州法院判決如果甘尼斯堅持要就讀法律系，可以等到林肯大學（一所該州的黑人大學）設立法律系時就讀，如果他不等待建好後就讀，州政府同意給一筆獎學金供他到他州就讀，最高法院最後判決密蘇里大學敗訴，甘氏可就讀密校，同時各州須提供均等機會給該州所有居民（Patterson, 1995, 11-12），這是族群議題與入學機會均等上

3 修改自劉世閔（2003a）。美國種族的教育衝突案例。《教育文粹》，32，35-45。

極為著名的案例。

(二) 布朗對勘薩斯托匹卡教育局訟案

美國原本力行「分離但平等」原則，由於南方實施 Jim Crow 法案（Jim Crow Law），使黑白分離原則因而被設定，一八九六年美國最高法院舉行著名的「普雷西對佛格森」（Plessy vs. Freguson）案判例，此案係黑人 Homer Plessy 於一八九二年控告路易斯安娜鐵路局，因他前往紐奧良途中，拒絕前往為黑人所設的車廂時遭警察逮捕，他聲稱該舉違反一八六八年憲法第十四條修正案，最高法院卻以分離但平等的原則，仍適用南方為由，做下判決此案中確立合法地位（Patterson, 1995, 3-4），這樣說法讓憲法保障黑人的政治權利平等，卻忽略了社會正義平等，該法案雖然僅屬於人種使用公共設施的判例，卻在日後使教育產生不公平的現象。

在一九五〇年代和一九六〇年代美國民權（civil rights）運動興起，要求廢除種族隔離教育（segregated education），改採取融合教育（integrated education），在一九五四年發生著名的布朗對勘薩斯托匹卡教育局訟案，十一歲黑人女童琳達・布朗（Linda Brown），控告勘薩斯州托匹卡市教育局（Board of Education of Topeka, Kansas），指控該局實施黑白種族隔離政策，使她必須搭乘一班巴士到城郊一所全是黑人的學校，而無法就讀她家附近的一所白人學校（林博文，2000；洪雯柔，1999；Patterson, 1995）。同年五月十七日最高法院宣告布朗對勘薩斯托匹卡教育局訟案（Brown vs. Board of Education of Topeka, Kansas）的裁決，裁決種族隔離措施違反憲法第十四條修正案，該案規定任一州都無權在其管轄範圍內無視每個人平等法律保護。這項議案在小布希公布的 No Child Left Behind 法案中產生相當影響。

肆、品質

品質旨在衡量一項教育政策，其所達成教育目標的水準（陳昭穎，2001）。易言之，品質講求水準（level）和標準（standard）（Riley, 1994）。因此強調提升組織競爭力，在學校方面，則重視教學、評量、課程、管理與師資的改善。品質難免也須符合顧客需求，學校是否有效的改進對學生教育品質及其成就方面的績效。

美國管理專家 Peter F. Druck 倡導目標管理（Management by Objectives），而非控制管理。過去的二十年間，工商界發生過不同形式的優質運動，追求產品或服務的品質，而品質控制（quality control）、品質保證（quality assurance）、全面品質管理（total quality management）、基準的維持（benchmarking），都是一些重要的概念和術語。在這些運動之後，關於品質的概念和知識被引進教育界，而且在多數的亞太區中，現在的教育改革多半以教育「品質／優質」作為改革的訴求。實際上，教育品質／優質的定義通常與重要顧客群／重要人士（如政策制定者、家長、學校董事會、教師、學生）需求與期望的滿意度有關（鄭燕祥，2003）。

主張品質至上者，普遍認為教育經費與資源之籌措、分配和運用，應以提升教學品質為第一要務，降低單位成本，減少重複浪費。目前在行政管理上常見的理論為全面品質管理，所謂「全面品質管理」（total quality management, TQM）學校經營的中心思想，因為學校本位管理強調民主、自主、參與、績效，在實際的作法上則有許多差異性，故應先考量自己想要發展的模式，並選擇好的管理哲學做為最高指導原則。

教師品質的良窳，是影響教學品質成效的保證。將家長視為學校教育的重要顧客，因此家長之參與亦是 SBM 成功實施的必要條件。而課程是一種文化的反映，由於課程與教材的自主化與自由化，可能導致各地、各校、各班教材與教法的不同，學校為標榜社區特色與發展國際化，亦導致校間過度的競爭而使城鄉、校際及公私立間的間距拉大。彈性教學時間運用、城鄉資源的不等、教師的教學品質直接或間接地拉大了城鄉之間的差異，這種公平（equality）與品質（quality）間認知之爭議，對於一般國中小教師及家長仍帶來不少疑慮及衝擊，對於教育從業人員的執行政策上也不盡相同（劉世閔，2002b）。主張品質者，服膺「以菁英為導向」的思維，因此教育政策的研擬與執行，首重是否達成高品質學生，因此教育經費的分配首重建立尖端科技與一流學府，自不能一視同仁地重視公平分配。

伍、效能

下列分述效能與效率及效能與教育政策的關係。

一、效能與效率

「效能」（effectiveness）不同於「效率」（efficiency），效率旨在衡量一項教育政策，其所投入的工作量或成本與產出之間的關係。基於教育資源的有限性，衡量一項教育政策必須考量如何以最少的工作量或成本，獲致最大的效益（陳昭穎，2001）。效能不須衡量投入與產出的比例，但須重視指標是否達成，這些指標包含學生學業成就、行政運作與領導、課程的研究與發展、學校的氣氛與文化、學習技巧和策略、家長的積極參與及教職員發展。因此教育效能即教育目標和教育實際成效相符的程度。「效能」概被認為著重組織目標的達成，「效率」則著重以最少的資源達成組織的目標。

二、效能與教育政策的關係

效能研究應溯自一九六六年《柯爾曼報告書》（*Coleman Report*），自此後美國有關學校教育的研究，開始集中在學校效能與學校改進等措施，費德勒提出權變領導理論，認為組織領導的效能，係取決於領導者的人格特質與情境變因二者契合的程度（吳清基，1989）。良善的教育政策取決於能否引發教育相關人員的熱情投入，提升行政管理效率、有效運用與開發組織經費、激發成員專業成長及改進學習成果。吳清山（1989）曾使用問卷調查國小學校效能，歸納出十項評鑑指標：(一)學校環境規劃、(二)教師教學品質和規劃、(三)學生紀律表現、(四)學校行政溝通、(五)學生學業表現和期望、(六)教師工作滿足、(七)學校課程安排、(八)家長學校間關係、(九)師生關係、(十)校長領導能力。從上述吳清山的研究顯示，學校效能分別展現在教師、學生、家長與校長行政方面。教師教學效能為教師從事教學工作時，在認知和情感抱持有效達成教學工作之信念，促使學生達到特定教育目標，導正家庭與社會所持的一種能力判斷。學生樂於學習，家長的參與與投入，加上校長有效的領導，皆是學校成功條件。

此外，錢的確重要（money does matter），此觀點說明教育政策須考量成本效益等問題，就經濟學的理論而言，其所關心的指標在於效率，效率關注效率原則——追求教育目標須符合經濟效率，以最低成本來達成目標（鄭燕祥，2003）。而分析教育政策常見的方法為教育的成本——效能分析（cost-effectiveness analysis）。這類分析是用以估計不同途徑完成某教育項目或某項教育政策的成本，以決定何者涉及的成本最少（鄭燕祥，2003）。這種分析方法係以最大利益原則為考量重點，換言之，哪項教育政策最為有利，帶來最大的利益，即符合教育投資。

陸、權力

政策的形成是權力的展現，後現代的社會武力不是唯一服人的選項，在權力的背後有許多足以影響政策的選項。權力可以說是社會菁英擁有的一種能力，權力即宰制的意識形態，霸權是信仰、價值與知識的合法象徵是文化霸權（hegemony）的強制力。

一、權力是社會菁英擁有的一種能力

哈柏馬斯認為人的社會存在具有三個要素，即工作（work 或勞動 labor）、人際交通（interaction 或 communicative action）和權力關係（power 或 domination，即有一社會集團居於宰制的地位）（余英時，1994）。權力成為建構社會重要因素，於是，透過真實的或威脅性的對於報酬與懲罰的使用，而成為能夠限制個人操行的一種能力。權力是一種運作，他提供被個人或團體認為有價值的事物，或是威脅要剝奪掉的這些事物。能夠透過真實的或帶威脅性的對於報酬與懲處的使用，去製造意圖性的效能，就是具有權力。權力是一種關係，在其中有一些個人或團體控制了被其他人視為有價值的資源。菁英是那些擁有權力的少數人，大眾則是未擁有權力的多數

人，菁英是少數控制社會價值的人，而且使用這些控制來形塑我們所有人的生活（柯勝文譯，2000）。

二、權力即宰制的意識形態

理念具有權力，整個社會是被我們稱之為意識形態的理念系統所塑，造成的法西斯主義是一種權力取向的意識形態，它堅信國家或種族是至高無上的，而凌駕於個人、團體或其他社會機構之上（柯勝文譯，2000）。於是，當學校權力結構開始轉變成學校自主管理、教師參與或家長選擇，權力的分配就會明顯不同，就會出現行政控制、專業控制與社區控制的差異。

三、霸權是信仰、價值與知識的合法象徵

知識類型、權力與制度經常具有複雜關係，資源的獲取，權力的掌控在不同的時空條件下，在有限的資源下，衝突的條件如資源的競爭、權力的傾軋皆會影響到政策的規劃與制定，權力的行使與分配，也成為影響政策的重大因素。因此所謂校基管理就是中央權力下放，學校在人事、經費、知識方面擁有自主管理的空間。由於課程內容的規劃、設計與編排關係著學生的學習結果，對於整體社會的發展有相當大的影響，所以學校課程內容涉及知識的選擇、分類、分配傳遞與評鑑，也反映社會控制與權力分配（蔡文山，2004）。

權力可說是一種關係與能量。對於傅科（Michael Foucault, 1926-1984）而言，權力是無所不在的；它「一直存在著」，且無可避免的糾結在支配和反抗的微觀關係間（彭秉權譯，1999）。權力的重分配象徵改革的契機，傅科特別針對知識與權力之間的探討，知識

成為統治階層壓迫人民的利器，學校成為選擇、傳遞與分配文化資本的機構。羅素說權力之於社會科學猶如能量之於物理學（柯勝文譯，2000）。拉斯威爾與克波蘭（H. D. Lasswell & A. Kaplan）在其合著的《權力與社會》（*Power & Society*）一書中說：「一個團體的領導者就是主動權力（active power）的掌握者」（林生傳，2000）。以馬克思的觀點，學校教育已成為宰制階層（dominant class）之權力、知識與意識形態的再製工具，課程與教學則是再製社會勞動分工（譚光鼎，1998）。

四、文化霸權的強制力

何謂霸權（hegemony）？黃庭康（2002）認為「霸權」的概念意味著意識形態鬥爭的敵對雙方可能存有共同的信仰、價值及常識假設（commonsense assumptions）。換言之，霸權並非以武力服人，而是一種默契的信仰，價值與知識。譚光鼎（1998）則認為霸權是一個不斷創造的歷程，包括建構成員的意識以及對於意識形態之控制權的鬥爭。學校是否是宰制階層（dominant class）之權力、知識與意識形態的製造場所？透過課程的強力運作，讓受學者接受觀念的宰制。哈柏馬斯（Jurgen Habermas）認為為了要掌握傳統的真相，必須分析其被隱藏的權力與扭曲的溝通。哈式認為此「不均稱的權力關係」所導致「系統扭曲溝通」便是一種意識形態，而且是透過語言、活動和人類社會生活所表現出來的，因此有關對意識形態的分析與批判，更牽涉到一套語言，以及溝通理論與溝通情境背後的社會實體形成說明（曹校雯，2002），這些特徵顯示從屬在知識與權力關係的不對稱。

義大利新馬克思主義提倡者葛蘭西（Antonio Gramsci,1891-

1937）生於一八九一年義大利南部撒丁島，主張霸權理論，他認為人是被觀念（ideas），而不是武力所統治（黃庭康，2002）。因此牽涉道德、文化、知識的衍生的觀念所支配，換言之，霸權具有支配與從屬之關係，它非武力之強制，而是以道德與知識的領導方式取得合法宰制位置，這種宰制讓從屬者默認支配者的領導權。如同黃庭康（2002）所分析：

> 「強制力」是使用外在的威嚇使人們就範；「說服」則透過影響被統治者的思想，使他們甘願接受不平等的權力關係。霸權的建立有賴於對被統治者進行「知性與道德的領導」（intellectual and moral leadership），意思是將被統治者的認知（cognition）及價值觀轉變成有利於維持現有的權力關係。

政府與國家在軍國主義的思維下，一向被誤為同義詞，事實上，政府可利用國家教育與法律的途徑取得其行政的合法性，許智香（2003）即認為國家（state）不應該等同於政府（government）。哈柏馬斯認為所謂合法化危機則是指合法性的消失。由於合法性是整個社會系統能不能夠繼續存在下去最主要的依據，一旦在欠缺理性共識的情境下，因為人類係將社會法則建立在法律條文之上，一切由法律條文所作的決定又是支配人所有行為的重要規範；故可能將某種霸道制度化、合法化，成為人人都必須去遵守的規範條文。在哈伯馬斯心中，所謂合法化是指一個政治秩序被普遍肯定與支持的價值（邱秀娥，1999）。

社會之菁英階層透過教育的合法途徑，讓社會階層產生合法性，

C.Wright Mills 所著的《權力菁英》，認為政治菁英之所以能夠掌握權力，是因為他位於社會的制度性結構的頂層，這些人之所以擁有權力，並非因為任何個人特質──財富、聲望、技術、狡猾，而是它們所占據的制度性地位（柯勝文譯，2000）。因此，政策的形成，不見得必然是理性思維的產物，有時是權力間妥協的結果，有時是所謂在制度上占有位置的菁英所作的決定。

政策指標之權衡

壹、教育指標的特徵

一、教育指標具有以下特徵

(一)教育指標雖能指引教育事物狀態，但僅為概括而非深入的描述。

(二)教育指標結合相關概念的意義，以呈現教育制度縮影。

(三)教育指標的數值須與參照點比較，並進行價值判斷。

(四)教育指標是可量化的，並應依所建構之原則，解釋其意義。

(五)教育指標的適用性是短暫的，僅適用於某時期或部分時間（郭昭佑，2000）。

教育政策常因指標不同，而有不同考量，例如經濟地位、基本設施、族群意識、文化傳統、政黨利益等，不同的價值與觀點，形塑不同教育政策。

貳、政策指標的取向

政策指標之背後，皆有其價值典範之假設，本節將針對功能 vs. 衝突，功績 vs. 人道，垂直 vs. 水平，資本 vs. 共產，集體（國家教育）vs. 個體（國民教育），量 vs. 質分述如下。

一、功能 vs. 衝突

(一) 功能論

1.對自身的功能

教育即經驗的改造，教育是自我實現，其內涵具有發展個體潛能。

2.政治的功能

國家通常會運用教育力量，完成其政治功能，實現其社會目的。教育可形塑國民的政治意識形態，運用相關政治理念形成國家認同，同時，教育可培養國家政治領導人才，增進國家建設成果。

3.經濟的功能

以功能論的觀點而言，教育具有下列經濟功能：促進知識普及、提升技術、發展新知識及提高勞動生產力等。

(1) 教育具有改善人力資本的功能：以經濟學的觀點而言，設若教育是一種投資，人力資本的投資將有其報酬性。於是投資教育以改善人力，是提升人力資本的重要概念。孔子主張「庶而後富，富而後教」多少與人力資本觀念相關，教育功能可改進人力素質，提供個體經濟生活所需的技術能力，提高生產勞動力，提高人民的知識，提高人民識字率，改善傳播、儲蓄等習慣。

(2) **教育具有適應與調節經濟功能**：結構功能（structural-functionalism）主義強調教育具有社會化及選擇人才的功能，換言之，教育即生長、即經驗的改造、即自我實現都說明教育之功能性，甚至有些學說肯定了教育的教化功能，甚至萬能，如華生（J. B. Watson, 1878-1958）。Durkheim謹記盧梭教育應該轉變個體準備成為道德參與社會公民的信念（Cladis, 1995）。

(3) **預備功能**：教育具有準備未來生活的功能，即教育是為未來做準備，教育可促使我們對於周遭的事物更加的認識與了解，並且增進適應環境的能力。例如斯賓賽（Herbert Spencer, 1820-1903）主張教育是為個人「完整生活」做準備，要達到「完整生活」斯氏主張必須有五項教育活動：

a. 對於自我生存的直接活動（維持生命與健康）：為直接生存的預備教育、為直接自存的知識（科學知識、生理、衛生學等）；

b. 對於自我生存的間接活動（職業活動）：為間接自存的預備教育、為間接自存的知識（科學知識、數學、天文、地理、物理、化學、地質、機械、生物學等）；

c. 對生育和教養子女的活動為人父母的預備教育：為教養子女的知識（科學知識：營養、衛生、疾病、生理學、心理學）；

d. 參加社會或政治關係的各種活動：為預備擔任公民的教育、為社會和公民需要的知識（倫理學、社會學）；

e. 休閒娛樂活動教育：為休閒生活的預備教育為休閒娛樂的知識（美術、音樂、詩歌、文學、雕刻、繪畫、美學）（吳明清，2002）。

4.教育的社會功能

(1) 培養群性的功能：學校的一切設施都應顧及兒童群性的發展，提供適當的環境，使其日後能有良好的社會適應，成功地參與社會生活。這種觀念對於其後學校教育重視兒童群性發展的影響更為深遠。人是群體的動物，難以離群索居，個體透過雙親、親戚、朋友、師長有意或無意地學習如何去適應這個社會，因此個體的思想、態度、行為就會受到整個社會所制約，逐漸模仿、認同，或被整個社會以懲罰或獎賞同化而成為社會可以接受的人，教育的過程中個體以自身的能力學習進行社會活動及個人與社會間的交互作用。教育一方面符合社會變遷而調整其結構與功能，另一方面導引社會變遷的方向，改變人們的思想與觀念促成改革。

(2) 民主教育的功能：以杜威的觀點，教育的目的在建造一個真正的民主社會，學校教育扮演一個民主機構的功能，透過成員參與的過程展現民主的精神表現，營造開放、和諧的氣氛。

(3) 教育具有社會同化的機能：教育須促進個人的發展且培養社會適應的能力，因此，學校與教育制度有兩種重要的功能：一是社會化功能（socialization function），即使社會組成分子接受社會規範及價值體系，以適應社會生活。二是選擇功能（selection function），即為迅速變遷的社會，培養個人知能；為社會經濟發展，選擇適當的人才（林清江，1998；陳奎熹，1991）。這樣的觀點來自於美國社會學家 Talcott Parsons，他認為教育的社會功能，一方面教育可助個體社會化，一方面可促進社會流動、引起社會變遷，社會化是指個人家庭，同在團體及其他社會團體中，接受文化規範內化，形成人格特徵的過程。社會化功能：教育基本上是個體的社會化歷程，社會化使社會成員共同體驗該系統特有模式、價值與信念的歷程，個體經由此歷程，經社會選擇或自己附從，以調適或適應自己的行為符合社會的常模。因此，學校教育宗旨在培養個人的社會信念與知識能力，以適當扮演成人角色。

社會化可以視為個體融入社會的整體歷程，個體在某特定的社會發展中的自我認同及學習社會生活方式，使其能實踐社會角色之歷程，從生物人或動物人，在成長過程中經由社會化的過程，個體發展逐漸附從社會的共同價值體系，扮演社會族群中的社會角色，透過教育學習與角色有關的權利和義務，以符合社會角色的態度、情感及願望，學習到社會所賦予的道德或價值觀，逐漸成為社會人。

(4) 選才與分流功能：教育在發揮人才的培育與篩選的功能，進而促進社會流動。以功能論觀之，教育與考試制度具有選才與分流的作用，社會價值決定個人發展方向。教育選擇也符應當代社會結構的功能，根據社會的結構與需要，將個體按其性向與能力分配到社會上適當的位置。社會制度都在某些方面仰賴教育制度的協助，人民教育水準的高低，成為衡量國力的重要指標。

(5) 維持社會結構之功能：結構功能論（structural-functionalism）者視社會為一完整的結構，社會係由許多制度所建構，制度彼此須發揮其功能以維持社會的和諧與穩定，而教育即扮演維持制度和諧運轉的重要工具。

5. 教育具有傳遞文化資本與創新文化功能

文化功能文化與教育可分四方面來討論：濡化（enculturation）、依賴、傳遞與創造。在變遷的過程中，人不但要適應社會，也要開創社會導引社會，而個人的成長則有賴我們的教育，因此，教育具有傳媒及催化文化資本的功能。文化資本這個概念是由法國社會學家 Pierre Bourdieu 提出的，指的是透過代代相傳的一般性文化背景、知識、配置及技能。文化資本包括了說話、行動及社會化的方式，也包括了言談實踐、價值、服飾風格和行為風格（彭秉權譯，1999）。而菁英成為符合文化資本的化身，功能論者主張對於菁英占有物質優勢或特權的默認，影響力與尊敬的一致性，在作決策時接受領導尊重的方式有很多，他們認為社會中只有少數人具有這種能力，智力、能力與人格，能做好這些職位上的事，在這些人占據這些職位之前，這些職位會要求這些人必須具備能耐，來進行廣泛的訓練與教育（柯勝文譯，2000）。人類透過教育將文化的傳承與塑造在潛移默化中影響下一世代。

(二) 衝突論

衝突論者主張教育是複製階層的元兇，下列分述衝突論幾點重要主張：

1.階級鬥爭

衝突論經常聚焦在剝削，教育的作用不僅影響社會流動，進而改變社會階層化，重組社會結構，教育影響個體的意識形態與價值觀，由於個體有差異，亦容易造成社會上種種不平等的現象，馬克思（Karl Marx）在《共產黨宣言》開始處揭示：「迄今人類歷史，皆是一部階級鬥爭史」（翟本瑞，2000）。因此，就衝突論的觀點，目前教育體系並不利於文化不利的大多數，僅是既得利益階層維持其政治權與經濟權的工具。社會不均是社會階層的結果，衝突論原本的觀點集中在勞資剝削的關係，而學校教育擔任再製（reproduction）的角色。

此種觀點係由馬克思所主張，馬克思在他著名的《共產黨宣言》寫到迄今所存在的社會史，即是階級鬥爭史；當無產階級的數量成長，當產業將無產階級大規模集中在一起，當勞工彼此交流以聯盟或政治組織的方式團結在一起，當勞工與財產擁有者的衝突加劇，階級意識就會增長（柯勝文譯，2000）。以此觀點將學生取代勞工，將知識擁有者取代財產擁有者，教育即成為培育階級與文化再製的場所。

2. 文化再製

從衝突論觀點而言，現有社會結構存有支配、剝削、反抗與霸權等概念，因此馬克思以再製概念來批判學校教育。他認為：每一種社會生產過程，同時也都是一種再製的過程。……資本主義的生產不僅是在製造貨品，或製造附加的價值，它同時也再製資本主義的生產關係，其中包括資本家再製，以及勞動力的再製。學校教育已成為宰制階層（dominant class）之權力、知識與意識形態的再製工具，課程與教學則是再製社會勞動分工（譚光鼎，1998）。這種觀點的基本假設是：階級劃分的社會與其所倚賴的意識形態和物質的表面配置（configurations），部分乃透過其所謂「象徵暴力」（violence symbolique）為中介而得以再製（薛曉華，1995）。因此，教育是文化再製的工具？持再製論觀點者認為，為了再製統治的霸權，國家必須經由知識分子的運用來支配學校教育，設計學校課程與教學，教導統治階層的文化，使學生順從霸權是意識形態的駕御（譚光鼎，1998）。因此教育的功用在於複製文化，P. Bourdieu以為教育社會學的任務在了解「教育制度在延續不同階級間權力關係及象徵關係之結構所作的貢獻」。教育是「維持現存社會形態的有效工具」的國家機器，Bourdieu 認為教育是文化再製（cultural reproduction）的工具，它透過符應原理（correspon-dence principle）使得文化重生不斷（林生傳，2000）。因此，譚光鼎（1998）認為再製論有下列幾項缺點：

(1)學校乃是充滿對立、矛盾與衝突的機構，而非再製造社會階層之柔順工具。

(2)再製論犯了決定論的錯誤，否定教育對於促進社會流動之正面的功能。

(3)如果社會階級結構是經由順從而獲得再製，則社會變遷將不可能發生。

(4)抗拒理論更適合於解釋低社經地位的階級再製。

3. 霸權觀

教育是既得利益者權威取得的合法契約？蘇峰山（2002）指出任何運用象徵暴力的權力，都將為它所特有的象徵力量加諸其權力關係。就是說任何權力都會藉由掩蔽做為其勢力基礎的權力關係，操弄著意義的強加，並賦予其合法性（p. 127）。Gramsci 認為資本主義一面壟斷社會資源，另一面則運用意識形態的教導來鞏固統治權威的支配。所有的霸權關係都是一種教育的關係，而階級利益與統治權力則因霸權的支配而得以再製（譚光鼎，1998）。換言之，教育資源掌握者透過教育的「合法」途徑，掌握優勢，塑造符合其利益的教育方式與政策。

二、功績正義 vs. 人道正義

(一) 功績正義

功績主義以學業能力與教育表現為本，以個體成就與達爾文的優勝劣敗主義為綱，採成就為導向，智力與能力成為獲取更多教育機會的保障。由於功績主義社會強調個體的能力，而非家世背景，此種能力指的是完成工作事務的知識與技能，而且職業階層體系的特性是愈高層職位愈求專門化的知識與技能，因此愈高職務需求愈高層次的教育訓練（林生傳，2000）。

換言之，功績主義者認為個體智力、能力與成就應重於其家世，無論是生產者或消費者皆立足點相同，在自由市場中參與競爭，個體對其生產管理之成敗或是消費選擇之後果負責。功績主義展現在提升教師素質的教育政策，如功績給付（merit pay），即利用調高薪水與生涯階梯（career ladder）來激發教師的表現，並於教學評量後對優良教師給予獎勵；在工作任用制度上考量申請人的教育程度、能力、年資、績效等來決定任用與否，而非根據人情關係；在學校的設計上也有績優學校（merit schools）的出現，這就是所謂的功績制（meritocracy）。

(二) 人道主義

而人道正義（human justice）主要採用利他主義的觀點，發揚「人飢己飢，人溺己溺」之精神，因此，犧牲人道主義仍可算是正義的行為？英國一九六七年《卜勞登報告書》採「積極性差別待遇」（positive discrimination）的概念，提出教育優先區以對文化不利地區優先補助，即為一種人道正義的展現。台灣也於一九九四年度試辦教育優先區計畫。

三、垂直公平 vs. 水平公平

公平的概念基本上可以粗分為垂直與水平兩類，所謂垂直公平係指對待不同條件者給予不同待遇（unequal treatment of unequals）。因此對教育文化不利的地區，會採取積極差別待遇原則，透過完善的補助計畫，提供較多的資源，藉以改善教育環境條件，縮短城鄉教育發展之差距。

垂直平等基於資源貧乏與文化不利（例如地處偏遠、交通不便、財政欠佳）兒童可能缺乏公平的教育機會，因此對於物質與文化貧乏或不利地區，額外給予教育資源，優先予於改善以利教育機會均等理想之實現，此計畫採取積極差異的補償原則，用來縮短地區教育水準的差距，消弭因社會階級、性別、種族、宗教等因素所衍生的差別待遇，以作到真正垂直公平與機會公平。

水平公平即對待相同條件者給予相同待遇（equal treatment of equals），我國憲法第一五九條：國民受教育機會一律平等。即說明水平公平的概念。

四、國家教育權 vs. 人民教育權

(一) 國家教育權

國家教育權係指教育權限由國家所控管，賦予國家機器合法地介入教育事務，人民有入學之義務，國家有實施強迫教育之權限。台灣從一九四九年五月十九日由警備總部實施戒嚴以來，黨國一體的制度，使得台灣教育長期服膺國家管理，形成中央集權制度，學校設立、考試制度、課程設計、師資培訓、教科書的編撰與出版都有國家控制的影子。

國家為何擁有教育權，根據薛曉華（1995）分析國家教育權的理論根據主要有二：

1. 因國家享有統治權之故，而有國家教育權。

2. 國家教育權的存在，是由「國民」付託而來，並以代議制度

作為訴求來確立人民教育權。

因此主張國家教育權者承認國家施予人民教育的合法位置，並認為這是承受自人民的付託。我國教育體制長久發展以來，偏重於國家主導整個教育發展，故教育的目的特別強調國家的需要重於個人的人格發展與自我實現。

進入全球化的時代，國家是跨國組織與國內需求間的中介者角色。不過，全球化經濟將減少主權國家的經濟自由（劉永元，2002）。大學間的競爭也因此更加劇烈，全球化的另一個影像是大學之間競爭的加劇：大學除了面對上述非傳統大學的可能競爭之外，全球化的趨勢中，大學與大學之間的競爭也將更為激烈（陳伯璋，2004）。

感受到國外大學的競爭壓力與教育市場開放後大學的招生不易的影響激起某些回應。例如，行政院「挑戰二〇〇八：國家發展重點計畫」的研訂與實施；研考會及教育部在營造國家競爭力的積極配合措施等（李建興、楊淑妃，2004）。而教育部也在二〇〇一年度編列新台幣一億元，成立「國際學術合作基金會」，讓各大學聯合運作，推動「教育國際化」的政策（教育部，2001）。教育部更於一九九三年十一月二十九日公布（聯合晚報，2003）將於未來五年編列五百億元補助經費，提升台灣高等教育競爭力，希望未來十年內有一所大學進入世界前一百所大學、五年內至少十個重點系所獲跨校研究中心，能在亞洲排名第一名（李建興、楊淑妃，2004）。

從集體主義的觀點來說，個體從出生起就被整合進入一個強力的集體意識、集體認同的組織中，以其忠誠換取組織終身保護，因此，個體的權益是在國家權利之下，集體目標優於個體意志，強調一致與規範，個體並不具備決定及解釋權的。國家之任務在保護人民，而人民的任務在為國效忠，事實上，人類的某些活動具有集體主義取向，人民入學成為一種義務，台灣適齡兒童之強迫就學便是服膺此種觀點[4]。

(二) 人民教育權

以 Rawls 的觀點論之：全權的世俗國家的觀念也要被否定，因為根據正義的原則，政府既沒有權利，也沒有義務在道德和宗教問題上去做它或者大多數人想做的事情（趙敦華，1992）。在民主國家，一切的權力既由國民而來，國民教育權的主張是當然之物。國民的自由權說的理論根據主要是民主立憲國家的憲法明文保障的人民學問自由，以及帶有濃厚社會權色彩的國民受教育的權利。人民為「教育權的主體」，因此，所謂人民教育權理論的內涵為：國民學習權、教師教育權、家長教育權、私校教育權及住民教育權。就「家長教育權」而言，家長對子女的自然權利本優於國家而存在，「家長的教育參與」是民主國家所保障的教育權利，此種權利唯有在一個「開放予市民參與」的國家，才得以實現。兒童學習權的內涵主要有二：即兒童受教育的權利；以及兒童受教育的內容應在充分發展人格，加強對其人權及基本自由的尊重。教育權不應為國家所壟斷，父母應享有對其子女之教育權（薛曉華，1995）。

西方文化從個人主義觀點而言，每個個體皆有學習的權利與自由主體意志，每個個體皆是其自己生命的主體，任何人都不可以越俎代庖，個體就是本身的倫理規範。《台灣教育基本法》第二條：

---

4 強迫入學條例第六條：適齡國民之父母或監護人有督促子女或受監護人入學之義務。

「人民為教育權之主體」（顏國樑，2002）。此條例之核心在說明教育以「人」為主體，教育過程中尊重學生的人格與尊嚴，保障人民學習及受教育權利，將教育主權由政府回歸至人民，視教育的主體為民所有，基本上有濃厚的個人主義色彩。

五、集權與分權

(一) 集權

教育改革涉及到底要有一個強有力的中央管理機制還是縮減中央教育部門的兩難，教育政策依組織行事與決策之職權方式有集權與分權的差異，中央集權指組織決策採由上而下的方式，以決定教育的政策，教育的內涵與資源包含課程教材、師資、時間和經費由國家機器來制定及分配，教師是國家的公務員，教育的目的在符合國家社會需要的順民。

(二) 分權

「分權管理」（decentralized management）主要的觀點為地方本位（site-based management）或學校本位（school-based management），因此隨著管理範式的轉變和權威從中央當局下移至學校，主張中央教育部門的主要角色和責任已經大幅消失，而現存中央的教育官僚架構必須被縮小和改革。分權管理大致具有下列特徵：

1. 組織彈性化

免於接受傳統組織龐大和集權化嚴格控制式的管理方式，而發展出較小，而且更具有彈性、顧客導向和市場取向的組織形態。

2.適度自主化

麥格理的 Y 理論主張給成員有適度自由，來決定自身的行動，管理方法能夠鼓勵組織成員參與決策，由單一決定朝向共同參與。

3.因地制宜化

問題須即時即地解決。

4.承擔責任化

鼓勵組織成員承擔責任和挑戰性工作，滿足其自尊自重的需要。

5.組織扁平化

行政管理的分權化使管理人員幅度加大，使組織成為扁平式的組織（flat organization）。

舉例而言，在人事任用上，中小學校長的角色將更自主，卻也同時面臨更多的挑戰，從被動的政策執行者轉換成主動的政策研擬者，從外控到校本管理：學校管理由外在控制（external control）常模轉到自我管理（self management）常模或校本管理常模，傳統的中央集權管理，常常忽略校本需要；由於無效能及過分欠缺靈活性。

六、教育的量與質

鄭燕祥（2003）認為教育的公平的議題涉及質與量，誰受益誰便該付代價，對每個人都公平對待，因此，在教育政策上，教育供應可分為「數量」（quantity）及「素質」（quality）兩方面來考慮，教育政策需要解決「數量」和「素質」間的矛盾關係。在滿足不同教育需求時，尋求兩者的平衡。各級院校不但要注意「量」，還要留意「質」的問題。下列分述班級與教師量與質的問題。

(一) 班級的量與質

量小一定質精嗎？這樣的假設隱含著班級學生的量與教學的質有絕對關係，然而，幾經尋訪國內外一些教育研究報告，很難提出具體例證說明班級的量與質有絕對的正相關，所牽涉之因素又非簡單的量化數據所能呈現。教學的質精似乎取決於教者、學者及其所處環境文化對學習的信念、態度與行動，如果不考慮教師所秉持之信念、學校情境、家長及社區支援等因素共同戮力經營，是否就能保證教學成效？小班教學精神充其量只是成功教學的必要條件，而非充分條件。

對小班教學的量與質觀點，其實僅改變班級大小，而忽略班級教師對教學所持之信念，教學的品質仍舊難以彰顯，因此教育行政人員是否應考慮讓教學回歸平實吧[5]！

為推廣小班教學精神，台灣各縣市近二千多所學校及近二萬個班級無不卯足了勁推行是項政策；新校的設立，學校硬體設施的新增，旨在促成班級人數少於或等於部頒之標準，各地教師會亦斤斤計較於班級數量上的差異，許多縣市教育當局更藉由視導方式來檢視是項政策成效，學校為展示成果亦無所不用其極地要求教學者準備各式文宣資料，這些在量上所錙銖計較的數據，是否真能促進每位學生學習方面質的提升？硬體設備的更新是否真能增進班級學習的風氣？

教育當局一味希冀教師進行所謂小班教學，試問當今學校教師

5 修改自劉世閔（2001b）。〈班級的量與質：就讓教學回歸平實吧！〉，《小班教學通訊》，29，1-2。

是否知道所謂「小班教學」究為何物？另一方面，在績效責任壓力下，許多教育視導人員常疲於訪視，無暇細查並給予學校有效之輔導，許多學校與教師更因不知如何進行所謂之小班教學，而茫／忙／盲然準備許多文宣資料以備上級視導不時之需，政策上高喊鬆綁及學校本位，習慣與實質上卻仍充滿所謂官方觀點，學習者不過是上述樣版教學下的配角，所謂辦學績效良好之學校往往係文宣資料充足之學校，這樣從上而下的官方觀點，又往往不顧及學生實際學習之成效，一些被賦予使命的實驗學校可能在「霍桑效應」下將小班教學辦得「五花八門」，學校行政與視導人員在檢視這些華麗的書面資料時，可曾省思其背後可能是一些基層教育人員犧牲許多「教學」以及與學生相處的時間所拼湊的結果？為了配合小班政策的推行，有些學校原本班級的空間及設備被要求添購所謂圖書角、益智角、生活角、音樂角及資訊角等設備，縣市政府及學校為配合此一政策編列相關預算，為執行並「消耗」當年度預算經費，統籌購買相關設備，卻不考量原本各校教室的空間設計，讓整個教室空間顯得更加擁擠與突兀。

受到Gardner理論所影響，台灣各校無不強調運用多元評量以取代傳統紙筆測驗，然而，評量所應關心的重點並非僅在方式的變化，評量具有安置、補救與診斷等功能，其目的首在了解學生學習缺失情況，以解決學生學習上的問題，而非用來將學習者標籤化與分類，因此，筆者認為評量是教學之始，而非其末，多元評量僅是手段，而非主要目的。

教育政策自不能僅以一隅觀天下，整個台灣目前的情況觀之，都市裡班級人數擁擠的情況嚴重，固宜優先降低人數，然而降低班級人數僅能對提升教育品質提出治標的成效，在要求教師進行所謂的協同教學，校園規劃配合小班教學精神的同時，教育政策是否能更用心考量影響教學品質的其他因素：諸如師資（包含師資的養成與在職進修）、課程、教學時間與空間、學生學習態度與知覺、學校與社區關係等，行政配套與學習環境最終服務於教學，教育改革希望藉由小班的規劃從而增進師生互動，提升教學成效，協同教學與學校校園規劃宜以增進學習品質為圭臬，鼓勵教師自發性組成同領域及跨領域之教師研究會來規劃教師進修，活用聯絡簿以促進親師合作，讓原本屬於教學的時、空歸還予學習者，相信自是落實上述政策的捷徑。

(二) 教師的量與質

教育主管機關在供應與需求的流量管制上應該多所衡量，並在質與量上能取得平衡，讓教師能適才適所，而非以量制質，造成育而不用，用而不當的現象。目前由於師資教育政策的鬆綁，市場機制的採納，藏師於民的作法讓師資數量大增，卻將遴選師資的閥放置於各校，自由競爭的結果讓準教師疲於奔命，古代國之將興，必重師而貴傅，如今不僅流浪教師問題頗大，教師尊嚴不再，恐是當局宜慎思未來師資結構的量與質課題的重要時機。

第五節

近年教育政策的爭議

改變（change）與改革（reform）不必然等同於改善（improvement），改革的產生是說明變遷的必然，卻也可能產生爭議之所在。

壹、改革的神話與神化

改革的力道通常與反改革的力道成正比，從第一章第五節的隱喻中顯示，改革原為中性之詞，經過詮釋與角力後，同時有了神力與魔力。

根據《天下雜誌》在一九九六年出刊的雜誌顯示，該雜誌針對一九九四年教育改革視為「寧靜的革命」並以「希望的工程」稱之，可見當時的時空背景下，民眾對於教育改革有極深的期許，不過事隔數年後，當時原本被稱為教改英雄的人物，有些反而被反教改人士稱為罪魁禍首、教改集團（例如，黃光國，2003）、復辟及紅衛兵等的說法，教育改革從希望的工程一下變成潘朵拉盒子。

二〇〇三年七月二十日，反對的聲音開始出現，從近期的書刊如黃光國的《教改錯在哪裡》、周祝瑛《誰捉弄了台灣教改？》以及薛承泰《十年教改，為誰築夢？》這些書籍對於十年來的教改有不少批判。教改的改變，究竟是改革必經的陣痛期？還是政策本身必然之亂？重建教育連線發表教改萬言書，呼籲終結教改亂象，追求優質教育之後，台灣社會各界掀起了一片反思教改的風潮，過去十年教改所造成的諸多亂象，也一起浮上了檯面（黃光國，2003）。薛承泰（2003）也表示教改很多理念是很好的，但最後卻流於形式。這種說法突顯建構理念與實務間的政策有了明顯鴻溝，然而，所謂的鴻溝究竟在哪個環節出問題？當然，綜觀教育政策的規劃，不可否認地，教師在此過程中成為改革的客體，這樣的位置使政策的理念與實務有相當的落差，而教育行政單位要求教師充實第二專長參與在職進修，不僅使人覺得削足適履，更使整體良好的理念變成純然口號。

貳、教科書上的爭議

一、教科書的編審制度

「編書的不知教書的辛苦，教書的不知讀書的辛苦。」一位中學教師如此批判著。九年一貫課程實施後，引發相當大的爭議，有人戲稱九年一貫是政策先行，再談理論？這或許有失公允，不過，台灣教育政策的推動經常三申五令，點子先於整體規劃，策略先於理論探究，自是可以理解的常識。

教科書對師生而言，不但提供老師授課的材料、內容和進度，也是學生獲得知識的主要來源，而教科書的編輯制度大致可分為三種：自由制、統編制和審定制，此三種制度之間，又可分成「統編審定併行制」、「選定制」、「評鑑制」，其中「選定制」又稱「認可制」或「認定制」，所謂自由制係指教科書由個人、書局或團體自由編輯，政府不加以審查，而教科書的選用，則由使用者或決策者自行決定。統編制或稱「國定制」，教科書由國家統一編輯與審查，使全國學生統一使用，就我國而言，由國立編譯館根據課程標準，負責統一編輯各科教科書的工作。而所謂的審定制係指教科書由個人、書局或團體根據政府所頒布的課程標準編寫教材，由政府教育行政機關或其委託之單位對這些教科書進行審查，最後由教科書使用者或決策者選擇使用。

一九九六年八月，國小全面開放民編教科書，我國的中小學教科書制度由統編制走向審定制，教科書的開放制度雖然是民主時代的象徵，也受到大多數人的支持和肯定，但有些問題卻為人所擔憂，如課程的銜接、教材的編寫和審查、教科書的品質等，與教科書相關的種種議題，根據國立編譯館（簡稱國編館）所訂定的國民中小學教科用書審查作業程序（1999），審查程序主要分為三個階段（如圖 2-1 所示）：

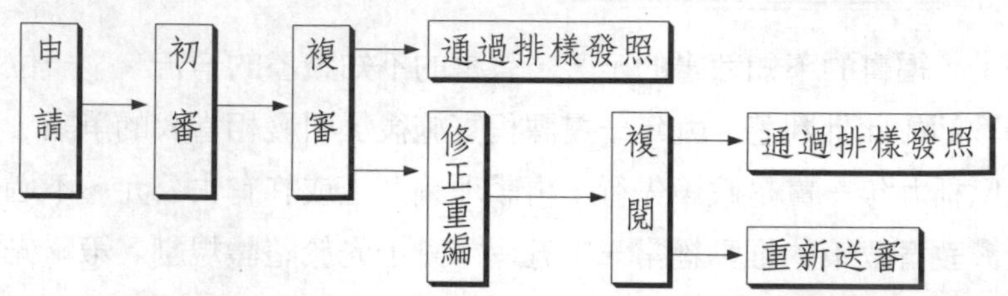

圖 2-1　台灣地區現行中小學教科書審查流程圖

資料來源：陳明印（2000, p.137）。

二、一綱多本的爭議

所謂一綱多本的「一綱」係指國民中小學九年一貫課程綱要，而「多本」係指由民間編輯經教育部審定之教科書版本。解嚴以後，原本單一思想、單一價值或單一行為規範突然鬆綁，於是在課程上開始出現正統與鄉土的衝突，精緻文化與大眾文化的爭議，及反歧視、反偏見的社會運動的加持。這股思潮開始衝擊教科書的統編政策，於是要求開放統編與設定一綱多本主軸的措施便逐漸浮現，一九九四年立法院要求教育部在兩年內全面開放審定版教科書。二年後，又要求國立編譯館全面退出教科書編輯市場，一九九九年開放高中教科書全面採用審定版（李萬吉，1999；薛曉華，1995；教育部，1996；廖蘇西姿，1999），自此教科書逐年全面開放民編。

然而，一綱多本是多元價值的開始？還是亂源的起點？這樣的政策不可否認地受到一些利益團體的介入與關說，如書商與立委，不過，實施一綱多本之後，原本希望破除一家之言的措施，反而因基本學力測驗版本分歧，於是，當一綱多本碰上學測，課程內容在橫縱的統整銜接不一，加上家長不願其子女輸在起跑點的競逐競賽心理上，反而使學生準備起來備感吃力，版本不一的教科書更造成教科書售價的哄抬與差異。

事實上，也因教師被要求自行編制課程，書商專門編輯群與供銷策略成為教師選擇版本的另一項依據。由於家長與教師深怕輸在起跑點的心態上，學生購書之量不減反增，加上書本費上升，於是教育部研擬出下列幾點具體措施：自二〇〇二年起，推動教科書聯合議價制，有效降低教科書售價。為明確規範國中學生基本學科能力測驗之命題，以各版本教科書共同之內容選材，避免學生重複學習多種不同版本之教科書。教育部宣布自九十四學年起恢復數學、自然及生活科技部編本教科書，與民編本並行的措施。此外並強化教科書編審機制，提升教科書品質。

參、建構式數學的爭議

建構式數學是相當引發爭議的，這是一種強調互動與自主思考的演繹教學方式，這種不同於以往傳統的教學方式，係在一九九六年由吳京部長任內開始推動，目前教育部已強調不獨尊建構式數學，似乎也說明這種教學法隨部長去職而壽終正寢，於是教育部於二〇〇三年初編纂《樂在數學——國中小數學教學參考手冊》，協助教師了解正確合宜的數學教學方式。並且訂定國中小學生數學計算能力的指標，要求熟練九九乘法表及基本計算能力。

肆、課程統整與師資分科培育的盲點

九年一貫課程實施後，由於將課程採用上述統整課程的理念，然而，傳統的中學師資結構卻採取分科培育的方式，故當統整課程強化知識橫向與縱向的銜接與整合之際，卻碰上強調專業培養、分科訓練的師資培育機構，面臨課程統整的趨勢，教師在班級的現場卻難以盡其專業，而教育部解套的唯一措施，竟是要求中學教師培養第二專長，於是，當音樂專長的教師，也得強調美術與人文，工藝教師除強調齒輪外，也需得懂肛門。如此的設計，有人質疑教師在教育改革的大道上，不被視為同夥人，而是被改革者。

伍、校園人事結構的爭議

各國與台灣的教育改革中，教師往往成為改革的對象，不但專業自主不受信任，其可主動發揮作用的可能性也廣遭忽略。然而，教育改革的各項措施，最終仍需基層教師的參與和投入（李奉儒，2003）。這樣弔詭的現象也說明教師角色的重要與在教育改革中的無奈，下列針對流浪教師、不適任教師與教師退休潮等問題提出研究者幾點心得：

一、流浪教師

(一) 流浪教師產生的原因

1.師資培育法實施後的自由化市場機制

流浪教師的出現，源自於一九九四年師資培育法實施後，教育部的自由市場機制取代過去由師範系統專門培訓師資、再據以分發的教師任職之體系瓦解。師資培育由計畫教育機制到市場教育機制，供需突然失常的師資培育系統，造成大量培育的師資（從三所師大、九所師院，加上其他普通大學修教育學程的，每年畢業取得師資資格的人過多，目前教育學程中心已改名為師資培育中心），供大於求，根據調查截至二〇〇〇年各大學開設之教育課程，粗估每年培育之準教師人數即達五千四百人，由於教師缺額有限，於是流浪教師產生，「僧多粥少」的局面也就是目前流浪教師增多的原因。而公費生名額減少、學士後教育學分班與教育學程中心的大量設置，藏師於民間的想法還須在「自由化」下的職場中自行力爭上游，無法脫穎而出者便成為流浪教師，近年來由於總員額量管控實施，教師異動呈現塞車現象，更加速流浪教師潮的湧現。

2.校基管理模式下遴選制度的闕所產生的排擠作用

每年暑假成了流浪教師假期，由於各校教師甄選標準不同，考電腦、編教案、筆試、口試等方式，加上各校甄選教師時間不一，許多合格教師為圓教師夢拖著行李、教材以及教具南北奔波，由於各校制定各校甄選標準，這樣的基本政策假設係「師選校、校選師」，學校與教師間可以互為選擇的主體。

(二) 流浪教師產生的後效反應

流浪教師產生的後效反應有三：包括學校甄選制度產生流弊、紅包文化、師資素質低落與流浪教師協會成立。

1.學校甄選制度產生流弊

一九九七年始教師遴選聘用制度改由學校設置之教評會遴選，雖然體現學校本位導向的精神，各校可以選取自己所需之人才，但由各校自行招考教師的公正性也頗令人質疑，由於教職難求，關說及走後門情事頻傳，甚至有不少人除對流浪教師寄予同情外，同時對甄選流弊感到痛心。根據分析，目前教師甄試有下列的弊端：賄賂、人情、評分標準不一及耗費大量的時間金錢等缺失，有些合格教師成為待業教師而四處流浪。

2.紅包文化

由於師資大量培育，造成了教師量產供過於求、粥少僧多競爭激烈的現象，使許多具備教師資格的準教師，包含欲調動的現職教師與初畢業的候用教師，每年必須南北征討參加徵選以謀教職，因教師介聘管道窄化，甄選不公影響教師應考，勞「師」傷財的措施衍生走後門、關說內定、送紅包、人情請託等檯面下運作的傳言甚囂塵上。

3.師資素質低落

一九九四年立法院制定師資培育法，開放中小學師資培育，從計畫型培育走向多元儲備之培育制度。而流浪教師部分原因導因於師資培育機構設置浮濫，事實上一般大學師資培育中心員額編制及經費不足，有些學校設置師培中心僅在促進學校升格為綜合大學與科技大學之要求，因此不利於師資培育的專業化。且實習制度不落實，加上實習輔導缺乏整體規劃，造成師資水準低落。

4.流浪教師協會成立

由於各縣市制度不一，教師又有異動的自主與自由，每年的甄試潮，在學校的篩選機制下，難免有教師無校可歸。當然流浪教師不等同於不適任教師，從師資培育法實施後，究竟每年產生的流浪教師有多少？

立委李慶安曾要求教育部拿出資料顯示，從八十九學年度到九十二學年度，師資培育累計人數為七萬七千多人，然後核准退休人數僅三萬人，也就是產生近五萬人的流浪教師。自八十九學年度開始，師培人數已超過一萬六千人，但是核退人數卻僅六千五百人，因此導致每年產生近一萬人的流浪教師，以此粗估累計到九十三年度將產生超過五萬人的流浪教師。為了捍衛工作權，於是，由這群待業的合格教師籌組一個「全國流浪教師協會」。

(三) 教育部因應流浪教師的具體措施

針對目前師資過多流浪教師的情形，教育部已經進行師資培育中心評鑑退場制度，對於師資教育評鑑差的學校將要求減班或停止招生，使未來師資培育走向儲備制，也能慢慢紓解流浪教師的問題。第一是擬訂三年計畫編列專款協助地方政府解決國中小教師申請退休受阻之問題。其次是研修教育法，建立地方政府辦理中小學教師聯合甄選之法源，解決準教師參加各校甄聘來回奔波，及甄選作業不公等諸多疑慮。

二、不適任教師

近年來台灣社會「上下交爭利」的情況，不可否認地，教育系統因引進西方契約觀而逐漸朝功利主義靠攏，當然，整個社會也不宜將教師用高道德標準來判斷，因此教師的退休，也成為教育政策亟須重視的一環。

依據教師法規定第十四條：教師聘任後除有下列各款之一者外，不得解聘、停聘或不續聘：

(一)受有期徒刑一年以上判決確定，未獲宣告緩刑者。

(二)曾服公務，因貪污瀆職經判刑確定或通緝有案尚未結案者。

(三)依法停止任用，或受休職處分尚未期滿，或因案停止職務，其原因尚未消滅者。

(四)褫奪公權尚未復權者。

(五)受禁治產之宣告，尚未撤銷者。

(六)行為不檢有損師道，經有關機關查證屬實者。

(七)經合格醫師證明有精神病者。

(八)教學不力或不能勝任工作，有具體事實或違反聘約情節重大者。

有前項第六款、第八款情形者，應經教師評審委員會委員三分之二以上出席及出席委員半數以上之決議。有第一項第一款至第七款情形者，不得聘任為教師。其已聘任者，除有第七款情形者依規定辦理退休或資遣外，應報請主管教育行政機關核准後，予以解聘、停聘或不續聘。

上述條例中，第八條所謂不適任情事需有具體事實者，卻是在學校中最難處理，因為所謂的精神疾病患者，到底病情必須嚴重到什麼樣的程度，才算是不適任教師？基本上教評會成員皆同事，不適任教師卻不易清楚定義，而法律經常被視為倫理的最低防線，因此教師除非犯有上述條例之情事，否則學校不得輕易解聘，上述條款也可視為保障教師工作穩定之防線，而現職工作不適任或現職已無工作又無其他適當工作可以調任者或經公立醫院證明身體衰弱不能勝任工作者，報經主管教育行政機關核准後予以資遣。然而，所謂的「不適任」，卻經常是見仁見智的問題。

不適任教師如同校園裡的不定時炸彈，令學生、家長心驚膽顫，然而傳統對於校內不適任教師除非其有重大違紀，否則當有些教師疑患有憂鬱症時，幾乎無法處理，因此，所謂不適任教師的標準在哪兒？對於不能勝任工作等不適任教師，應有健全機制加以淘汰，目前我國教師法與相關法律保障教師不被無故解聘、停聘或不續聘，其制度設計大體包括：列舉解約事由、經過教評會之決議、須經教育主管行政機關之核准、並提供教師申訴或訴訟的管道。

由於當前師資培育制度的混亂、教師甄試的不公、不適任教師的問題，因此應明訂不適任教師處理流程與建立教師評鑑制度，獎勵優良的教師，目前教師法第十五條後段規定「現職工作不適任或現職已無工作又無其他適當工作可以調任者或經公立醫院證明身體衰弱不能勝任工作者」，經教評會委員二分之一以上之出席及出席委員二分之一以上之通過，報經主管教育行政機關核准後予以資遣。問題是有些教師年歲已大、身體不佳，重病或體力並不適宜教學工作，以致影響學子學習的權利。不過，有些模糊地帶，例如教師穿著是否也應列入不適任教師行列？而教評會既然是處理不適任教師的組織，可是評審的過程中如何「正確」的定義不適任教師，就成為一項非常困難的課題。

主管教育行政機關接獲學校報送教師解聘、停聘、不續聘或資遣案件，應即進行處理，必要時得組成審議小組，視需要召開會議審議。審議小組建議由主管教育行政機關副首長以上人員擔任召集人，並得聘任下列人員擔任委員，審議小組審議時得視需要邀請當事人列席說明，或相關人員列席，如地方教師會代表、校長協會代表、家長團體代表、教育學者、法學專家、行政人員代表、精神醫療專業人員或其他專業人員。

三、教師退休潮

教師退休潮的出現不外下列幾項原因：人口降低與財政吃緊。人口出生率降低造成學校減校裁班：在經濟不景氣的情況下，教職人人搶著要，一堆待業的合格教師競爭稀少的職缺，但出生率降低，各校減班情形倍增，使得教職競爭更加激烈。繼續培養師資到底是人才的培養，還是資源的浪費？

此外，地方政府財政困難造成教師延緩退休，地方政府無法負擔足夠的退休金給欲自願退休之教師，加以五五方案的取消，更使得教師為能順利退休而想盡辦法，中小學教師申請退休必須排隊待准，嚴重影響其權益，也阻礙教師的新陳代謝。目前行政院擬訂三年計畫，編列專款協助地方政府解決國中小教師申請退休受阻之問題。

四、外籍師資問題

不可否認地，近年來英語在全球化過程中扮演強勢語言的角色，於是，教育部於一九九九年開辦「國小英語師資英語能力檢核測驗」，首度錄取3,536人，行政院「挑戰二〇〇八——培育e世代人才計畫」即將營造英語生活環境列為重大目標，然而，二〇〇三年一月教育部又提出引進外語師資政策，外籍師資在待遇上高於本國籍教師，一方面教育部期待運用外籍教師來強化國民英語能力，以達國際化與全球化，提升競爭力，一方面在決策上卻又過於草率，而強化外籍人士的英語能力，卻忽略教育與文化等因素，難免促使崇洋情結與文化自卑等偏頗現象。

五、鄉土語言師資問題

鄉土語言教育的開放，使整個教育政策有明顯轉變，然而配套措施不足，鄉土教育師資培訓起步太晚，造成師資不足，此外，各種鄉土語言音標不一，各地語言、語文與語義解釋不一，徒增學生學習上的困擾。

六、教師證照制度

陳奎熹（1998）就認為我國師資培育有下述特色：

(一)從一元化的師資培育制度到多元化的師資培育制度。

(二)從以公費為主的師資培育到以自費為主的師資培育。

(三)從教師的登記制到教師證照制度。

(四)從教師派任及介聘制到教師聘任制。

(五)從進修部無設立法源到進修部法制化。

這些特色說明未來教師證照制度的可能性，證照制度是教師專業條件之一，師資培育法將原本計畫式的師範教育，轉變為市場機能的儲備制度，從教育行政機關派任轉變為學校聘任，從登記變為證照制度。

七、教師分級制度

為鼓勵教師自發性的進修，有人主張應落實教師分級制度及考核，此項制度是許多先進國家發展的趨勢，例如韓國、日本、美國都針對中小學教師實施分級制度，目前教育部研擬實施高中職以下（含幼稚園）教師分級制，將老師分成初階、中階、高階、顧問四級。草案中規定，教師晉級須向學校或地方教育主管機關提出申請，並應檢具進修或研究內容、時數資料、專長表現評定等各項證明文件。換言之，教育部擬採取績效導向的教師評鑑制度，以強化教師專業。不過此項制度也產生一些爭議，諸如重進修、輕教學與教師評鑑等問題。

八、教師專業評鑑問題

師資多元之後，教師的品質無法在師資培育機構有效落實，教師專業評鑑便成為下一波教育改革的重點，教師專業評鑑是改進教師教學、提升教育品質的績效責任制，以往評鑑難免讓教師覺得是在挑毛病、吹毛求疵的方式，擔心成為被整肅的對象。事實上，專業評鑑的重點應該不僅在評比教師，更應在於改良教學。以往教師教學績效評鑑主要根據公立學校教職員成績考核辦法，不過，除非教師有重大過失，通常可以獲得四條一款的獎勵。因此，教師專業評鑑應否考量教師工作權、待遇、工作條件、工作環境、進修等因素相結合？

陸、大學合併與策略聯盟[6]

教育在比較國際國力時無疑扮演重要角色，英國首相布萊爾

---

6 本文修改自劉世閔（2003d）。高等教育的學術研究與國際競合。發表於教育部九十二年度「導航e世紀——全國教育發展會議」南區教育論壇（pp. 2-9）高雄：國立高雄師範大學。

（Tony Blair）幾番提及教育為立國之本，美國總統布希（George W. Bush）亦把教育放在戰略性位置（莫家豪，2002）。然而，教育在歐美文化與儒家文化是有不同意涵的，近年來，歐美教育大軍奉著教育他國的上帝指令，夾著WTO的叩關，東亞各國無不積極備戰。

大學的創新與研發，對國家整體競爭力是相當重要的指標。近年來，教育部為呼應四一〇遊行普設大學的訴求，將高等教育從「菁英型」（elite type）調整為「大眾型」（mass type）到「普及型」（universal type）路線，一九四五年台灣僅有一所大學及三個專科學校，公私立學校在五〇年代增為九所，高等教育學齡人口淨在學率僅達7.23%，六〇年代仍不及12%，經一九九六年在教育部「績優技術學院改名科技大學」及「績優專科學校升格為技術學院」兩項政策指標下，目前我國大專院校其總數目在不到十年的時間遽增至143所（公立58所，私立85所）。去年為止，全台學生人數也由13,460人，增長至 677,171 人，期間成長約五十倍（陳昭穎，2001；張建邦，2002；蓋浙生，2003）。國內大學追求卓越發展之機制尚待建立、大學教育的國際化程度與競爭力不足，一九九九學年度時，教育部曾與國科會合作推動「大學學術卓越發展方案」，以四年為期，提撥一百三十億元額度之經費，二〇〇一年八月八日教育部更宣布選擇將九所國立大學列為重點研究型大學，初步核撥七億二千萬元經費（楊瑩，2002）。

雖然大學校數與學生的擴增，校際間卻同質性高，缺乏特色。目前台灣高等教育量的擴增，加上經濟不景氣及教育市場化的現象，莫家豪（2002）認為「教育市場化」主要有以下各方面表現：自負盈虧原則；市場的興起；國家作為教育提供者的角色減弱；市場主導過程的流行；院校創收；加強內部競爭及強調效益。加上教育部開放高中學生赴國外就學，近年國內人口呈現倒金字塔結構成長，使國內各大學招生不足的現象愈形嚴重。此外，國際間經貿整合，從二〇〇二年元旦起，台灣正式成為WTO第一百四十四個會員國，受到其互惠原則的影響，跨國遠距教學、短期留學在台招生的衝擊等，未來國內大學校內、際間整合、高學費時代來臨、經營不善的學校倒閉在所難免。然而，我們不禁要問：大學整併是否提升高教素質的唯一良方？根據陳伯璋（2004）的分析，整併大學有下列的迷思：一、整併不一定能節源增效；二、「最大」不一定是「最好」；三、整併形成良性的競爭；四、整併不僅在爭取資源，更應改善大學的治理（governance）。上述的說明，可以了解整併的效用不見得提升學校效能，不過，教育主管單位卻經常為精簡資源而打算整併。

一、學術界的合縱連橫

組織的競合，牽涉到組織成員的團結與合作意識，各部門的協調合作與對組織認同等。衝突可能介於合作與競爭的連續向度上，合作發生於當團體都接受到滿意的結果（雙贏），而競爭通常發生於只有一個團體可以獲得利益時——像是一個團體勝，另一個團體就失敗的情況（Rahim, 2001）。

九〇年代，中國大陸推動「211工程」，強化重點大學的建設，包括一百所高等學校（包括北京大學、清華大學、復旦大學、南京大學等）、八百所重點學科，並且推動現代化的高等教育公共服務體系建設（張建邦，2002）。結合全球化趨勢，使這些大學達到世界一流大學的水平。為了提振競爭力，中國大陸一些知名大學也積極整併，知名的例子如浙江大學、吉林大學、揚州大學、四川大學、武漢大學以及北京大學北京醫科大學合併，清華與中國工藝美術學院合併，復旦與上海醫科大學合併案等（陳維昭，2002；鄭造桓、陳偉，2002）。

英國從二〇〇一年開始，將 Aston 和 Birmingham 大學進行合併，二〇〇二年則是計畫促成 Manchester University 和 the University of Manchester Institute of Science and Technology（UMIST）進行合併的會談，另外英國倫敦大學的帝國學院（Imperial College）和倫敦大學學院（University College London）宣布正考慮合併成為「世界第一」的超級大學，新的大學預計在二〇〇四年面世，預料這一波的合併風潮，將帶動一股「超級大學」（superuniversities）的風潮（陳麗珠，2002；莫家豪，2002）。

台灣教育部最近以三十九億的經費推動「研究大學整合計畫」，包含校內及校際的整合。在一九九九年公布「地區性國立大學校院整併試辦計畫」，並編列十億元專案預算。教育部在二〇〇一年八月公布的「國立大學校院區域資源整合發展計畫」中，教育部明確指示大學校院藉由校際合作、策略聯盟及學校合併，完成提升高等教育品質與辦學績效、增進高等教育的競爭力及促進地區教育發展等目標（戴曉霞，2002）。

(一) 校際合作

大學基於教學、研究、推廣的需要，從資源的整合、交流、互動開始，例如系所規劃、師資聘用、運動設施、校際選課、研究計畫等事項，皆為校際合作的可行方向（周祝瑛，2002），不過這項的結合在國內還不算興盛。

(二) 策略聯盟

即提出具體的共同運作計畫，整合數個有潛力的研究中心或具有跨校性之發展方向、特色等進行規劃，逐步整合可互補之大學校院成為一個新大學系統（周祝瑛，2002）。教育部又以校際整合鼓勵各大學發起「研究型大學整合計畫」，許多大學也紛紛仿效加州大學三層系統，成立大學系統：

1. 大學系統

(1) 台灣聯合大學系統：由清華、交通、中央及陽明四大學組成。

(2) 台灣大學系統：由台大、中山、政治、成功四所大學組成。

(3) 台灣綜合大學系統：由台師大、中正、中興、台北大學四校組成。

(4) 台灣聯合師範大學系統：由十一所師範校院組成（張建邦，2002；戴曉霞，2002）。

2. 聯盟特色

根據戴曉霞（2002）的說法，聯盟主要有八特色：

(1) 聯盟之組織和其會員組織是分開的，各為獨立的法人組織。

(2) 聯盟本身擁有獨立的資產與負債、董事會、內部章程。

(3) 聯盟的董事會通常由會員機構的校長組成，並另由董事會聘用聯盟之行政主管。

(4) 聯盟有自己的職員和預算、收入。

(5) 聯盟會員之間的整合只限於某些活動或服務，其關係較為鬆散，會員各有獨立的資源、角色、目標等。

(6) 聯盟會員可以脫離聯盟，特別是大型聯盟，會員的進出並不影響聯盟的運作。

(7) 聯盟之會員可以是同質的（例如全為大學校院），也可以是異質的（例如包括大學校院、中小學、博物館和公司等）。

(8) 在聯盟的安排下，會員機構可以合作課程和各類服務，包括行政與事務服務，招生與行政，學術課程（包含繼續教育），圖書館、資訊及電腦服務，學生服務，師資，社區服務。

(三) 合併（consolidation/amalgamation）

由兩個或以上原本規模較小、不夠完備院系或性質可以互補的獨立的機構，放棄其原本獨立的法律地位、自主和文化認同，整合為一所更具規模、資源更充裕及更具競爭力的新的機構（周祝瑛，2002；戴曉霞，2002）。在政策導向和經費激勵之下，二〇〇〇年二月一日嘉義技術學院與國立嘉義師範學院成功地合併為嘉義大學，中正理工、管理學院與國防醫學院也合併為國防大學（張建邦，2002；戴曉霞，2002）。

教育部採取「胡蘿蔔與棍棒」政策的確對於學術間媒合有相當助益，然而，這樣的媒介只是觸媒，而非主體。依教育部組織法第一條的規定：「教育部主管全國學術、文化與教育行政事務；對各地方執行教育部主管事務，有指示監督之責」。這條法規無異將台灣教育政策的推行，由教育部主導地方與學校執行合法化，而地方與學校慣於凡事請示的習性，更以教育部的法規或解釋作為行政作為標竿，大學專業自主自當受到宰制。

二、整合經費是朝三暮四還是朝四暮三？

如今為了提振國際競爭力，教育部煞費苦心地媒合各大學的合併與合作。以經費補助的方式企圖合併兩所或兩所以上的國立大學的做法，令人不禁想起教育部究竟扮演媒婆的角色，抑或扮演古代指腹為婚的父母？而被指定媒合的大學相關負責領導人，也不免存有扮演朝三暮四裡那群猴子的疑慮。

大學系統於是成為這波整併風下另一種新型產物，藉由彼此間的謀合，好比自由戀愛，不必然有媒妁之言，重點是彼此之間的需求與默契，當然在經費政策主導下，台灣一下子組成幾個「門當戶對」的聯盟。柏拉圖《理想國》中，特拉敘馬霍斯聲明「公正不外是強者的利益而已」（何懷宏，2002）。想來教育部與各聯盟間各有自己的算盤，加上一層公正的外衣，經費的分配變得更為堂而皇之。不過由於各校組織文化不同。組織內之不成文之群體行為規範和價值觀念，任何改變如果和這種組織文化相違背，毫無疑問地，將會遭遇極其強烈的抗拒力量（許士軍，2001），大學組織的整合與整併，顯然不僅是結構的議題，更須對各校組織文化深入了解。

(一) 利之所趨的產官學合作

經費雖非萬能，卻在高教的品質上占有極大影響力。邁入知識經濟時代，一國經濟成長與競爭優勢的關鍵因素繫於知識的生產、傳播、應用與開拓，因此，有必要強化高等教育系統之創業能力，激勵產業合作、技術移轉。

美國擁有公私立並存高等教育體系，以及遵循自由經濟市場競爭法則的傳統，以滿足多元的教育需求。因此公私立大學與學院均可以獲得聯邦的研究獎助款以提升競爭力（王如哲，1999b）。台灣私立大學在長期聯考政策主導下，淪為高等教育的二流單位，這樣的現象與英、美有極大的差異。因此要求私立學校成為「非營利」組織技術上是有些為難的。以歐美新自由主義的觀點來看，利之所趨本就是天經地義，在台灣政府補助在國立大學的資源的確超過私立大學，然而，私立大學在行政運作上較公立大學靈活彈性，這樣的現象也說明公領域重防弊多於興利，私領域運作上的優缺則剛好相反。

(二) 國際孤兒更需與國際接軌

台灣的教育一向傾向於輸入國外的文化，鮮少對等地傳輸，這樣的概念與西風東漸與上位者的宣揚有關，傳統以來，知識的概念在台灣是被傳遞而非被研發，這也說明此地高等教育一味移植自國外經驗，更遑論將文化作輸出的舉動，鄰近的日本有此覺醒，因此在一九八四年遞交一份引用自臨教審的報告建議「於二○○○年以前錄取十萬名外國學生」計畫，為了加強與開發中國家的雙邊關係，這項計畫意欲這些外國學生將成為日本和他們的國家之間的聯絡人（Atagi, 1996; Liu, 2001）。這項計畫也成為日本首度輸出其文化的具體政策。檢視處於國際孤兒位置的台灣目前所採行的國際化政策，說穿了不過是美國化、甚至美語化而已。

(三) 教育資源與分配

《世界人權宣言》第一條：人人生而自由，在尊嚴和權利上一律平等。但這樣的理想亙古至今始終是理想，未曾被實現。誠如傅偉勳（2002）所言「生而平等」頂多只為此類理想目標，卻與實際經驗或事實毫不相干。因此所謂大學的重點補助，何謂「重點」？從國內著作評鑑審查機制重新思考教育研究經費的補助，往往以SCI、SSCI與國科會成果的指標為核發研究經費的依據，在市場機制下的驅使，使科技與人文失衡，如此的指標也突顯以理工為首的文化霸權宰制研究經費的主導權。

柒、高學費問題

國民政府遷台後，對高等教育基本上採取強力的管制措施，因此學費的調整受到教育行政機構相當程度的規範，雖然教育經費受到憲法之保障，然而歷年來不足與預算灌水的現象常見。四一〇運動廣設大學的建議，使得人人可唸大學的理念成真，近年來，有些學者主張消費者付費，「天下沒有白吃的午餐」，或者利用市場機制讓高等教育鬆綁，使得教育成為商品，升學率幾乎百分百，公立學校預算的減少，學費因此也逐年高漲的現象，一般家庭的負擔比重增加，自然對弱勢團體的社會流動產生不良影響。

台灣在九十一學年度，公立學雜費占 13.84%，私立占 25.85%（教育部，2003）；美國公立的密西根大學占 49.43%，私立哈佛大學則占 74.76%；日本公立的東京大學占 17.7%，私立福岡大學占 98.74%；英國公立的大學占 6.48%，私立大學占 65.14%（資料來源：教育部）。大專院校迅速擴張後，私立大學學生人數幾乎占全國大專學生的四分之三以上（77.45%），公立大學僅占不到四分之一（22.55%）（教育部，2003）。這些數據或許說明台灣高等教育的高學費政策比不上先進國家，然而，家庭經濟負擔加重，對於弱勢族群而言無異雪上加霜。

第三章
九年一貫課程政策形成篇[1]

本章精華

第一節 ▶ 九年一貫課程政策形成之歷史背景
第二節 ▶ 社會變遷與影響教改的因素
第三節 ▶ 民間教改運動
第四節 ▶ 試辦學校與九年一貫課程的內涵與特色

台灣的政治與教育始終跳著探戈，當政治引領，教育便跟著翩然起舞（Liu, 2000）。或許這樣的觀點應該回溯到「教育即政治」的主張，在台灣，兩者牽扯不清的關係，隨著政黨輪替、政治意識形態的轉移而顯得更為詭譎而多變。本章將就九年一貫課程政策形成之歷史背景，新教育政策之舞台背景的建構，九年一貫課程理論探討，相關論文研究分析，近年教育政策的爭議，及民間教改運動。

九年一貫課程政策形成之歷史背景

本節將採歷史研究法，從歷史的角度分析台灣教育演變的軌跡，從皇民化、中國化、三民主義思想教育、中華文化復興運動到本土化的變遷過程。

壹、台灣語言教育政策的變遷

語言政策常伴隨國家機器霸權才易於推廣，透過教育政策的落實確認認同的主體。

一、從皇民化教育到中國化教育

一九二二年二月，日本總督府另頒布新「台灣教育令」，明訂

1 本文修改自劉世閔（2003b）。2003 年 10 月 3 日發表於第九屆教育社會學論壇國際學術研討會議程「九年一貫課程中的教學變革：社會學的觀點」。台中：國立台中師範學院。

中等以上學校（師範學校除外）取消台、日人的差別待遇及隔離教育，實施所謂的「內台共學」。這是為了配合此時期的所謂「同化政策」，認為「內台共學」為同化最佳途徑（林茂生，2000）。一九三七年，日本更積極對台灣進行大規模的皇民化運動，隨著太平洋戰爭的爆發，企圖藉由教育改造台民成為大東亞共榮圈皇民，直到一九四五年日軍投降，這股風潮才逐漸為中國化教育所取代，根據台灣第一位哲學博士林茂生的說法：

日本人走後，號稱「祖國」的中國國民黨政府來到台灣之後，對台灣的語言、文化、歷史，所採取的歧視態度，卻比日本殖民統治有過之無不及……在國民黨政權的「國語政策」之下，台灣的本地語言受到比日本時代更嚴厲更無情的摧殘（林茂生，2000）。這樣的情況在薛曉華（1995）的碩士論文中，有一段精采分析說明台灣在國民政府管轄初期企圖改變台民思維的教育措施，其中語言政策最是積極：

一九四五年八月十五日，第二次世界大戰結束，日軍撤離台灣，台灣光復之初，從中國大陸撤退來台的國民政府為了使台灣人民「認祖歸宗」，認同自己是中國人，開始有計畫地實施中國化的教育，推翻原本被其視同日本殖民時期「皇民化」的教育，在語言教育上的改變特別顯著，一九四六年設立「國語推行委員會」推行國語，禁說日語，禁止任何日語廣播節目，並將北京話奉為「國語」。教育全盤中國化成為當時教育的重點，根據研究發現：「中國化教育」的實施有四：

(一)建立中國教育行政制度，推行中國化教育政策。

(二)將台灣教育納入中國學校系統。

(三)重新編輯學校教材，加強國語教育。

(四)淘汰日籍教員、補充中國教師。

然而，國民黨執政時期對於台灣語言、文化及歷史，同樣採取歧視態度，致使本地子女對其所用之母語感到羞恥，事實上，應該沒有一種語言與文化可以凌駕在其他語言與文化之上，也沒有任何人可以壓迫他者令其感到文化自卑。

二、語言教育與三民主義思想教育的謀合

國民政府遷台後，首先確立將民國九年確認的北京話奉為國語，而結合三民主義更是黨化教育與國家教育結合的開始，這樣的政策顯然是透過語言與思想的謀合，是國民政府遷台時重要教育策略與指標。黨國一致的教育使國民黨一詞幾乎等同於國家。

當時國民政府推行國語政策主要的目的在加強族群的認同，在做法上，一方面希望能去除台籍人士皇民化，另一方面為著增加對祖國認同，順利推行國語政策，於一九五六年下達學校禁止使用方言之訓令（這道禁令直到一九八七年才被廢除）。一九六四年，國民政府通令機關學校於辦公時間一律使用國語，具體的配套措施如增加國語文學科授課時數、舉行國語文競賽、推選國語模範生、規定學校國語播音時間、將國語推行成效列入校長考績……等。

一九二九年確立以三民主義思想為中華民國的教育宗旨以來，三民主義與國父思想結合公民教育成為學校教育的一環，黨化教育結合三民主義教育，使反攻復國成為學校的核心思想，培養堂堂正正的中國人也成為當時台灣學校重要之目標。

三、中華文化復興運動與教育

一九六六年，台灣海峽對岸的中國正進行破四舊、反儒家的文

化大革命，這股文化革命運動從北京延燒到大陸四處；在海峽的另一方面，台灣的國民黨政權則擺出維護法統的姿態，以捍衛及延續中華文化為己任。於是，一九六七年七月二十八日，當時國民政府領導人蔣介石成立中華文化復興運動推行委員會，同年雙十節辛亥革命紀念日，蔣中正發表告全國同胞書，此一文化復興運動，便成為對抗對岸文化大革命的復古風潮。

四、本土化教育的興起

六〇年代末期由黃春明、葉石濤等文學作家所發起的鄉土文學運動，可謂是台灣文學的濫觴，不過這股思潮在當時還是氣若游絲，台灣文學運動在當時不過是位處邊緣的花蕊，鄉土教育更未受到教育行政當局重視，一九八七年戒嚴法解除，以台灣為中心的本土運動日漸興起，加上反對政黨勢力逐漸坐大，在課程教材方面，許多民進黨縣市政府在八〇年代開始投入鄉土文化及母語教材之設計與出版，積極從事鄉土語言、文化的保存與宣揚，一九九〇年宜蘭縣首先在其中小學的課程中加入鄉土語言的學習，當時所用的理由是「語言的復健」與「文化造縣」。屏東縣與台北縣也在一兩年內跟進。鄉土教材編輯旨意所使用的語言，如「母語斷、文化滅」，將本土語言的使用與台灣文化的存滅連結在一起（卯靜儒，2002）。於是，鄉土教學從邊緣位置的空白課程一躍成為正式課程，一九九三年教育部長郭為藩宣布國民小學教學課程中增列「鄉土教學活動」，一九九六年國中正式實施「認識台灣」。誠如Liu（2000）表示台灣這波改革顯然地將教材中國中心的編纂方式轉變成台灣本土中心。結合校基管理模式的引進，校園開始重視與所在社區本土化及生活化的學習。

貳、新教育政策舞台背景之建構

一九四八年四月，中國國民黨為因應中國共產黨的叛變，第一屆國民大會第一次會議依照憲法第一百七十四條修改憲法之程序，制定動員戡亂時期臨時條款（Emergency Decree），賦予總統緊急處分權，限制人民基本權利，從一九四九年國民政府遷台後，隔年蔣中正復行視事，緊接著國民大會於一九六〇年修訂賦予總統、副總統得連選連任之權，因此蔣中正名正言順地擔任總統直到一九七五年四月五日逝世為止，總計五任任期，成為終身任期、名副其實永遠的蔣總統，而胸懷故土的他，台灣是一塊反攻復國的根據地，當時教育國策自是與此有關。

在威權政治體制下，教師在「反攻復國」的大纛下，逐漸成為政治順民，是課程與政令的宣導者。由於升學主義盛行，為消除惡性補習，一九六七年六月二十七日國父紀念月會蔣中正宣示該年八月公布九年國民教育實施綱要，隔年正式實施。

一、從政治解嚴到教育解嚴

因為面對著大陸共產黨的威脅，台灣的蔣介石總統決定公布戒嚴法，此法控制了新聞、媒體的自主及政黨的成立。Mao（1997）說，戒嚴令的執行下，新聞媒體、人民組織和政治意識形態的灌輸，皆在國民黨威權勢力的管制下。為了拚經濟的情況下，人民的政治自由及其在憲法中的權利都被犧牲了。因此，此時期的台灣的教育可以說是「思想教育」。意味著國民黨政府在學校教育中灌輸了他們的政治意識形態，教導孩子們《三民主義》，這本在台灣形同《政治聖經》的書，內容論及了民族、民權和民生三大主義，而為達政治企圖，三民主義與國父思想並且有如「反攻大陸」、「殺朱拔毛」之類的政治標語。

一九八七年七月十五日，解除戒嚴，實施國安法，長達近三十八年的政治戒嚴令解除後（Huang, 1994, p. 17），開放大陸探親，文化交流，兩岸間接貿易開始，隔年一月十三日，蔣經國去世，李登輝繼任總統，強人政治結束，蔣家王朝告終，報禁解除，人民禁錮已久的自由思維與意見，突然得到解脫。這股風潮開始挑戰、甚至質疑國家機器設置的管制措施，企圖鬆綁黨國教育的禁錮。

二、人民團體法促成組織解禁

一九八九年人民團體法通過，打破戒嚴時期的限制，將憲法結社自由權回歸人民，整個民間教改的社會力量從解嚴後解放，結社的合法化，促使民間教育改革團體如雨後春筍竄出，各種結合社會運動目標的社會人民團體趁勢崛起，民間教育改革團體開始組織化，這股批判的力量，同時促使各級教師會的成立的原因之一，教師法第二十六條規定：「……各級教師組織之設立，應依人民團體法規定向該管主管機關申請報備、立案……」。從八〇年代學運的對抗學校當局，轉而合縱連橫鬥爭起國家教育機器。

一九八九年，立委及縣市長開始邁入兩黨競爭里程碑，一九九三年被視為對方言具有法令上歧視與禁止之廣播電視法被廢除；四年後，非官方經營的無線電視第四台被准予開播，這些外在的氛圍，夾雜民間各式利益團體，逐漸與本土性教育改革互為感染。

社會變遷與影響教改的因素

政策經常隨著社會氣氛換上不同的色彩，經過歷史軌跡的輾壓突顯不同的邏輯，本節將分析社會變遷、社會變遷與教育政策的關係及台灣教育改革新趨勢。

壹、社會變遷

譚光鼎（1998）認為教育是社會變遷的動因？還是受社會制度所宰制的工具？教育創造文明的發展？還是受政治與經濟的束縛？教育是促進人格發展的園地？還是製造勞動力的工廠？教育能促進獨立自由的思考？還是灌輸意識形態？

隨著社會變遷的結果，導致舊社會解組、價值衝突、個人行為失調，使得原有的教育制度無法滿足需求，形成教育問題。奧格朋（W. Ogburn）曾提出社會變遷理論：他假定人類活動某一層面的變化與社會文化隨之修正二者之間有時間上的差隔存在，奧氏將文化差隔（cultural lag）視為理念、態度、制度及風俗習慣未能及時回應物質文化的變遷所產生的社會調適不良現象；多數生活在傳統民風、習俗的個體對科技革新、工業化與都市化的適應緩慢，因此藉由觀察物質適應（material adaptive）、非物質適應（nonmaterial adaptive）及非物質不適應（nonmaterial nonadaptive）文化三者間變遷的時間差格來區分社會變遷層面以作為判定文化差隔的原因（陳錦瑩，

1999）。

一、社會變遷定義

社會變遷即隨著科技日益的發展突破，使既存的社會結構，隨時間變異，受到意識形態、外來文化、社會運動、家庭結構與科技發展等內在或外在因素影響，以漸進或激烈的形式，使社會產生質或量、局部或全體、漸變或革變的變化，使社會上大多數成員的生活，出現適應不良，因此社會文化、關係、結構及行為模式需重組的現象。

誠如林清江（1998）所言，社會變遷速率極快，往往可以改變教育的內容方法。長期的教育效果，能夠促成社會變遷。近年來台灣社會的資訊爆炸，知識技術的推陳出新，加上國際競爭壓力等因素的影響，迫使此地居民不得不認真面對此一社會變遷所造成的巨大衝擊。社會變遷狹義的說，就是社會結構的變遷；而所謂社會結構，就是「界定人類行為及人際關係」的那些角色與地位的集合體（章英華，2001）。

二、現代社會變遷的特質

社會變遷可謂無論時空皆可能發生，小地區的變異可能發生蝴蝶效應影響深遠，加上近年來科技不斷更新，速度超越以往數代所累積的能量，這種現象皆造成社會結構與生態環境不斷變化。莫爾（Moore）在《社會變遷》一書，認為現代的社會變遷具有以下的特質。

(一)在任何社會文化內，變遷的發生都是經常不斷的。

(二)變遷在時間與空間上不是孤立——也就是說，變遷的發生不是僅因為暫時的危機，不是依賴穩定的重建期便可；變遷是一連串連鎖式的發展，其影響足以震盪至全球區域或全世界。

(三)因此現代變遷是無所不在的，其影響亦到處可見。

(四)現代變遷在計畫變遷以及精心發明這兩方面，比過去任何時代都更為蓬勃。

(五)所以在特殊技術與社會策略的傳播上，極其迅捷。儘管有些事物很快就被拋棄遺忘，但是整個淨效果卻是增加的、累積的。

(六)變遷的發生，對現代社會的功能以及現代人各種經驗的影響，均甚廣泛——這種結果並不意味現代社會在各方面都比較整合，而是人類生活一絲一毫都無法逃離變遷（引自章英華，2001）。

近年來社會結構急劇的變化，加上科技的推陳出新，數位、網路與生技帶來的新思維與新觀念，都在顛覆傳統學習與思考模式。

貳、社會變遷與教育政策

受傳統主智主義與社會達爾文主義思維的影響，台灣的教育向以考試領導教學，智育掛帥，忽略其他價值；九年一貫課程的研議與規劃歷經五年四任教育部長，教育行政人事更迭之速，可以看出全民望治心切，然而，近年來教育政策的夭折與轉變速度亦隨著教育部長的更替成相關，教育政策與制度推行的不確定性，也為教育改革投入諸多變數，根據研究者長期的觀察，台灣教育改革政策形成，大致可分為下列幾個向度：

一、民間教改的提倡：開放教育與人本思潮

開放教育的思潮，可以溯源到一八七五年左右的一些實驗學校，

例如：遊戲學校（play school）、兒童的學校（children's school）、有機的學校（organic school）等。杜威在一八九六年在芝加哥大學所開辦的實驗學校，以及一九二〇年代崛起於英國的夏山學校（Summerhill school），一九六〇年代的自由學校（free school）、開放學校（open school）、開放教室（open classroom），以及一九七〇年代盛行的反文化學校（counterculture school），都是此種理念的付諸實行（鄭世仁，2000）。

民間教改團體影響教育政策主要透過國會遊說立法、遊行提出訴求及與政治人物選前期約等方式進行。譬如：一九九二年二屆立委改選後，這些民間教改團體就著手進行「國會遊說」工作，透過影響與結合立委，相繼通過了改造教育環境所需的重大法案：如師資培育法、刪除教師法中的處罰條款、修正國民教育法與私校法的確立等等，並使小班制成為政策，還參與推動制定教育基本法等，本文將於下一節專節介紹台灣目前著名的民間教育改革團體。

二、四一〇大遊行的觸媒

(一) 山雨欲來風滿樓

自一九九一年「救一救下一代行動聯盟」大聲疾呼降低中小學班級人數，民間教改團體便不斷合縱連橫，從設立推動四一〇運動的臨時組織，四一〇教育改造工作隊開始，此四一〇工作小組成立後，由黃武雄與史英開始分工聯絡各民間社團，得到許多團體的支持，並召集各團體代表於十月左右成立了「四一〇策劃小組」，隨即獲得更多民間教改團體投入籌備工作，如主婦聯盟、教權會、振鐸學會、基層教師真實教育連線、殘障聯盟、學改會（張則周個人）

等、各國會辦公室，以及後來加入更多政治團體、社區團體、社運團體、幼教、教授、教師團體、學生團體、文教團體等。一九九四年一月，「民間教育改革會議」召開；同年四月十日，「四一〇教育改造大遊行」舉行。此項遊行號稱是台灣民間教育改革史上規模最盛大的一次社會運動——是台灣教育史上參與人數最多，民間團體參與最熱烈的一次教育改革運動。根據估計，當天共有二百一十個主辦單位參與（其中有文教團體、社運團體、學生團體、婦女團體、學術團體、宗教團體、出版界、商業界、家長會、社區組織、醫界、傳播界、文學界、工會、法律界、校友會、政治團體及民意代表）（薛曉華，1995）。

(二) 埋葬教育三大沉痾

四一〇當天的訴求，主要的抨擊台灣教育沉痾分別是：升學主義、粗廉主義與管理主義，運動當天有「哀升學主義！」、「悲粗廉主義！」、「悼管理主義！」，當場並將之置於棺材，象徵民間欲「墳埋」與「告別」這三大台灣教育怪獸的期望（薛曉華，1995），這些訴求擔心當一流人才遇上三流教育政策時，人才的培育是否在不良的環境下消蝕，於是，解嚴後的民間教育活力於此時終於爆發，一些原本積鬱不申的訴求，剛巧找到抒發的出口。

(三) 提出四大訴求

當時遊行隊伍提出四大訴求：落實小班小校、普設高中大學、推動教育現代化及制定教育基本法。

1.落實小班小校

雖然一九七九年公布的國民教育法第十二條規定：「國民中學

及國民小學，以採小班制為原則」。但在推動九年義務教育時這條規定卻真如一項原則，而不具實質強制力，台灣大班過多的人數造成教學不易是問題，唯依目前國內經濟發展程度來言，應以多少人才是合理小班之人數？當時民間教改團體認為實行小班制，把所有學生帶上來、打通升學管道、提升教育品質，落實專業自主等等。因此建議每班以三十人為適切，國內輿論開始出現對於班級規模人數過多的國民教育現況加以批判。一九九五年二月，教育部出版的《邁向二十一世紀的教育遠景》之教育白皮書則以每班平均三十五人為指標，期能以降低班級人數為手段有效提升教育品質。根據教改會第三期諮議報告書的建議，為了減小國小班級的規模，省教育廳隨即於同年七月宣布，將班級學生數的四十五人，降至在一九九八年的四十人及二〇〇〇年的三十五人（姜添輝，1997）。到了一九九八年，每一間教室的學生數應該在四十位以下，到了二〇〇六年，每一間教室中不超過三十個學生。但根據林天祐（1998）的調查顯示：台灣八十五學年度國小師生 1：21.46 的比率，與美國的 1：14，加拿大的 1：17，法國的 1：19，德國的 1：16，以及日本的 1：19 相比較，仍有差距。

問題是班級人數少，量少一定質精？對學生一定好嗎？大陸學者朱希花（2004）引用由田納西州政府撥款一千二百萬美元所進行的一項田納西州「學生教師成就比」（簡稱 STAR 計畫）的計畫說明：

> 班級人數較少只是「小班化教育」實施的一個前提條件，更為關鍵的是教師教育觀念的轉變、教育方式和手段的更新、教育管理模式的改革，絕不能認為

> 只要減少班級人數就是實施「小班化教育」。這會誤導人們對「小班化教育」的片面理解，甚至會對「小班化教育」造成不良的影響和後果（pp. 44-45）。

教育政策的推展不能是三分鐘熱度或朝令夕改，從一九九四年四一〇遊行開始，「教育」突然間成為全民注視的焦點，遊行所提之「小班小校」訴求，轉而成為制定教育政策最高指導原則之一，這項政策的具體成果，在經過熱烈的檢討與實際操作後，教育主管官員一方面為籌措驟增且龐雜的教育經費而焦頭爛額，另一方面在面對教育改革團體的各方壓力下遂行的各項行政措施顯得有點力不從心。

根據《中華民國教育年報》官方資料顯示：台灣的學校班級人數在一九八七年為43.59人，截至一九九七年時，已將這數據降低至33.06人，十年間每班人數減低了10.53人（*Educational Yearbook of the Republic of China*, 1998, pp. 35-36）。為有效降低班級與學校人數，新校與新建物的增設，似乎最易於達成上述政策的目標，也最能突顯施政者之政績；然而，都市裡地價昂貴一地難求，鄉村地區又因地廣人稀，根本少有大校，小校的主張眼看不可放諸四海皆準，小班於是轉而成為替代品，具有小班「精神」的口號，便在各主管教育當局大張旗鼓地鼓吹下激情地演出。

就字義而言，小班係指班級學生數量上的考量要有較「小」的量，這無異是相對於以往大班而言，但小班教學是一項特殊的教學技術呢？還是教學在某一定量下才足以稱為「小班」？官方所稱小班「精神」是否意味無須計其量之大小，只須留意其內涵？果如上述，所謂內涵，究竟所指為何？有人說小班教學精神的教學理念在多元、個別與適性，難道尚有其他教學不須符合上述規準？

留意這些政策的同時，令人不禁深思的是教育大計是否只在乎上述的口號？在研擬這些政策的同時，教育行政官員及學者們所欲達成的教育目的又何在？如果「教」與「學」的目的在成就「學」，那麼如何學（教學）、學什麼（課程）以及為何學等議題便須經常加以思索，假設教育最終目的在成就教學所服務的主體——學習者，那麼教學與課程自是成為教學過程中的手段與客體，這樣的訴求隱含下列幾點議題值得玩味：首先反映在教育政策上的是班級的「量」與「質」間的因果關係究竟如何？其次，教育政策究竟宜重視前者或是後者？小班政策的規劃理想與實際執行間的落差又如何？當面對新一波教育改革時，小班政策是否又將埋葬在歷史的洪流中？喊得震天價響的教育改革的口號是否只是僅供憑弔的名詞、而非動詞？

2.回應小校小班政策

為了回應小校小班的需求，教育部立即著手研議，不過台灣地狹人稠，小校實施不易，而奠基於對在小班的教學形態中，較易於促進學生認知系統的改變的信念，同時建構新的事實、程序和策略。得到較多的肯定機會，有助於操作性學習、合作學習及分組教學。因此教育部便改弦易轍，以落實小班教學精神——建立教師共識，共同營造小班教學學習環境，發展多元、適性、精緻化、彈性化、個別化教學與評量。建構式教學的精神在重視個別化，盡可能照顧到每一個別差異，但在傳統大班下，教師總是力不從心，而小組討論長久在鬧哄哄的氣氛下進行，難保學生的學習效率會有多高，故最好在二十人以下的小班教學中施行（陳靜音，1998）。當然這與教育部主導的政策有關，教育部於一九九五年二月出版《中華民國教育報告書》，當中提出分三階段降低班級人數計畫，預計九十學年度每班降至三十五人為目標。

在吳前部長京「好事就快做」的積極態度，及回應民間教改團體及立法院附帶決議的要求之下，教育部遂於一九九七年四月成立「國民中小學課程發展專案小組」，以任務編組、多元參與方式進行「國民教育階段九年一貫課程綱要」的研訂工作。其修訂的主要原則有五：重視中小學課程的一貫性與統整性、以學習領域與統整教學為原則、以基本能力為核心架構、規劃國小實施英語教學及縮短上課時數與建構學校本位課程。隔年教育部國教司提出「發展小班教學精神計畫」，其目標是使全國中小學班級人數降低至三十五人以下，期望減輕教師負擔，在量少自然質精的假設下，希望提升教學品質，這項措施可視為呼應四一〇遊行的因應策略。

這項策略歷經十餘年的努力已有顯著績效，根據中華民國教育年報官方資料顯示：台灣的學校班級人數在一九八七年為 43.59 人，截至一九九七年時，已將這數據降低至 33.06 人，十年間每班人數減低了 10.53 人（Chen, 1998）。然而，班級人數畢竟只是教學效能的必要條件，而非充分條件，量的減少不必然是質的提升。

3. 普設高中大學

台灣中學系統的建立，由於國民政府自一九二二年移殖美國的六三三制，初級中學採普通中學制度，高級中學名義上採取綜合中學，實質上為多科中學。一九三二年，中學法、職業學校法、師範學校法公布，使其各自成為不同的系統，這套系統從一九六八年實施九年國民教育之後，取消初級職業學校，統一為國民中學，高級中等教育仍分為高級中學校及高級職業學校兩個系統。

(1) 高中職在量與類型的增加：一九七九年公布高級中學法，廢止一九三二年的中學法。一九八一年公布高級中學規程，一九九五年及一九九九年又分別重新修正過，自此中學在量與類型上皆有顯著增加，根據高級中學法第六條及第七條，台灣高中共分為五種類型，即普通高中、綜合高中、單類科高級中學、實驗高級中學及完全中學。

*a.*普通高中：即一般普遍認知的傳統高級中學。這種高中以升大學為主要目的，係高等教育的準備教育，以研習基本學科為主之普通課程組織，以強化學生通識能力之學校。

*b.*綜合高中：為了落實教育社區化，發展社區型中學，綜合高中（comprehensive high-school）即將成為主流。這種高中具備高中與高職雙類特質，兼具學術與職業等方向，為因應教育延後分流的概念，藉著課程與設備的統整，保持學生升學或就業的多元與彈性，延長高中學生職業或學術性向多元試探的時期。讓學生可以依個人興趣做選擇而設立的綜合高中，係「指融合普通科目與職業科目為一體之課程組織，輔導學生根據能力、性向、興趣選修適性課程之學校」。綜合高中根據「高一統整、高二試探、高三分化」之精神，輔導學生作適性之學習安排，供學生作多元的選擇。

*c.*單類科高級中學：根據高級中學法第六條單類科高級中學是指採取特定學科領域為核心之課程組織，提供學習成就特別優異及性向明顯之學生，繼續發展潛能之學校。這類高中的概念主張提早分流，讓一些從小就展現特別性向的學生，得進入專門領域的學校就讀，發展其長才。例如，目前台灣就有兩所這類的高中，一所是位於台北市的麗山高中，以科學為號召；另一所則是台東的體育高中，則以發展體育為重點。

*d.*實驗高級中學：這種類型學校係指為從事教育實驗而設立之學校。例如，國立台灣師大附中，高師大附中及國立卓蘭實驗高中，

同樣都有教育實驗研究的功能。

*e.*完全中學：高級中學法第七條：「為發展社區型中學，各級政府或私人得設立完全中學，提供學生統整學習」（行政院，2003）。完全中學的設立是為了因應高中社區化，為了增加高中數量，讓一些國民中學增設高中部，變成完全中學，同時可以招收國中及高中生。例如高雄市的完全中學就有瑞祥高中及鼓山中學，台中市則有惠文、忠明及西苑等中學。

(2) 高中職比例之調整：一九六〇年代台灣採取出口導向的經濟發展模式，需要大量且廉價的勞工，直到一九八〇年代，政府為了因應六年經濟建設計畫及第四期人力發展計畫，將高中職比例從原本4：6調整為3：7，這個比例的意義在於為勞力密集的產業提供充足的勞動力來源。這項配合經濟發展的教育政策，到了一九九四教育改革年有了局部改變，其中綜合高中是教改之後，教育部主推的新學制，一九九三年的民間教育改革會議，希望將高中職3：7之政策比例作調整（如表3-1）。這樣的主張也受到教育改革審議委員會的支持。

於是，綜合高中與完全中學於此時期開始湧現，綜合高中急速擴張，擠壓了高職的招生空間，高中為奠定研習學術及專門知能之重要預備階段，無論學校數及學生數，近十年均逐年增加，由一九九三學年之一百九十所增至九十一學年之三百零二所；至於高職係為培養基層技術人員之重鎮，近幾年來配合綜合高中之推動轉型學校數漸趨減少，至二〇〇二學年計有一百七十所。

高中職學校數結構比：由一九九三年的48：52調整為二〇〇二年的64:36。高中職學生數結構比由一九九三年的32：68調整至二〇〇二年之53：47（教育部主計處，2004）。教育部更研訂「高中

表 3-1 高中職比例年度比較一覽表

學年度	學校數比		學生數比	
	高中	高職	高中	高職
1976	52	48	38	62
1977	51	49	37	63
1978	50	50	36	64
1979	50	50	36	64
1980	49	51	34	66
1981	48	52	33	67
1982	46	54	32	68
1983	47	53	32	68
1984	47	53	32	68
1985	47	53	32	68
1986	46	54	31	69
1987	45	55	31.5	68.5
1988	44	56	32	68
1989	44	56	32	68
1990	44	56	32	68
1991	45.5	54.5	31	69
1992	47	53	31.5	68.5
1993	48	52	32	68
1994	49	51	32	68
1995	50	50	33	67
1996	51.5	48.5	34	66
1997	53	47	36	64
1998	55	45	39	61
1999	56	44	42	58
2000	60	40	45	55
2001	62	38	50	50
2002	64	36	53	47

資料來源：Bureau of Statistics, Ministry of Education, Education Statistical Indicators, Republic of China, 1998, p. 34；高中、高職校數及學生數變動概況，http://163.20.81.134/nine/whyandhow.htm

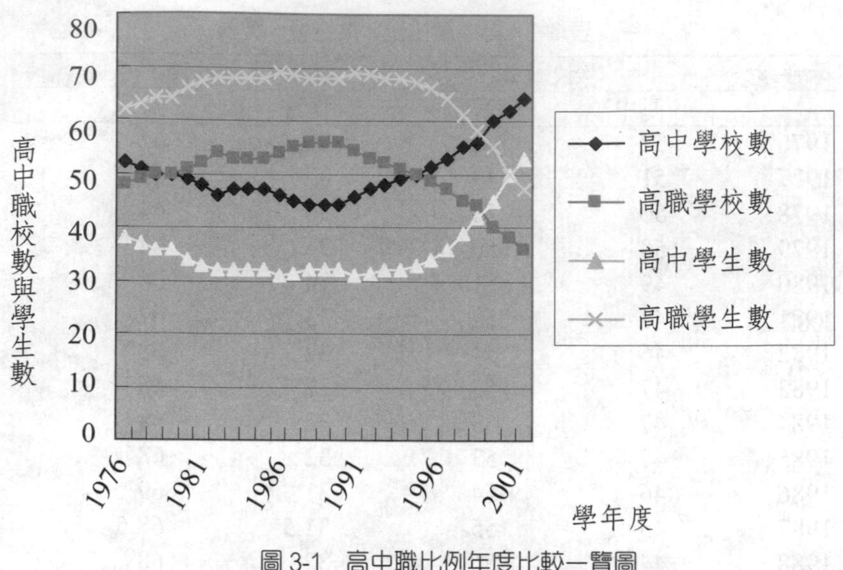

圖 3-1　高中職比例年度比較一覽圖

職社區化中程計畫」六年計畫，作為十二年國教的基石。

從圖 3-1 發現，圖中總共出現三個重要結點，高中職學生數在二〇〇一年出現巨大轉變的結點，代表高中學生數的—▲—線首度超過代表高職學生數的—×—線，代表高中學校數的—◆—線與代表高職學校數的—■—線也曾有過兩個結點，分別出現在一九七八年與一九九五年，一九七八年首見的結點顯然受前文所提之六年經濟建設計畫及第四期人力發展計畫所影響，而一九九五年的結點則明顯受民間教改與教改會的主張調整高中職比例所左右。

大學的創新與研發，對國家整體競爭力是相當重要的指標。近年來，教育部為呼應四一〇遊行普設大學的訴求，專上系所擴充成為教育部努力的重點，並且將高等教育朝向「普及型」路線，一九二〇年台灣的最高學府只有三個，一是醫學專門學校，一是師範學校，另一就是商業專門學校（林茂生，2000）。到了一九四五年台灣僅有一所大學及三個專科學校，公私立學校在五〇年代增為九所，高等教育學齡人口淨在學率僅達7.23%，六〇年代仍不及12%，經一九九六年在教育部「績優技術學院改名科技大學」及「績優專科學校升格為技術學院」兩項政策指標下，目前我國大專院校其總數目在不到十年的時間遽增至一百五十四所（陳昭穎，2001；張建邦，2002；蓋浙生，2003）。其中國內大學校院數量的暴增最主要是在一九九五年至二〇〇〇年，從六十所增至一百二十七所，陡增的高等教育措施已使高等教育品質大受質疑，目前教育部已經針對高等教育數量擴增有共識，刻正控制使其趨於緩和。此外，更訂定高等教育進退場機制，提高設校標準，以確保教育品質，對於辦學績效不佳之學校則予以減招。

4.推動教育現代化

教育是立國的根本，教育主導社會進步，是盱衡國家現代化的重要指標，教育的活動以及教育的制度自然須符合現代化的需求，現代化社會具有動態變遷性特別強的特徵，此特徵展現在社會生活世界的每一個層面上的不穩定與快速變遷，包括思想的、知識的、觀念的、行為的、互動的與結構轉變。並涉及都市化、工業化、理性化、世俗化、資訊化與專門化等層面的複雜過程。受到四一〇運動的影響，台灣教育權的下放，台灣教育體制從集體管制鬆綁為開放自由，以提高國民的生活水準，進而增進人類的幸福為宗旨。

根據《教育基本法》第二條：教育之目的以培養人民健全人格……使其成為具有國家意識與國際視野之現代化國民。教育改革之目標，在於結合國家資源和全民力量，透過對當前教育問題的省思前瞻新世紀發展之趨勢及建構現代化教育體制。期使多元化的制度、人本化的環境、科技化的設施、生活化的課程、專業化的師資，提升學校教育水準，形成全民終身學習的社會。

5.制定教育基本法

教育基本法之提出，早在一九九三年十月二十一日由立法委員顏錦福等十七人提出「教育基本法草案」，計有十三條。隨後立法委員翁金珠等五十人於一九九四年四月二十一日也提出另一版本「教育基本法草案」，計有三十二條。由於受到國際間教育權利主客體意識形態的轉變、民主機制的成型、立法委員與民間教育改革團體的催生、受到日本教育基本法的啟示及回應「四一〇教改聯盟」的訴求等影響，台灣教育基本法前後經歷三任教育部長（郭為藩、吳京及林清江）的擘劃，及許多關心教育議題人士的奔走，耗時六載，終於在一九九九年六月四日立法院三讀通過，同年六月二十三日總統（八八）華總一義字第 8800142730 號制定公布實施。此法成為我國未來教育指導大綱，全文總計十七條，充分展現民主化、多元化、分權化及中立化之精神，為教育法令之「基本大法」，各種教育法令為實施教育基本法之理念、目標而制定，根據其第十六條規定：「本法施行後，應依本法之規定，修正、廢止或制（訂）定相關教育法令。」因此，學理上教育基本法應具有教育法體系中的「母法」、「教育準憲法」或「本法」之性質，而其他教育法令則居於「子法」或「施行法」之地位（吳清山、林天祐，1999；顏國梁，2000；吳清山，2000）。其主要內涵包括明訂教育主體與目的、擴大教育參與、堅持教育中立、確保教師專業自主、發展地方教育審議會、延長教育年限及落實均權制度。此法更企圖將教育主權從國家機器解放到人民主體。

三、政府研發宣導

政府歷年來重大教育政策，經常被提及的有教育改革總諮議報告書、國民教育階段九年一貫課程綱要、科技化國家推動方案、中華民國人文社會科學白皮書、知識經濟發展方案、新世紀人力發展方案及國家科學技術發展計畫等。多元入學與九年一貫更是目前推動的重大政策。

一九八八年二月一日教育部主辦的第六次全國教育會議於國立中央圖書館舉行五天，由教育部毛高文部長主持，會議中提到有關日本臨時教育審議會的功能。

一九九三年二月郭為藩接任教育部長，同年九月國民小學課程標準正式發布（此項標準要求各校應自一九九六年八月起實施，隔年十月國民中學課程標準修正公布）。一九九四年六月二十二日至二十五日教育部召開第七次全國教育會議作為因應，議中提出成立「教育改革審議委員會」之構想；七月二十八日行政院通過「教育改革審議委員會設置要點」，九月二十一日行政院召開第一次委員會議開始運作（李奉儒，2003）。教育部更宣布將一九九四年定為「教育改革年」，隔年二月教育部公布「中華民國教育報告書」。

四、教育改革審議委員會的介入

為因應社會的變遷，教育部本身的醞釀，加上受到四一〇遊行的影響，一九九四年六月教育部召開第七次全國教育會議，會中建議仿日本「臨時教育審議委員會」作法，成立「教育改革審議委員會」。八月行政院即倡議設置教育改革審議委員會，當時「救盟」及「民間教育改革會議」先後曾建議政府仿效「美國教育卓越委員會」及日本臨時教育審議會（簡稱臨教審，Rinkyôshin）的精神，設置教育改革審議委員會，希望所有教育改革方針需要政府與民間合作籌備。

行政院最後順應民情，九月二十一日正式成立「行政院教育改革審議委員會」（以下簡稱「教改會」），積極進行教改方案的研議工作，由當時行政院長連戰核定三十一位委員名單，該委員會係一種臨時性質（ad hoc council）、內閣層級效力的一種組織，由當時社會中頗具人望的諾貝爾化學獎得主中研院院長李遠哲擔任召集人，隔年四月教改會提出第一期諮議報告書。續後約每隔半年出一期諮議報告書（十一月教改會提出第二期諮議報告書），歷經兩年努力共計發行四期報告書與一份總諮議報告書（一九九六年十二月二日教改會提出行政院教育改革審議委員會教育總諮議報告書），同年宣告解散。

分析整份報告書內容，可以發現其充滿人本與市場機制等特色，教育自由空間使原本教育的一言堂轉變為異言堂，校園新文化重新塑造，教育與學校制度逐漸轉型成為知識交易的場所，師資培訓由專責機構走向多元機制。根據但昭偉、邱世明（1998）分析，總報告書的執筆人確實表現出了個人主義的濃厚色彩。這一點可以從他們對什麼是「人本化的教育」以及「教育鬆綁」的說明中看出些蛛絲馬跡。

五、校園組織再造

組織再造的概念主張控制教育人力成本以精簡（downsizing）人力，乃許多政府在考慮減輕財政赤字、為有效運用教育經費、改善組織效率，及提高生產力時常見的策略，因此，台灣教育部考慮規劃以「總量管制」替代現行以學校員額編制來節省教育經費，不過，也因此累積不少潛在的成本，使留任人員相互猜忌，對新工作的不安全感與投機心態、降低對組織的承諾感（commitment），而造成重新累積組織社會資本的困難，這對政府再造而言，調整中小學教師人力並增聘教學支援人員，對校園文化與結構將帶來巨大衝擊與改變。

(一) 教訓輔三合一方案的影響

一九九八年八月二十一日教育部發布實施「建立學生輔導新體制——教學、訓導、輔導三合一整合實驗方案」，並選擇大學和中小學試辦，企圖改變傳統學校輔導室、教務處、訓導處業務執掌、工作流程之各自分立（林威志，2004），三合一方案企圖改變學校行政各自為政的現象。為因應二〇〇二年全面實施的九年一貫課程、教訓輔三合一方案及學校社區化的推展，教育部國教司推動校園組織再造運動，此項改革的目的，乃因社會急劇變遷，校園宜透過學校組織結構的調整、學校領導的轉型、權力結構的重新分配，使得學校成員得以適才適所。近年台灣進行教育改革以來，校園生態受到校長遴選制、教師組織合法化、家長參與權提倡、課程教學的校基管理方式下列因素所影響。為了增進經費彈性運用，組織再造係當行政結構或程序已不符合社會與政治環境期望時，所採取的一些措施，這些措施包括組織結構、權力、文化系統地改變與衝突，進而引發組織重新調整的一種歷程。事實上，組織衝突的發生，正是組織改革與組織再造的危機與契機。因此，校園組織再造須視學校規模、地區特性、工作性質等而有不同的措施，不宜純粹以經濟、精簡人力為主要考量因素，而應以宏觀立場來審視整體校園與社區的發展。

(二) 國民教育法的衝擊

受到國民教育法第九條規定所影響，校長遴選制度將原本校長的派任轉變成遴選，於是校長的任期清楚地被規範，同時該法述明「國民中、小學校長任期屆滿時得回任教師」，是項規定於是引發各地「校長協會」的設立，由於校長回任教師茲事體大，於是「教師分級制度」研究案因而興起。

近年來，國民教育法第十條正在修正中，涉及學校組織再造的部分，使學校增加更多自主的權限，其第十一條增加教學支援工作人員的納入，鬆綁學校人事權。

(三) 教師角色與組織的轉變

一九九四年二月七日總統明令修訂師資培育法，是法允許各大學校院均可培育師資，破除以往「師範第一」、「精神國防」等師資專業培育思維，長年扮演「精神國防」（“national spiritual defense”）（Yang, 1998b, p. 205）的師範體系也因而遭到空前危機，使校園組織在形態與比例上起了根本結構的改變。師資培育的管道遂從師範一元控制到各公私立校院多元競爭，讓師資培育從「計畫控制」轉變成「市場自由競爭」的形態，師資如同亞當斯密口中所言的「一隻看不見的手」在此市場中自行調整，師資多元使校園組織文化有了質與量的變化。

一九九五年八月九日教師法實施後，授與教師組織結社權（第八章，教師的結社權即反映在一九九五年修訂的教師法及先前所提的人民團體法）及協商權；各級教師會組織積極要求教育行政單位尊重教師會的「集體協商權」，對於教師權利義務事項，除法有明文規定者外，均應先與教師會協商後再發布，然而目前經常引發爭議的問題在於教師代表究竟是教師間選取而來的代表，還是由教師會依法派出的教師代表。

顏國樑（2002）所言：教師組織具有「集體談判」的協約權，教育基本法第八條及第十五條則賦與教師專業自主權，使基層教師破除中心一邊緣的階層結構，一九九六年七月高雄市教師會成立。該年十月台北市教師會成立，勞工三權中（結社、協商與罷工），教師唯缺罷教權。擁有結社權的教師在校園取得發言位置後，教師團體獨大，造成學校行政勢力勢微，校園第三勢力的家長會因而興起。

(四) 新式家長會的衝擊

此外，全國各校園內新式家長會的成立（花蓮師院前校長饒見維教授所提倡），家長的參與與選擇權擴增（教育基本法第八條）使家長的角色從被告知到參與，從建議到協商，從投資人到合夥人。私人興學與公辦民營學校等概念的提倡（教育基本法第七條），打破傳統校園的形象，促使校園行政結構更趨彈性，也間接擴張家長選擇權。

(五) 國民中小學人力重整及組織再造專案

一九九八年一月十四日行政院提出政府再造綱領，推動政府組織再造，希望引進企業的精神提升公務效能，二〇〇〇年十二月十二日教育部召開「國民中小學組織再造及人力規劃小組」第一次會議，並辦理數次公聽會，二〇〇一年六月二十六日函送「國民中小學組織再造及人力規劃試辦方案」，函送各縣市政府遴選或推薦所屬國民中小學參與試辦（林威志，2004）。二〇〇二年，根據頒布的國民教育法、國民教育法施行細則及國民小學與國民中學班級編制即教職員員額編制標準等法規，教育部國教司成立「國民中小學組織再造及人力規劃小組」，公布「國民中小學人力重整及組織再造專案」，主要針對未來學校組織做通盤改造與建議，小組建議校園組織再造包括下列三項重點：1.總員額量管制，2.教學支援工作人員，及3.勞務簽約外包。

1.總員額量管制

總員額量管制旨在透過制度設計過程創造一個可以促進學習與創新的機制，教育部對學校編制不再統一規範處室組織設置，改以業務分掌為原則。此外，為解決地方教育財政問題，拋棄傳統以學校班級員額決定教師編制的方式，研擬引進「總量管制」的精神，做為學校教師人力成本控制的依據。

2.教學支援工作人員

教學支援工作人員的法源來自於教師法第三十五條第二項之規定，根據二〇〇三年十二月一日所訂定的「中小學兼任代課及代理教師聘任辦法」，其第二條規定，兼任教師係指「以部分時間擔任學校編制內教師依規定排課後尚餘之課務或特殊類科之課務者」，其待遇以鐘點費支給（第九條）。

而根據二〇〇四年九月一日修正的國民教育法第十一條，國民小學及國民中學教師應為專任。但必要時，得依法聘請兼任教師，或聘請具有特定科目、領域專長人員，以部分時間擔任教學支援工作。前項教學支援工作人員擔任教學支援工作之範圍、資格審查標準、認證作業程序、聘任程序、教學時間、待遇、權利及義務等事項，除法律另有規定外，其辦法由教育部定之。

前項認證作業，由直轄市或縣（市）主管教育行政機關辦理，必要時，得委託教育部辦理。擔任教學支援工作人員經各該主管教育行政機關協議，得互相承認已認證之資格。二〇〇二年六月三十日前，依教育部規定辦理之檢核及培訓成績及格者，具有第一項擔任教學支援工作之資格。換言之，未來學校的業務可由兼任教師、合聘教師或支援教學人員負責。

3.勞務簽約外包

學校勞務簽約外包是將學校一些勞務委外經營，類似一種公辦民營的方式，由學校與民間組織進行簽約活動，主要目的在減輕教師非教學工作，同時降低人事成本。根據教師法第十六條教師接受聘任後，依有關法令及學校章則之規定，享有下列權利……其中第七項除法令另有規定者外，教師得拒絕參與教育行政機關或學校所指派與教學無關之工作或活動。由於從此教師有權拒絕參與學校行政與教學無關的例行工作，有些非教學相關的行政業務（例如學校的環境清潔、安全、營養午餐）被釋放出來、亟須處理，因此勞務外包的觀念便因此被孕育出來。

經試辦組織再造的學校反映，組織再造提升校園自主，組織業務開始變化與調整，然而，也由於業務單位權責不清，造成學校內與校際間權責不易釐清，難以展現應有之效能。

六、課程的革新

我國國民小學課程標準的沿用起源於一九二九年，歷經一九三二年、一九三六年、一九四二年、一九四八年、一九五二年、一九六二年、一九六八年、一九七五年及一九九三年等九次修訂，其中一九六八年將國民教育階段延伸到國民中學，一九八九年一月十三日，教育部表示中小學教科書自一九八九學年度起採「統編」與「審定」並行彈性制度，國民小學藝能科教科書開放民間編輯。

一九九一年九月，國小藝能科首見教科書審定本。於一九八八年和一九九一年，分別開放國中和國小藝能科審定本教科書，一九九三年二月郭為藩任教育部長，該年六月國民小學課程標準正式公布，同年，教科書市場宣布開放民間出版，一九九三年的版本於國小三至六年級增列「鄉土教學活動」及「道德與健康」兩科，近年為因應九年一貫課程政策的推行，校園內成立許多新組織譬如課程發展委員會，教育部於宣布九年一貫課程暫行綱要實施要點之課程實施中指出，各校應成立「課程發展委員會」，下設「各學習領域課程小組」，於學期上課前完成學校總體課程之規劃、決定各年級各學習領域學習節數、審查自編教科用書及設計教學主題與教學活動，並負責課程與教學評鑑。一九九六年六月吳京因李遠哲的推薦繼任教育部長，吳於任內號稱「點子王」，又贏得施政最高滿意度的內閣閣員封號，因此許多教育新主張便因此而更迴異於以往，不過，因開放大陸學歷及反對修憲取消教科文預算最低下限，與層峰意見相左，在毫無預警之情況下被撤換。

一九九六年九月國民小學新課程正式實施，國小學科教科書從小一開始逐年開放審定本。在一九九七年四月成立「國民中小學課程發展專案小組」，其下設「課程目標和發展原則」、「總綱」兩個研究小組，負責規劃九年一貫的國民教育階段課程綱要，進行「國民教育階段九年一貫課程綱要」的研訂工作，放諸四海皆準的「標準」。

一九九六年，花蓮師範學院饒見維教授初任花師實小校長，他利用一學期時間與同仁完成「花師實小的教育願景」，經過長期的溝通協調及延續教改火花，一九九八學年度由五名花師實小一年級教師與東部地區大學教授（主要為花師與東華兩校教授包括陳伯璋、許添明、游家政、游美惠、劉聖忠、唐淑華及崔光宙等）所籌組的協同行動小組，便開始展開一場課程的實驗，「花師模式」的草創與示範，一方面使得參與者辛苦卻熱烈地投入，另一方面促使教育部決定讓九所師院率先試辦「九年一貫新課程」。

一九九七年教育部宣布實施十年國教，同年四月教育部成立國民中小學課程發展專案小組，該年十一月國中課程下學期各科刪減20%-25%。一九九八年二月林清江繼任教育部長。熱衷終身教育的他將一九九八年定為終身學習年，同年三月十八日並發表「邁向學習社會白皮書」，同年五月二十九日，行政院核定教改行動方案，共十二項計畫，以五年為期投入1,570億元，九月公布國民教育階九年一貫課程總綱綱要，推動「小班制教學示範計畫」。一九九九年九月林清江因病請辭教育部長，任期一年八個月後病逝，研考會主委楊朝祥接任，同年國民教育法修正條文三讀通過。二〇〇〇年三月三十日教育部公布「國民中小學九年一貫課程（第一學習階段）暫行綱要」，因政黨輪替的關係，任期僅八個月，民進黨於該年五月執政，總統陳水扁力邀陽明大學教授曾志朗任教育部長，二〇〇〇年九月三十日公布「國民中小學九年一貫課程暫行綱要」，並選擇全國一百所國中小試辦，預定從九十學年度起全面逐步實施。

曾志朗上台時，教育改革的重心也從課程改革轉變為教學創新，二〇〇〇年十二月四日，他在台中巡查時，曾表示要把「九年一貫」改名為「創新教學九年一貫」，讓家長和教師了解此一政策的意義（賴佩如，2000）。翌年九月國民小學九年一貫課程正式從國小一年級實施，教育部宣導式的政策推行手法，始終未曾改變過思維。

一九九四年四月十日民間發起四一〇教育改革運動。當時參與是項「遊行」（march）或「踏青」，不稱為「示威」（strike），主要係當時教師仍未具備勞工三權中的罷工權（罷教權），特別是教師仍具有公務人員的特殊身分，這種特殊身分直到大法官第三〇八號解釋文才正式將「公教」分途。一九九七年七月憲法第一六四條各級政府教科文預算下限遭立法院凍結。該年九月二十七日民間發起九二七搶救教科文預算運動，發動「罷課程」與「討債」大遊行，有鑑於教育經費對教育之重要，二〇〇〇年十二月十三日特別制定共計十八條條文的「教育經費編列與管理法」，明定政府應於國家財政能力範圍，確保教育經費的穩定與成長。而教育部教育政策白皮書在教育經費的措施也期盼教育經費力求分配透明化、公開化、合理化。

參、台灣教改新趨勢

台灣教育改革政策新趨勢可以發現台灣教育改革的主軸朝向全球化、多元化、本土化與彈性化邁進。

一、全球化

(一) 全球化定義

法國強盛時，有一句流行語：「法國一感冒，歐洲跟著打噴嚏」，隨著科技的進步，國際化貿易之頻繁，資本與資訊的流通等全球化的影響，這樣的現象，如同蝴蝶效應一般，使咫尺天涯都可受到感應，於是，巴西的蝴蝶鼓翅飛翔，竟在德州誘發颶風（劉世閔，2003c）。

洪雯柔（2002）認為全球化乃是一種由資訊與傳播科技和資本主義推動的世界壓縮，亦即是一種時間、空間與社會關係的壓縮、連結與互相依賴，而此種壓縮導致政治、經濟、文化、知識與研究等面向中的現象逐漸呈現跨國的趨向，構成了全球化以利益追求為尚、跨國化、同質化、相依性的特質，視全球為一體的意識也因此出現。全球化超越國際界線，突破地理疆界，鄭燕祥（2003）則認為全球化是指世界不同地域及不同社會間的價值、知識、科技及行為規範（behavioral norms）的轉移（transfer）、調適（adaptation）及發展（development），從而影響到社會、社區、機構或個人的過程。因此，全球化可以說是因時、空便捷（例如醫療、生技、電腦、數位化、衛星通信、光纖和網際網路的發達），全球化的元素包括境外資本、勞力、管理、新聞、圖像和資料流動等（Antikainen，2003），造成世界概念壓縮並增進世界整體意識的觀念。

(二) 全球化的要素

全球化不只是文化趨勢潮流，也不只是世界時空概念壓縮，而是全球意識興起，有人主張全球化始於十六世紀資本主義之興起，及其在十九、二十世紀所形成的資本主義世界體系（the capitalist world system）；有認為始於前東歐共產集團瓦解，轉向市場經濟之後；也有人認為，始自一九六〇年代地球村（global village）概念興起之後（李建興、楊淑妃，2004）。全球化的趨勢使國際間政治、經貿、資本、勞力、管理、文化、新聞資訊、教育與生態間逐漸相關聯。

(三) 全球化的衝擊

資訊科技發展帶來衝擊，使亞太區及全球其他地方神經網絡迅速串聯，一九九一年蘇聯解體後，「全球化」更形加速。全球化社會、經濟與政治活動的延伸超越了原本的界線，使得世界上某一區域的各項活動對於遙遠異地的個人或社群產生意義。全球化的寬度、廣度和速度不斷增強，使得本地／外地、國內／國外、地區／全球之間的界線日益模糊（張建邦，2002）。全球經濟、文化各方面的非疆域化（deterritorization），促使民族國家去政治化（depoliticization），跨國學習情境概念與跨國企業組織逐漸興起。全球化經濟現象影響了許多先進國家教育改革方向，台灣自加入WTO後，教育也深受這股風潮所左右，諸如，地理與文化的疆界逐漸模糊，英語教學的向下扎根，高等教育的合縱連橫，制式聯招因而鬆綁。

(四) 國際經貿整合

二次大戰之後，為了加強各國合作交流，排除保獲主義所形成的貿易障礙，因此國際於一九四七年有「關稅及貿易總協定」（GATT），GATT 成立的宗旨在致力於會員國之間的貿易自由化，一九九五年「世界貿易組織（WTO）」正式取代GATT，WTO強調四項原則：1.無差別待遇原則；2.互惠原則；3.透明性原則；4.公平性原則。要求各成員國透過談判協商，彼此平等互惠，開放市場。根據上述原則，我國在教育服務業將有四項業務開放，包括外國人可來台「設立高中職以上私立學校與教學機構」，提供「跨國遠距教學服務」（根據教育部之「國外學歷查證認定作業要點」及「專科以上學校遠距教學作業規範」）、「設立短期補習班」（補習及進修教育法）及「從事留學服務業」，外國學位內地修習的承認、衝突也時有所見，因此，台灣教育部評估，加入WTO可藉由競爭刺激國內高等教育提升品質，使學生增加更多選擇。不過，除了選擇這樣的官方說法外，互惠關係的實施結果未必實質對等，學校經營是否禁得起如此的互惠關係所造成的衝擊，恐怕還需要拭目以待。

此外，全球化與反全球化的在地呼籲在意識上是有相當的衝突的，於是經過數年的磨合，一股新的意識因之而起，全球在地化（glocalization）的形式，國界的模糊與破壞加上文化彼此的衝擊與在地整合，讓許多政策的措施有了濃濃妥協的色彩，教育也因而趨向多元的方向。

誠如我們經常聽說的，我們不可使用過去的教材教導現在的學生去適應未來的社會。全球化使得世界社會關係愈來愈密切，楊國德（2000）表示，今天的學校已非我們成長過來的學校，社會不斷加劇的複雜性與壓力，與社會共同發展：由於科技、醫藥、全球化經濟、國際政治與環境快速地變遷，沒有人能精確地預測未來二十年我們所面對的處境。因此，快速變遷的社會，使教育政策幾乎無法以過去計畫教育一般辦理，教育政策也不斷因應社會變遷而進行修正。

二、多元化

處於多元社會的時代，學校教育的功能日益複雜且多元，價值的多元化，族群自我意識的高漲，多元文化的彰顯，解放社會結構的不平等束縛，包括性別、語言、族群、地域等差異，消除偏見與歧視，喚醒大眾容許、了解並尊重其他文化、社會、生活與思考模式，重視個體自主性，政治民主化。

因此，學校管理風格、師生關係、對學生能力的認知及對知識概念都迥異於以往，這股風潮在台灣可以看出課程減少政治的政黨意識形態，與減少性別的刻板印象，教材開放民營，課程開放民間版教科書，語言課程的鬆綁與開放，高等教育走向多元化、普及化，師資培育管道多元化，學校組織再造，新式學校的產生及後期中學階段的多元入學制度等，皆有多元化的現象。

三、本土化

本土化乃一句特定空間意涵之關係性的啟動性活動，指向的是一個地區之自主性的追求和肯定，也是主體性的形塑和展現（陳立宙，2000）。可見本土化係指對某地區的主體認同，一方面是本土民族對外來不相容文化的回應，或是對盲目套用西方文化的反省，並轉而積極發揚本土的特質或從本土知識根基上建構理論與概念（洪雯柔，2002）。香港的鄭燕祥（2003）則將此種觀念視為本地化：

> 本地化指的是與本地相關的價值、知識、科技及行為規範的轉移、調適及發展的過程。本地化對教育、課程及教學法改革的啟示，包括在辦學、教學及學習上盡量切合本地所需，擴大本地不同人士的支持，獲得更多地區物質及人力的資源，增強教育實踐的成效。

台灣的本土化主要反映在鄉土教育與語文領域上，卯靜儒（2002）認為文化（語言）的保存是鄉土教育實施的主要訴求，在台灣社會中次於國語的主言語言，在本土化運動中，幾乎淹沒了客家話與原住民的訴求聲音。台灣認同、台灣文化、台灣語言及台灣人等，常與閩南人的語言文化劃上等號。此外，教科書也朝向本土化發展。台灣教育課程本土化，首度結合「語文領域」將鄉土語言納入語文學習領域的範圍之內，學生必須就自己的母語如閩南語、客家語或原住民語選擇其一修習，且是一至六年級國小學生的必修課程。而為使各校教師具有母語教學的能力，各師範學院應積極增設本土語言的課程，另一方面擴大辦理本土語言師資的培育。

四、彈性化

(一) 校務管理彈性化

後福特主義強調部門分工彈性化，學校組織結構彈性化：台灣透過國民教育法、教師法及師資培育法等法令的修正，賦予學校組織更多彈性，未來的學校可配合學校特色的發展，在一定程度內可自行調整行政組織，成員可加入協同教學及學校活動的組織中。在教育經費運籌上，各國在預算總額（lump sums）處理方式、學區安排、人事策略、教學經營、師資待遇與學習評量都逐漸彈性化。

(二) 課程發展彈性化

空白課程（null curriculum）的出現，是課程鬆綁的一項重要特徵，課程結構的彈性化，首先將課程彈性處理，空白課程便是此波改革一項創舉，一九九六年十二月二日行政院教改會總諮議報告書建議「空白課程」，空白課程又稱為空無課程，係相對於實有課程的課程安排，自由概念運用在課程發展上就是空白課程的出現，空白課程是一種彈性課程的概念，台灣在學校課程上，引進校基管理模式，改變以往課程標準的諸多限制，學校與教師增加許多彈性課程，足供學校彈性靈活運用。這類課程可增加教師與學生對課程的選擇與自主權，並具有下列幾種功能：1.留白；2.補充／救教學；3.發展特色；4.充實學習；5.試探興趣；6.診斷教學；7.其他與學習有關之活動等。

為此教育部也提出聲明指出：所謂彈性學習時數係指在七大領域學習時數之外，其餘占總學習時數 20%的時數，「彈性學習節數可由學校自行規劃辦理全校性和全年級活動、發展學校特色、安排學習領域選修節數、實施補救教學、進行班級輔導或學生自我學習等活動」（教育部，2001b）。

肆、教改政策的省思

回顧十年教改，可說功過互見，整個政策的主軸有明顯轉變，十年教改所帶來的究竟是一場什麼樣的結果？在政策的設計上究有何值得省思之處？

一、十年一覺教改夢？

歷經九年的教改換了六位部長，五日京兆使教育政策異動太過頻繁，受政治力的介入，短線操作自然要比十年樹木百年樹人容易立竿見影，我曾戲稱這是一個官、民不聊生的時局。從郭為藩部長時期提議改革，在涉入許多政治變化、社會變遷與民間教育改革團體介入等因素，這項倡議隨即演變成巨大趨勢，點子王吳京部長的上下台，一九九九年九月林清江因病請辭教育部長，研考會主委楊朝祥接任，隨即因政黨輪替的關係下台，民進黨於該年五月執政，總統陳水扁力邀陽明大學教授曾志朗續任教育部長，不過隨著內閣人事的異動，黃榮村上任後，九年一貫課程的實施，二〇〇四年，陳水扁連任成功，內閣再度改組，杜正勝繼任部長，在歷經教改十年、七任部長的更迭，這幾屆教育部長的壽命平均不到一年半，九年一貫課程的研議與規劃，歷經數任教育部長人事更迭，一方面可以看出全民望治心切，另一方面，近年來教育政策的夭折與轉變速度亦隨著教育部長的更替率成正相關，政策轉變過劇，也可以看出這是一個官不聊生的時代，教育政策與人事制度推行的不確定性，也為教育改革投入諸多變數。

二、這是一場盛大的課程霍桑實驗？

在九年一貫課程改革的實驗進行中，常令我懷疑如果少掉教育部的補助款，這場課程的霍桑實驗又將會如何？面對教師多重角色的衝突與壓力，迫使教師既是學生課業生活輔導者、又是課程發展者、行動研究者、教材教科書選定者、學校人事決策者、終身教育者及社區營造領航者，這些角色扮演讓教師工作充滿挑戰，也備感壓力。

不可諱言地，幾所學校試辦成功與否，可能受其時空因素背景所影響，教育部對試辦學校經費補助，媒體對這些學校的月暈與聚焦效應，校內人士的認同與態度等，成為課程革新的動力與阻力的來源。然而，幾所學校的個案成果，隨著中央政策製播影片的推廣與宣傳，變成放諸四海的準則與公式，是否也能保障實驗效果的放大與加成？此外，鬆綁後學校本位模式的課程規劃，忽略教師的慣性因素，校際間的相互模仿，也成為課程實驗一大特色，於是甲校的特色，經輾轉複製成為舉國一致的摹本，從冬至一到，全國中小學一起搓湯圓的景象，萬聖節一到，舉國學校變成鬼城可見一斑。這場實驗的成敗，顯然最終關鍵仍繫於各校「組織」與「人」間的交互因素。

政策上高喊鬆綁及學校本位，習慣與實質上卻仍充滿所謂官方觀點，學習者不過是上述樣版教學下的配角，所謂辦學績效良好之學校，評鑑標準在於公關及文宣資料是否充足，這樣從上而下的官方觀點，又往往不顧及學生實際學習之成效，因此容易喪失整體規劃前瞻性，整體課程也活像個霍桑實驗，因此，一些被賦予使命的實驗學校可能在「霍桑效應」下，將教學辦得「五花八門」，學校行政與視導人員在檢視這些華麗的書面資料時，可曾省思其背後可能是一些基層教育人員犧牲許多「教學」，以及與學生相處的時間所拼湊的結果（劉世閔，2001b）？

第三節 民間教改運動

本節將分別介紹台灣著名的民間教育改革團體及其影響教育政策的方式。

壹、台灣著名的民間教育改革團體

目前台灣知名的民間教育改革團體如人本教育文教基金會、振鐸學會、主婦聯盟、教權會、婦協等十幾個團體，或參與或推動教育改革。

一、人本教育文教基金會

一九八七年十一月「人本教育促進會」成立，兩年後，改組成更具規模的「人本教育文教基金會」，由史英、王震武、陳伯璋、朱台翔、黃炳煌、鄭敏雄、謝小芩、林和等八人籌組而成立的，以「結合家庭、學校、社會的力量，協助教育當局，革除當前教育積弊，共同推動以人為本的教育」為宗旨（薛曉華，1995）。

人本教育文教基金會推動參與的社會運動，以催促官方教育體制改革為目的，辦理親師成長活動，並出版《人本教育札記》宣揚其理念。以人為本的理念隨即在大直高中籌設「人本教育實驗班」，但該計畫遭台北市教育局撤銷而不准設置，一九九〇年開始便有籌設具有挑戰威權體制外「森林小學」的計畫，以挑戰中央正式體制，即是受到這股思潮所影響。

一九九〇年在運作，當時宜蘭有位小學老師陳清枝，想要在台灣辦一所類似英國的夏山學校，正在台北各處尋求資助與合作，而找到了人本，森林小學是台灣第一所衝擊教育體制、打破國家壟斷的民間教育機構，開創民間興學之基。不過，森小也因此招受教育行政體系強烈的施壓，一九九四年八月十日，被控違反私校法的森林小學校長朱台翔獲判無罪（薛曉華，1995），義務教育階段私人興學自由權自始奠立新的里程碑。

二、振鐸學會

振鐸學會原為師範大學的社團組織，由一所師範大學的準教師於一九八四年六月自發性的團體，以「研究改良教育理論與實務」為宗旨，這群師大甫結業及仍在學之學生，籌組召開籌備會，其宗旨在作自我教育，彌補師大提供師資訓練之不足。結果成立五人小組，作為推動工作的核心，此為「五人小組草創時期」，成為「振鐸學會」草創的濫觴。直到一九八五年六月，該會始完成「組織教師協會芻議」，提出未來中國教師團體實際運作的構想、發展方法及工作內容。此時開始醞釀「獨立自主的教師團體」之構想。一九八七年四月，任懷鳴、任懷聲、丁志仁等三人起草「振鐸學會章程草案」，並於籌備大會二讀通過，確定「集合關心教育的有心朋友，研究並改良教育內容及方法，向教育界同仁推廣介紹」為宗旨。經過二年的組織形成發展期，終於於一九八九年一月人團法通過後，於三月完成社團成立的連署，四月取得「中華民國振鐸學會」社團的許可而正式成立（薛曉華，1995）。一九九〇年，與人本教育基金會及主婦聯盟共同成立家長會設置辦法工作推動小組，開始著手「家長會章程」的起草行動，並參與各式教育法令的創設與修正工作，是教改界相當活躍的民間團體之一。

三、主婦聯盟

一九八七年一月六日，一群家庭主婦有感於社會變遷所造成種種環境的病態現象，於是，成立「新環境主婦聯盟」，此聯盟隸屬「新環境雜誌社」，決意從自身做起，來改善周遭環境、提升生活素質。「主婦聯盟」於一九八八年九月脫離新環境基金會，成立一獨立運作的婦女專業性環保團體。一九八九年三月三日，「主婦聯盟」立案登記為「財團法人主婦聯盟環境保護基金會」，下設「教育委員會」，其宗旨為結合婦女力量與關心教育的家長，共同關懷社會，提升教育品質，促進兩性和諧，督促教育正常化，改善生存環境，並普及學習權與父母教育權的觀念。

一九八九年初，主婦聯盟結合關心教育家長，共同推動「健全家長會的組織與功能」，並推動下列行動以求教育的正常化，例如：國小取消早自習活動、力促男女合班行動、抗議能力分班、反對自學方案等。一九九二年十二月，主婦聯盟將「民間版家長會設置辦法草案」呈教育部轉台北市教育局。一九九三年三月，台北市教育局終於成立「家長會設置辦法修訂委員會」（薛曉華，1995）。一九九七年參與「九二七教改行動」，搶救教科文預算。

四、教權會

下列分述教全會的籌組經過、代表人物及其重要主張。

(一) 籌組經過

由林玉体、石文傑、蔡恆翹等發起「教師人權促進會」，以捍衛教師人權為依歸，一九八七年八月舉行成立大會，由於抗議立法機關罔顧教師人權，其成立之宗旨為「反學術政治迫害，受壓迫教師大集合」，並選出九位執行委員，推舉出師大教授林玉体與台大教授張國龍分別擔任會長與副會長。

(二) 代表人物

1.李勤岸

一九八二年因發表「一等國民三字經」的政治詩，引起有關單位之「關切」的李勤岸，原為任教於私立台南家專的教師，因自認不堪受擾而赴美攻讀碩士，一九八六年學成歸國職任職於國立中山大學兼任講師，不過，於下學期被校方以「減少兼任老師」為由解聘。

2.石文傑

一九八七年間，台中私立立人高中教師石文傑，因於校園內印發《中國時報》刊登之文章〈另一個中國人的想法〉而遭解聘，被立人高中退職後，石文傑提出：「籌組教師工會、發布教師人權宣言、推動全面教育改革」三大願望，並聯合被中山大學停聘的講師李勤岸及前明道高中教師盧思岳，共同先成立「教師人權促進會籌備處」。

3.廖永來

一九八七年，台中縣坪林國小廖永來以個人身分參與示範林場抗議遊行活動，被台中地方法院以妨礙公務罪名被起訴，判處兩個月徒刑，並遭縣府教育局以「行為不當，有損教育人員形象」為由，記過二次處分。有趣的是廖永來後來參與地方縣市長選舉，被選為台中縣縣長。

(三) 重要主張

1.籌組教師工會

石文傑等草創者原意籌組「教師工會」，唯這項主張牴觸當時工會法第四條[2]法規，因有禁止教師組織工會的明文規定，可能在招收會員方面有困難，因此，加以其「爭取教師人權」的宗旨，便改變其組織名為「教師人權促進會」。

2.重視教師人權

一九八七年八月教權會為保障教師工作權，建立教師長期聘任

---

2 工會法第四條：各級政府行政及教育事業、軍火工業之員工，不得組織工會。不過工會法第四條是否違反人民在憲法上保障之結社權，則有待爭議。

制度；反對政治干預教育、撤除監視教師言行之人員及組織；教師依法享有示威、遊行及抗議的基本人權；教師享有言論、出版、講學、信仰等憲法所條列的基本人權；建立公平合理的教師評鑑制度；教師享有共同決定教材、選用教科書、參與校政及決定校內人事的權利；調整教師待遇、全面改善教師工作環境；爭取因政治迫害教師的教育工作權等八大項。一九八七年教師節前一天，教權會向教育部遞送「全體被壓迫教師為爭取工作權之共同宣言」。

3.批判黨化教育

一九八八年七月，教權會發起「撤銷安維秘書制度」聲明運動，反對情治單位進入校園。一九九〇年九月十八日，建議教育部「徹底廢棄黨化運動」，反對政治干預與思想控制，要求廢「國父思想課程」，並向教育部聲明「立即廢止現行國中、小學教師值勤（日夜）制度」（薛曉華，1995）。

五、台灣教師聯盟

一九九二年成立的「台灣教師聯盟」，由當時員林高中老師林雙不所創設。林是輔仁大學哲學研究所碩士，台灣教師聯盟的主要目的是「台獨」的訴求。由於一九七一年之後，中華民國退出聯合國，國際地位一落千丈，這個聯盟成立的主要目的在培養新台灣人，這也是許多人將其歸為「台獨團體」或「政治團體」，而不將其歸為「教改團體」的原因。「台灣教師聯盟」其行動大致可分為兩部分：(一)校園內——與國民黨在校園爭取教育市場：如以「台灣人」觀點，解釋國民黨所編的「奴化教材」。(二)校園外——從事宣揚「獨立建國理念」的社會教育：例如在東、北、中、南四區成立演講團，持續舉辦「新台灣人巡迴演講會」（每年至少一百五十場）

（薛曉華，1995）。舉辦新台灣人演講會，出版新台灣人雜誌、提倡母語、爭取教學自主權及推動教材台灣化皆為其重要主張。

六、台灣教授協會

一九九一年成立的「台灣教授協會」是一個由大學教授組織的民間教育改革團體，以結合學術界致力實踐台灣獨立建國之專業人士，創會會長為林玉体，致力於教育之民主化與本土化。其成立宗旨在結合學術界致力實踐台灣獨立建國之專業人士，以促進政治民主、學術自由、社會正義、經濟公平、文化提升、環境保護、世界和平。其推動教育政策有關之工作在致力台灣政治民主，並編撰台灣文化教材為主。

七、樂學連

主要代表人物，如召集人為曾主辦無殼蝸牛運動，目前為四海遊龍鍋貼店老闆的李幸長，四一〇教改健將黃武雄，社運領袖夏鑄九，工運常客、前台北市勞工局長鄭村棋、現任理事長潘運欽等人。二〇〇三年六月二十日，民間團體與家長成立「快樂學習教改連線（樂學連）」，成立宣言為「饒了孩子吧！」，這個團體認為教改讓孩子不樂，民間怒吼，因此經常借助調查、遊行與採取行動劇來作為影響教育政策，例如根據大法官第三〇八號解釋文，該團體要求教育部支持「教師有權拒絕選務工作」，二〇〇〇四年三月樂學連發起的十萬人「我要進台大，教改大遊行」，不過現場參加的民眾卻不到五百人，這是對政府漠視教育所做的努力。

貳、民間教改團體影響教育政策的方式

民間教改團體所呼籲的「教育鬆綁」，即主張解除教育行政機關不必要之管制，使教育權力下放到學校。由於同對教育議題關懷，民間教改團體有時會結盟互為聲援，他們主要透過遊說立法委員、遊行提出訴求及與政治人物選前期約等方式，企圖影響教育政策。

一、遊說

九○年代的台灣，政治生態逐漸轉變，政策的主導權逐漸落入立法院手裡，一九九二年二屆立委改選後，這些民間教改團體就積極進行「國會遊說」工作，透過影響與結合立委，相繼通過了改造教育環境所需的重大法案：如師資培育法、刪除教師法中的處罰條款、修正國民教育法與私校法的確立等等，並使小班制成為政策，還參與推動制定教育基本法等。

二、街頭運動

人本、振鐸學會、主婦聯盟、教權會、婦協、婦女救援基金會、彩虹婦女事工中心、殘障聯盟、國際家庭生活教育中心、中國兒童福利基金會與導航基金會，這些民間教育改革團體於一九九一年四月十九日召開第一次聯席會議，決議組成「救救下一代行動聯盟」，提出的降低中小學班級人數的訴求，同年五月二日，民間「救救下一代行動聯盟」向教育部陳情，要求官方與民間召開「教育改革聯席會議」，此事遭拒絕後，救盟於二天後展開「抗議教育部漠視民間改革意見」行動，抗議官方推託、敷衍的官僚習性（薛曉華，

1995）。該行動聯盟並要求教育部盡速訂定「降低中小學班級人數」，於一九九四年的「四一〇教改大遊行」提出落實小班小校、普設高中大學、推動教育現代化及制定教育基本法等四大訴求，這四大訴求有濃厚的自由主義色彩，此時教育改革議題成為社會關懷焦點，一九九七年七月憲法第一六四條各級政府教科文預算下限遭立法院凍結。該年九月二十七日民間發起九二七搶救教科文預算大遊行。一九九九年開始籌備公民大學，都可看出這些民間教育改革團體為落實其理念所付諸的行動。

三、選舉期約

一九九七年起，這些團體利用選前期約方式與多個縣市長簽定教改合約，直接或間接地與政治結合達成其教改訴求。在一九九八年及一九九九年，「人本教育基金會」與地方政府於選舉期間，分別與新竹市長候選人蔡仁堅、台中縣縣長候選人廖永來及高雄市長候選人謝長廷簽定「跨世紀教改協議書」，後來他們三位順利當選，並承諾落實地方教育改革的三項工作是：成立教育改革委員會、建立校園支援系統及扶持新家長會與教師會。這些工作也於近年逐漸落實成具體的教育措施。此波改革中，民間教改人士無異扮演主動權力的角色，不可諱言地，近年教育政策也深受這些團體所左右。

四、結盟

長久以來，人本教育基金會與振鐸學會、主婦聯盟、教權會、婦協等十幾個團體，或參與或推動教育改革，其間如一九九一年組成「救救下一代行動聯盟」、「九二九再見體罰活動」、一九九四年的「四一〇教改大遊行」、一九九五年的「國中校園青少年輔導專案」，同年七月「七〇九教育改造列車」從高雄到台北的巡迴宣導活動，一九九七年起，與多個縣市長簽定「跨世紀教改合約」，及一九九九年開始籌備公民大學，都可看出這些民間教改團體為落實其理念所付諸的行動。

不過，利益團體與政黨政治彼此也可能因利益不同而有爭執，政策也因而充滿妥協色彩，顏國樑（2002）即曾對此提出批判：過去教育行政機關制定法案或提出修正案，常常是在受到民間利益團體、民意代表等方面的壓力之下才提出法案，導致未能有充裕的時間進行法案的研擬，被迫在匆忙之間提出法案，最後常在妥協之下通過法案。因此常與原先行政機關擬訂的法案精神與架構大異其趣，導致法案一公布，由於法案的不周延產生執行的問題，而馬上進行法案的修正。

第四節

試辦學校與九年一貫課程的內涵與特色

教育部於二〇〇〇年九月三十日公布之「國民中小學九年一貫課程暫行綱要」，翌年二月大量印刷寄發到各縣市政府教育局、全國各國民中小學及各師資培育機構，為了落實行政院及教育部的教改政策，試辦與推廣便更形重要。

壹、試辦學校類型

根據邱才銘（2002）調查，參與推行九年一貫課程的學校類型有三：教育部指定參與、縣市政府遴薦及學校主動參與，自一九九九學年度起這三類試辦國民中小學合計一百九十八所，翌年再增加一百三十四所。

一、試辦學校的遴選條件

根據教育部一九九九年七月所頒布的「國民教育階段九年一貫課程試辦要點」第五項規定，遴選試辦學校的遴選條件有三：(一)新設學校優先參加試辦；(二)校長須具課程經營理念，並具有校務領導能力；(三)參與試辦學校應獲教師與家長支持。

二、試辦學校的遴選方式

(一) 指定參與

教育部得指定或鼓勵國立及市立師範學院附設實驗國民小學、政治大學實驗國民小學及三所師範大學附設高中之國中部優先參與試辦工作，並研提具體可行的試辦計畫，經輔導小組審核後實施。必要時亦得酌商民間教育實驗機構或團體辦理試辦工作。

(二) 推薦參與

直轄市及各縣市政府應依據學校規模大小，遴薦有意願的學校參加，並得參採下列三類型學校之遴薦原則辦理，唯在總推薦學校名額內，得酌予調整公私立國中小參與比例：

1. 第一類型學校

總班級數十二班以下者，遴薦國中小各一所。

2. 第二類型學校

總班級數十三班至三十六班者，遴薦國中小各一所。

3. 第三類型學校

總班級數三十七班以上者，遴薦國中小各一所。

(三) 主動參與

各公私立國民中小學得視學校條件及資源，擬訂試辦計畫，函報教育部國民教育司審核後參加試辦。

這些學校試辦形式在國民小學以七大學習領域全面實施為原則，國民中學得依學校實際狀況，選擇部分學習領域試辦之，唯國中與國小之試辦，均以一年級為原則。其中試辦規模：第一年參與課程試辦學校總數以不超過二百所為原則；第二年除參與第一年試辦之學校得繼續第二階段試辦外，將擴大試辦規模，遴選新學校參與第一階段試辦。

依據教育部二〇〇〇年九月三十日（89）國字第 89122368 號令公布「國民中小學九年一貫課程暫行綱要」有關學習節數分為「領域學習節數」與「彈性學習節數」。各年級每週分配情形如表 3-2（教育部，2000）

從表 3-2 可以看出，彈性節數讓學校本位特色找到抒發的空間，更使教師增加活用的空白課程，與強化學生的自學時間，更可作為其他課程不足時數的補充。

表 3-2　九年一貫課程學習節數一覽表

年級＼節數	學習總節數	領域學習節數	彈性學習節數
一	22-24	20	2-4
二	22-24	20	2-4
三	28-31	25	3-6
四	28-31	25	3-6
五	30-33	27	3-6
六	30-33	27	3-6
七	32-34	28	4-6
八	32-34	28	4-6
九	35-37	30	5-7

資料來源：教育部，2000。

貳、九年一貫課程的內涵與特色

跨世紀的九年一貫新課程包含「三大特性」、「三大面向」、「四大學習」、「五大內涵」、「六大議題」、「七大領域」、「九大策略」和「十大能力」。

一、三大特性

新課程具有「開放」、「一貫」與「統整」三大特性。課程「開放」意指課程標準的鬆綁、民間編輯教科書的開放、學校本位課程的設計、彈性課程的措施，與多元化課程的設計。「一貫」強調國民中小學課程的銜接性，改變過去「國民小學」與「國民中學」課程標準分別設計的模式，破除獨立運作的課程發展模式，將新課程作全面和縱貫的考量。「統整」則以「七大學習領域」整合現行過度分科的設計方式，融入社會新興議題，重視各領域間的統整，以多元評量促進學習成效，及鼓勵教育工作者進行協同教學（仁林文化，2001）。

二、三大面向

此波教育改革在課程的設計理念係以學生的學習及其生活經驗為起點（方德隆，1999），由人與自己、人與社會環境、到人與自然環境為設計的主軸，強調「個體發展、社會文化及自然環境」等三個面向。

三、四大學習

所為四大學習包含：(一)認知、(二)體驗、(三)藝能、(四)生活四方面的學習。

四、五大內涵

跨世紀的九年一貫新課程應該培養具備人本情懷、統整能力、民主素養、鄉土與國際意識及具終身學習精神之健全國民（教育部，2001，p. 3）。

五、六大議題

九年一貫課程將重要六大新興議題包括資訊、環境、兩性、人權、生涯發展與家政等融入七大學習領域中，或在彈性學習節數、選修課程中加強設計相關課程或教學活動，以提供師生完整時代的脈動，讓學生的學習與其生活經驗緊密結合，敏察社會周遭生活問題，下列將列舉資訊、兩性與人權三項為例說明如後：

(一) 資訊

由於時代變遷的快速，知識及資訊亦不斷的變更及擴充。透過遠距教學使得資訊隨處可得，天涯若比鄰，而全世界科技的進步，尤其是資訊科技的進步非常快，對生產事業的影響是高度的自動化，對學術性和實用性的研究工作的影響也是高度的資訊化。不過對學校教育進步的腳步是否顯得慢了一些？

(二) 兩性

台灣從「性」「別研究」到「性別研究」是經過相當長久的歷程演變，傳統社會有幾句俗諺：「嫁漢嫁漢，穿衣吃飯；娶妻娶妻，煮飯洗衣」、「女子無才便是德」，這種男主外、女主內，男尊女卑的概念更反映在學校課程中，男女扮演的刻板印象的角色更不斷透過學校課程再製。

方德隆（2001）認為性別議題在過去的學校教育系統中可以說是空無課程（null curriculum），即學校中該有而未有的部分（p. 265），而性的議題在早期的台灣課程中雖談不上禁忌，卻在實際教學現場經常被教師略而不上。

性別議題被正視與台灣女權運動有關，根據許祝齡（2001）在其碩士論文「存在學校兩性互動中的性別差異對待：一所茶香迷你小學的觀察研究」中提出，台灣女權的興起在七○年代，主要代表人物為呂秀蓮，她以書提倡「新女性運動」並設「保護妳專線」；八○年代時，李元貞辦理《婦女新知雜誌》，她提出「先做人，再做男人和女人」的說法。

由於舊課程設計的偏頗，一些有關性別比重的研究在七、八〇年代逐漸受到重視，一九八五年歐用生、黃政傑兩位教授對國小社會科及生活與倫理做過內容分析之後，一九八八年婦女新知基金會亦曾做過國民中小學及高中文史公民等課程，發現兩性在課程上比重偏頗極為嚴重教科書兩性觀的體驗，並開過座談會向教育部及國立編譯館呼籲應改進男尊女卑的教科書觀點（薛曉華，1995）。一九九五年婦女新知基金會提出落實兩性平等教育的教改建議，該年九月台北市政府成立「兩性教育及性教育委員會」，一九九六年十一月三十日深夜，一位為婦女爭取權益、推動婦女界掃黃，以及聲援雛妓的民進黨婦女發展部主任彭婉如失蹤，同年十二月三日在高雄縣鳥松鄉發現她的屍體，立法院在彭婉如命案被證實之後，隔年元月二十二日迅速通過擱置多年的「性侵害犯罪防治法」，根據該法第八條規定「各級中小學每學年應至少有四小時以上之性侵害防治教育課程」。二個月後，教育部成立兩性平等教育委員會，為兩性議題融入九年一貫課程提供臨門一腳。

(三) 人權

人權概念的興起，可以溯自一七七六年六月十二日由維吉尼亞殖民地立法機關通過的人權宣言，此宣言成為十五年後美國憲法人權法案的雛型，而美國憲法第一次十條修正案，規定美國人民的基本人權，政府不得侵犯，也說明美國濃厚的個人主義的色彩。

國際上有關人權的宣言及公約，如「世界人權宣言」（The Universal Declaration of Human Rights）、「公民權利和政治權利國際公約」（International Covenant on Civil and Political Rights）、「經濟、社會和文化權利國際公約」（International Covenant on Economic, Social and Cultural Rights)、「歐洲保護人權及基本自由公約」(European Convention for the Protection of Human Rights and Fundamental Freedoms)與「兒童權利公約」(United nations convention on the rights of the child)等,都顯示人權議題受到國際間的正視。

根據教育部官方定義,人權教育的內涵為:「藉由教育的設計與作為,讓每一個人能夠且願意尊重他人的權利;建立人權文化的社會,每個人能主張自己的權利也尊重他人的權利,並進而關心整體政治、經濟、文化的發展,形塑一個逐漸趨近正義的社會」(教育部,2003)。因此教育的目的乃充分發展個體人格,加強對人權及基本自由之尊重。

二〇〇〇年五月政黨輪替,陳水扁總統提出以「人權立國」,總統府成立「人權諮詢小組」,由副總統擔任召集人,做為總統的智囊,接著行政院成立「人權保障推動小組」,整合各部會的政策,諸如規劃於總統府內設置「國家人權委員會」,統籌有關人權事務,並著手撰寫「中華民國國家人權報告」;教育部為了推動人權教育,於二〇〇〇年十二月召開「推動學校人權教育」記者會,揭示本部推動人權教育的決心與理念,並於二〇〇一年四月設立人權教育委員會,由部長擔任主任委員,聘請學術界及民間團體人士擔任委員(教育部,2003b)。

湯梅英(2001, p. 6-7)提出:「人權教育是關乎人類尊嚴的教育,就是讓學生理解人應該享有的基本生活條件,以及人之所以為人的意義、價值,反省生活周遭違反人性尊嚴的問題,涉及公平、正義的事件,以幫助下一代了解社會上到底有哪些問題阻礙人性尊嚴的保障,進而能採取適當的行動來捍衛人權」。因此有關教師的人權包括了生存權、工作權、財產權、自由權、平等權等,而學生則有生存權、學習權、隱私權、人身自由權等，此外，諸如師生戀、體罰、死刑、公民責任、基因科技引發的倫理、法律與社會等人權議題逐漸成為課堂爭辯的焦點。

六、七大領域

新課程將國中小原有的學科統整為七大領域，教育部僅訂定「課程綱要」，各校可在「學校為本位」的前提下，由教師自編教材、協同教學，以適應地區與學生的差異（陳美如，2002）。此七大學習領域（語文、健康與體育、社會、藝術與人文、數學、自然與生活科技、綜合活動），統整國小十一科（國語、數學、自然、社會、音樂、體育、美勞、道德與健康、團體活動、輔導活動和鄉土教學活動等科目）及國民中學二十一科（國文、英語、數學、歷史、地理、認識台灣、公民與道德、生物、理化、地球科學、健康教育、家政與生活科技、電腦、體育、音樂、美術、童軍教育、鄉土藝術活動、輔導活動、團體活動和選修科目等科）之單科形式，試圖結合學科知識與學生生活經驗，養成學以致用的基本能力。由於我國現行的中小學採學科分科方式編輯教材，在學科專家主導下，國中國小教學科目傾向學術化和學科化，較易與生活應用脫節，受後現代思潮的影響，台灣呈現一片反知、反威權與反菁英的思維，這股思維開始對學科分科太細，學習內容被切割成零碎的知識及缺乏整體性與統整性進行反思，為了解決學科分化、知識零碎與學生學習生活脫節的問題，遂將現有的學科內容整合成七個學習領域，以彰顯課程的連貫與統整，學校以七大學習領域來安排課表、編選教材、擬訂課程與設計教學計畫，透過領域相關教師共同研究設計，教學可採主題設計、協同教學、合科教學、融合教學、合作學習、廣域課程或分工個別教學等方式進行。

七、九大策略

這些概念多少涉及自由形態的認知與執行，其背後的假設即是九大策略：(一)校基管理；(二)學習版圖；(三)能力導向；(四)統整課程；(五)協同教學；(六)多元評量；(七)教學檔案；(八)親師合作及(九)行動研究。

(一) 校基管理

校基管理（school-based management, SBM）的概念起源於私人企業改善組織效率提高生產力的策略（陳伯璋、許添明，2002）。由於定義眾說紛紜，在國內外分別又被譯為校本管理、學校本位經營學校中心經營、site-based management 及 school-based management。

Weick（1996）主張教育組織是鬆散系統（loosely coupled systems），這樣的概念，間接破除校園人事權力的金字塔結構，讓學校添增自主裁量權。這種概念的假定涉及自由形態的認知與處理，也涉及文化脈絡對其內涵的認知與詮釋。原意為上層或中央的權限下放到地方（site-based）或學校（school-based），使基層或學校內部人員擁有較多的自主權限，依據Murphy（1990）的解釋，這樣的權限可讓學校自行決定人事的聘用考核、課程教材的選用及財政的裁量等。

所謂龍生九種，智有賢愚，加以個體立足點未必真能平等，齊頭式的平等更是斲喪個體學習的機會。因此，在 SBM 理論架構下，多半與自主、選擇與多樣性等概念有關。澳洲墨爾本大學 Caldwell

與Spinks（1988）在他們所寫的《自我經營的學校》（*Self-managing School*）一書第一章認為校基管理的關鍵在於資源的決定，所謂的資源則包括知識、科技、權力、教材、人事、時間、評量、資訊、財政等。Murphy & Beck（1995）即指出，學校本位管理至少應包括目標（即願景）、預算、人事、課程和組織結構等五項內涵的授權管理。校基管理對於教育人員的增能與制度的配套同等重視（陳伯璋、許添明，2002）。林偉人（2000）則認為校基管理是指教育行政機關將預算、人事、課程與教學等與學校相關的事務授權學校自主作決定，學校則由學校行政人員、教師、家長、學生、社區人士共同參與作決定，並擔負成敗責任。這樣的說法顯然將校基管理等同於分權與共享決定。

教育部對校基管理的實施做法有：評估學校發展情境，成立課程發展相關組織，建立學校願景及課程目標，設計課程方案，選擇、組織教材及活動，解釋與準備實施，實施，檢視進度與問題評鑑與修正，維持與制度化（教育部，2001b，p. 25）。吳清山和林天祐（1999）則認為校基課程係以學校為主發展之課程，強調學校本位經營、由下而上的草根性發展模式，這樣顛覆原先的權力結構的模式也說明校基管理從原來的著重功能趨向衝突觀點。

根據Murphy & Beck（1995）認為校基管理的運作模式有三種：行政、專業及社區控管。我曾經就台灣與英國近年教育改革作比較，發現台灣所採取的模式較接近專業控管模式，也就是由校園中教師為決定的主體，而英國由於引介教育券、開放註冊等措施，因而較偏向社區控管模式（Liu, 2000）。

因此，我認為校基管理主要係以「學校」為核心，來整合學校人力與善用社區資源的發展歷程，校基管理主要具有五大內涵：1.明確的教育目標；2.決策權下放；3.教師增權；4.學校自治權的擴張，及 5.家長與社區資源的投入。上述的內涵也成為學校領導人責無旁貸的要務。

1.SWOT 分析

目前各校採用的 SWOT 分析，幾乎成為台灣地區學校發展校基願景的標準模式與全國學校運動，運用SWOTs進行學校分析，針對學校的優勢（superiority/strengths）、劣勢（worse/weaknesses）、機會點（opportunity）、威脅點（threats）、行動策略（strategies）深入剖析學校的優勢、劣勢、機會和威脅，發展出教育願景（賴清標，2001；Rogers, 1994）。這四個英文字的第一個字母合起來，便是 SWOT。

SWOT 是套分析組織內部的優、劣以及外部環境的機會與威脅，以作為組織發展與改進的運作策略與工具，這套方式是源自一九九二年由台灣省政府教育廳所編訂的教育部補助地方國民教育經費作業要點研習宣導會手冊，這項原則提供各校一套格式化校務發展計畫表格，其中包含總計畫、各單位計畫內容、充實圖書設備及各科教學設備計畫、校舍、校地規劃計畫等（許添明、許瑞津，2000）。然而，如此格式化的設計，除應付上級視察外，學校各單位及成員是否能多加注意因地制宜？

當校基管理隱藏的多元概念遇上一元的行政措施下的產物 SWOT，建立學校教育願景似已成為設計學校本位課程的先決條件，參與九年一貫課程試辦學校，無不費盡心思於學校願景的建立。目前各校在建立願景之前，幾乎都先就該校地理環境等因素進行所謂的 SWOT 分析，願景欲成為有效的凝聚力催化劑，一定要讓組織的成員參與建構的過程，如此才能使願景成為組織成員所共有的願景，成員們才會共同獻身效力，踐履願景的實現（蔡文杰，2001）。

2.課程發展委員會和學校總體課程計畫

Wohlstetter （1995）主張校基管理經常設置一個委員會以在預算、人事、課程等方面負起相當責任（p. 22）。此次在推動九年一貫課程，各校所設置的課程發展委員會似乎扮演起課程發展這樣的角色。根據教育部（2000）於二○○○年九月三十日公布之「國民中小學九年一貫課程暫行綱要」實施要點之課程實施中指出，各校應成立「課程發展委員會」，下設「各學習領域課程小組」，於學期上課前一週完成學校總體課程之規劃、設計教學主題與教學活動，由教師依其專長進行教學（中華民國課程與教學學會，2000a；2000b），送所轄縣市政府教育行政主管機關備查，年度學校總體課程計畫決定各年級各學習領域學習節數、審查自編教科用書，及設計教學主題與教學活動，並負責課程與教學評鑑。而課程發展委員會有以下五項權責：(1)規劃全校總體課程計畫；(2)審核教師自編之教科用書；(3)合理適當分配各學習領域節數及彈性學習節數；(4)選修課程之規劃及(5)課程與教學評鑑（教育部，2001b）。

「學校總體課程計畫」必須透過全體教職員工的合作，是落實學校本位課程的具體策略（李坤崇，2001）。教育部於二○○一年二月十七日召開的「九十年度第一次全國各縣市政府教育局局長聯席會議」中，國教司報告有關學校總體課程計畫之重點有二：(1)是計畫送交期限與審查機關的公布：學校總體課程計畫必須於開學前一個月或一週，送所轄教育行政主管機關備查後，方能實施。(2)是計畫內容包括「學校教育目標、願景、領域學習節數」、「各年級教科書選用版本、課程教學進度」，以及「自編、選改編及彈性學習之課程計畫」。自編、選改編或彈性學習課程計畫，包含「學年

／學期學習目標、單元活動主題」、「單元學習目標；對應能力指標」、「節數安排及評量方法」，九年一貫課程明定學校必須規劃全校總體課程計畫與建立學校課程報備制度，可見它已由傳統權威、由上而下的統一制式發展模式，轉為動態省思、由下而上的學校本位課程發展模式（吳文賢，2001）。

3.學校教育目標、願景、領域學習節數

願景的英文是vision，意為心中所持有的意義或景象，是心中所建構的圖像與擬聚團體的一種能量。美國麻省理工學院（MIT）商學研究所教授 Senge 曾於一九九〇年出版《第五項修煉》（*The Fifth Discipline: The Art and Practice of the Learning Organization*）一書，提出學習型組織的概念，其中建立共享願景（shared vision）則是一種共同的願望理想、遠景或目標的能力，乃組織中人們共同持有的意象或景象。一個組織中有了共同願景，成員才會積極投入，為共同組織願景應是組織全體成員，在檢視本身內外在發展的條件和屬性，對於未來發展所描繪可達成的共同期待、共同追求的目標及預見未來的理想景象，這種景象是引導組織行動的方針，塑造組織形象的指標，凝聚組織成員力量的催化劑，更是組織追求進步並賴以永續發展的憑藉；任何一個進步中的現代化組織和學校均須建構適合其發展情境特有的願景（蔡文杰，2001）。

換言之，願景顯示「我們想要創造什麼？」當組織成員真正共有願景時，他們會緊密結合，為實現願景共同努力。共同願景是從個人願景匯聚而成。因此，有意建立共同願景的組織，必須鼓勵成員發展自己個人的願景，並激發個人持續不斷的自我超越以提升願景的層次。如果願景只是領導者或其他人強加於組織上的目標，則成員頂多服從而已，不是真心的追求，願景很難實現。建立共同願景包含對三個關鍵問題的回答：追尋什麼？為何追尋？如何追尋？願景描繪我們想要創造的未來，而如何導致目前的情況則須藉由系統分析來了解。願景和現實間的差距會產生一種「創造性的張力」（creative tension），激發組織成員真心投入，全力奉獻，促使願景實現（賴清標，2001）。因此，學校願景可謂是學校所有成員對學校教育發展共同的期望、共同努力達成的教育目標。吳文賢（2001）建議學校進行願景分析時，至少必須包括學校條件、社區特性、家長期望、學生需要等因素，鑑於教師乃課程發展核心，建議各校進行學校分析時再納入「教師特質」。

若以教學活動為例：教學目標是教學設計、教材規劃、教學實施以及教學評量之準繩；那麼學校願景則是學校經營管理、行事活動、訓輔措施、空間規劃、情境布置等之重要依據，更是發展學校本位課程不可或缺之核心要素，透過願景領導，達成共有的目標。

(二)學習版圖

由於社會不斷地變遷，個體也應該持續地成長，以擴大學習版圖，學習是自我與外在世界不斷互動的結果，傳統的學校教育忽略了學習者的主體性，近年來認知心理學開啟學習的新方式，學習版圖成為個體學習新指標。

(三) 能力導向

一九九八年九月三十日教育部公布課程總綱綱要，強調培養學生十項「能帶著的基本能力」，以拋棄過去「背不動的書包和繁雜的知識教材」。這項概念係由當時林清江部長所強調，為培養學生十大基本能力，於是培養學生基本能力取代學科知識，不過也有人戲稱，背不動的書包改被所謂現代孝子的父母代勞，而課程發展必須「以學校為本位」，課程設計改以學生為主體，以導正傳統以教科書為中心，以教師為主體的教學方式。不過高談知識經濟，卻又侈談能力，如何在當中權衡，似乎仍是政治人物心中的口號。

(四) 統整課程

統整課程興起於一八〇〇年代後期，德國教育學者 Johann Herbart的追隨者曾呼籲學科間關聯的理念，一九二〇年代興起的格式塔心理學更提出行為、價值、自我與環境間的整合。因此統整的概念大致可追溯至兒童中心概念、科際整合及進步主義的思潮（林佩璇，2001）。加上當時進步主義以杜威哲學為基，課程的設計理念係以兒童學習經驗的發展為核心，一九五七年蘇聯人造衛星史波尼克發射成功，美國學校成為代罪羔羊，隨著人們的責難，教育工作者被苛以對不切實際的教育負責，科學與數學教育的失敗尤為甚者，使美國朝野大聲呼籲重視科學、數學與語文教育，這樣的概念到一九七〇年代又被 alternative school, free school, deschooling 所取代，隨著一九八三年 Bell 所寫的 A Nation at Risk，回歸基礎（back to basics）的呼聲再次響起，後現代主義對抗本文（counter text）的思潮，開始顛覆對傳統課程主流文化的文本權威，於是分科課程已從宰制的霸權解構，被統整性課程取代。統整課程概念的興起使課程總綱中強調以學習領域作為學生學習之主要內容，而非過去以學科為主，同時課程實施應以統整、合科教學為原則（教育部，2001）。

然而，何為統整？可謂人言各殊，黃炳煌（1999）認為統整就是將兩個或兩個以上，看起來不相同但卻相關的概念、事物或現象組合成一個有意義的整體，因此，他認為課程統整就是將兩個或兩種以上的學習內容或經驗，組合成一種有意義的整體、統整的學習內容或經驗，可見，統整是將片段與分散的問題融入生活當中，林佩璇（2001）即認為統整有兩涵義：1.是相對於分散和片段的概化，代表完整與統一；2.統整代表學生將問題融入生活經驗中。溫明麗（2001）則認為統整包含概念、科目、領域、教學、主題、思想、能力及年級的統整等方式。課程統整不受限於學科界線的條件下，師生合作認定重要的議題，根據這些主題形成之課程。因此林佩璇建議課程統整的方式有二種：1.以學科為中心的統整方式；2.以問題或議題為中心的統整方式。因而，課程統整要考慮四向度：1.過去經驗和現在學習的統整；2.學科與學科知識的統整；3.內容和技巧的統整及 4.個人和社會的統整。這些概念說明知識的非零碎性與整合可能性。換言之，學校課程統整是一種包含對學校的目的、學習的本質、知識的有意義組織和教育社會經驗的意義與整合等觀點。

(五) 協同教學

此波課程改革中，由於將領域的概念帶入課程，因此與傳統中學分科教學方式與中學師資培育方式極度不同，因此協同教學也成為解決此一問題的靈丹。不過，也因對於協同教學適用時機與方式的誤解，造成某些課程因統整而統整，為協同而協同，下列分別針對協同教學的定義、優缺點及類型說明如後：

1.定義

李園會（1999）認為所謂協同教學是指教師或從事教育的有關人員，以協同合作的方式進行教學活動，藉由與其他人共同合作，個人擔任不同的角色，以各種型式進行多樣化教學活動。劉慶昌（2001）則認為協同教學是由一群具備專業而有默契的教育人員所組成的教學群（teaching team），在良好的互動下，發揮各人所長，分工合作，共同研擬教學計畫；然後運用各種教學媒體及不同的教學與學習方式，共同執行教學計畫的一種有意義的教學設計與活動計畫。因此所謂協同教學（team teaching）是指由兩個以上的教師，合組成的課程小組或教學團隊，彼此分工合作、共同擬訂教學計畫及執行共同的教學方案，教師依據本身的專長學科及教學方法與他人進行教學分，再由小組成員共同評量學生之表現，並實施教師間之交互評鑑之一種教學方式。

2.優點

理論上，協同教學有下列八大優點：

(1) **發揮所長進行教學**：教學團共同施教合作，教師可依教師專長發揮每人的長才，分別擔任不同的工作及學科的教學，可對該任課科目作深入、多元、活潑化的設計，可收通力合作之效。

(2) **教學過程集思廣益**：教學團共同計畫、共同教學、共同評鑑，教學過程能集思廣益。

(3) **教師交互觀摩學習**：教師間可以彼此吸收教學及工作上的經驗，教學時可相互協助和觀摩，評鑑時易於客觀周到。

(4) **教學事務彈性調整**：彈性的調整編班、排課、教學、人員、場所及時間等工作及教學上的困難。

(5) **學生體驗不同教學**：學生能接觸不同老師的教學方式，引起學生的學習興趣。

(6) **擴大學生社交範圍**：破除班級界限，擴大孩子們的社交圈。

(7) **協同診斷學生困擾**：學生異常行為的處理，可以實行協同診斷，研擬出較合宜的處理方式。

(8) **增進因材施教機會**：對於學習能力較佳或較差者，增加學生個別學習的機會。

3. **類型**

協同教學的班級形態可以大班教學（合班）、原班級教學、分組教學、混齡教學或個別學習來實施（鄭淵全，2001）。依目前的班級結構及人數，教師的編制與人力，教師依據課程實施的需求組成課程小組或班群教學團隊，當一位教師在進行大班教學時，其他教師可以同時進行小組指導或個別指導，此種分工合作之教學形態，頗能兼顧教師及學生個別差異，進行大規模的教學活動。

而所謂的教學群係指為了在教學領域上相互學習與研究所成立的教學團隊，全校教職員可打破學科及班級界線合組教學群，藉由結合不同專長的教師分組分工、合作計畫、協同行動共同設計教學活動以發揮團隊合作的效能。教學群人員組成上可包含一位經驗豐富、成熟且有領導能力主任教師，來策劃、主持、推動整個教學團之運作並結合一般教師、社教人員、家長、社會資源人士及專家學者，教學方式上可採用跨學年進行「單一領域」或「單一學科」協同教學，或「混齡式」的單一學科能力分組教學，或共同設計與進行發揮學校特色的主題式統整的教學活動，學習目標上藉由教師們彼此分擔共同的任務、相互關懷、刺激學習與成長，並進行共同活動。

進行協同教學的教學群組成類型大致分類如下：

(1) 領域學科協同：依教師專長跨班際，進行一科或更多的教育領域的協同教學。以學年（或數班）組成一個教學群，由同學年不同學科的教師組成教學群，負責該學年所有課程設計與教學。並共同設計與進行統整式的教學活動。由擔任相同學習領域教學加上有關助理人員組成教學群。

(2) **學年（班級）協同**：由同一年級的級任教師與科任老師及助理人員組成之跨班際進行教學。

(3) **方法協同**：運用不同的教學方式：如大班教學、小組討論、獨立學習等。

(4) **教材協同**：利用各式教學媒材。

(5) **混齡協同**：學生不按其年齡，而係採其學科能力作為分組教學方式。

4.進行協同教學的注意事項

實施協同教學首先遭遇的問題是教師的觀念與班級文化間的問題，傳統教學教師是教室王國裡的王，教師間缺乏聯繫與討論，教師慣於以一人進行教學的態度，加上教師的負擔較重、經費支出較高，以致班與班、學年與學年之配合也甚少見及。實施協同教學應有的準備：時前的準備、良好溝通合作的機制、充分的空間。

(六) 多元評量

受到美國哈佛大學心理學家嘉納（Howard Garner）一九八三年出版《心理架構——多元智能理論》（*Frames of Mind*）一書中提到「多元智能」（multiple Intelligences, MI，又譯為多元智力）的影響，當中提出七種智能，他在一九九五年增加一項，提出的八項基本智能即：提出包含語言智能（linguistic intelligence）、邏輯—數學智能（logical-mathematical intelligence）、空間智能（spatial intelligence）、肢體—運動智能（bodily-kinesthetic intelligence）、音樂智能（musical intelligence）、人際智能（interpersonal intelligence）、個人內省智能（intrapersonal intelligence）、自然觀察者智能（naturalist Intelligence）（Gardner, 1983; Gardner, 1993; Gardner, 1997）。

Gardner（1999）又增加存在智能（existentialist），於是形成九種智能。

設若智能是多元，那麼以紙筆為主的入學制度便有所限制具有其他智能學生入學機會的發展，這與傳統上只重視語文與數學邏輯的智能的認知有極大的差異，由於傳統的紙筆測驗無法測得學生的整體智能，因而就有所謂的變通性評量（alternative assessment，或翻成另類評量）的出現，這種概念受到認知學習理論的影響，認為知識是建構的，學習是個人所建構的有意義學習；變通性評量要學生能在真實的情境中去實踐與運用，強調以思考及問題解決能力的提升作為教學與評量的目標。一般常見的變通性評量如「真實性的評量」、「實作評量」、「動態評量」、「檔案評量」、歷程檔案評量、個人檔案紀錄評量、情境測驗、問卷調查、觀察法、晤談法、檢索表、論文體測驗、客觀性測驗、報告或習作及評量基準表。

1.真實性評量

真實性評量（authentic assessment）強調在日常實際的教學活動中，透過教學情境布置、觀察紀錄表、評量表、軼事紀錄、錄影帶、錄音帶、展示會、實驗、研究、創作、學生日記、非正式測驗、和學生晤談、同儕互動、實驗過程、討論情形、演劇活動、歌唱、演講等。評量方法可以包括以下的技術：書寫測驗、問題解決、實驗操作、展示、表演、作品集、教師觀察、檢核表、問卷，以及學生的作品，蒐集各個學生學習情形的資料，直接去測量學生在某一課程的實際操作表現以進行教學評量，檢視學生是否確實達到課程與教學活動中教學目標及基本學力。

2.實作評量

實作評量（performance assessment）係指根據學生實際完成工作

表現所作的評量。其方式可藉由實際操作、口頭報告、科學實驗、資料蒐集、數學解題、寫作等直接的現場觀察與評斷，或間接透過學生的作品展示去評判。因此，這種評量方式重視實作的能力，係從實際的行為表現來評量；而不是依賴筆試來決定。

3.動態評量

動態評量（dynamic assessment）係對過去以靜態評量方式的一種反動，強調時間與學生成長的連續，進行評量過程中，施測者的互動與回饋教學，誘導受試者的潛能表現。動態評量並強調師生互動，以檢視學生的表現，並能提升其能力。

4.檔案評量

檔案評量（portfolios assessment）目前的譯名約有個人作品選集法、學習歷程檔案法、檔案法、案卷法（歐滄和，1996）。係用以顯示學生學習成就的連續表現、各學習領域的實作成果、作業、面談資料、錄影帶和錄音帶、創作、圖片、作品、小組報告、評量結果，相片、錄音帶、測驗卷、閱讀心得、研究報告、日誌和其他相關記錄等資料的彙集置於資料夾中，定期加以整理並省思，它不僅只是匯集學習點滴，讓學生省視自己的成長，評量其學習進步情形及診斷其須改善之處。透過檔案中的資料，師生共同參與評量，鼓勵並發展學生自我評量。人們可以了解他們成長的歷程，是活生生的學習成長史（Campbell, Campbell, & Dickinson, 1996）。

(七) 教學檔案

這是九年一貫課程重要教學策略，它鼓勵教師蒐集、補充教學過程成果，整理教學資源，以進行自我評量的方式，教學檔案是教師成長的鷹架，好的教學方法是要形諸於文字，記錄成可供查詢的檔案，教學檔案的來源，一部分是來自校外的蒐集，另一部分是來自教師本身的教學省思，以及對學生學習狀態的紀錄。有了教學檔案的協助，教師可以減少摸索和嘗試錯誤的時間，並可以在教學問題發生時，尋找解決問題的錦囊妙計（林文生，1999）。

不過這樣的方式，也成為學校評量教師與選用教師的方式，原意協助教師促進學生學習的策略，一旦形成措施與教師評量制約聯結，使得教師得盡力去準備教學檔案，以備上級查閱，反而失掉以學生學習為主的用意。

(八) 親師合作

民法親屬篇第一〇八四條明定，教育子女本來就是父母的權利，也是責任，教育基本法也有類似的規範。親師合作的功能，對孩子而言，增加其在新學校環境的安全感和自我價值感；對家長而言，可以獲得幫助他們孩子教養的知識和技巧；對學校而言，良好的親師合作關係，可提振教學效能，因此，學校辦理親職教育及親師活動，以促進家長之成長及親師合作關係，讓親和師共同發展成為教育合夥關係，家長會也從金主角色轉變成親師溝通者、教育合夥者及教育事務參與與監督者，透過親師彼此的合作，進而促進兒童的學習與發展，提升親師效能。

傳統台灣的家庭教育與學校教育係分工而鮮少合作，家長與社會大眾對教育政策的了解，多半係被動告知，缺乏主動參與……教師對家長的投入與干涉間的矛盾情結……因此，必須盡速推廣各項宣導與溝通活動，透過各項媒體，耐心誠懇地傾聽各方心聲，使凝聚共識激發改革的契機，澄清疑惑與解答問題（劉世閔，2002b）。

學校教育要成功必須靠社會與家庭的配合，如果學校能獲得社區家長的協助與支持，必能提升教育的績效，達成教育的目標。因此，鼓勵家長參與學校的教育工作，常見的策略有六：1.安排家長參觀教學日、親師懇談會來凝聚共識，促進親師合作與交流；2.運用刊物，如通訊、校刊等來傳達教育訊息，提供親職教育，並達到學校與家庭雙向溝通的目的；3.成立組織健全的家長會，做為學校支援的後盾；4.建立義工制度，如愛心服務隊、交通導護隊，協助學校推展活動及指導學生上下學；5.成立成長團體、讀書會或舉辦親職座談，提供相對回饋，充實家長知能，增進家長對教育工作的了解；6.結合家長資源協助教學，「九年一貫課程」中所強調的「親師合作」、「協同教學」、「學校社區化」，皆須結合家長資源以建立親師成為「教育合夥人」的夥伴關係。

(九) 行動研究

勒溫（Kurt Lewin）曾強調行動研究是解決社會問題的重要方法，他從「團體動力」和「社會工程」的觀點，提出所謂「螺旋循環」（spiral circle）模式，以描述行動研究的持續進行歷程。他認為，行動研究是由許多迴圈所形成的反省性螺旋（reflective spirals），其中每一迴圈都包含計畫（planning）、事實資料探索或偵察（fact-finding/reconnaissance）以及行動（action）等步驟（陳惠邦，1998）。從研究者所覺察之自身情境中尋求問題、聚焦、發展、評估、實踐、反省、修正、再實施等行動策略，從不斷改善中，更臻精進。

行動研究將「研究」和「行動」應結合在實務實踐中，要求研究者和實務工作者聯手合作，開創研究者「計畫」、「行動」及「反省」的能力，面對問題及找出解決方法，透過規劃解決之行動方案與策略以改善教學品質，並解決教育現場的實務問題。

八、「十大能力」

此波教改捨棄現行的知識本位的課程設計而改以學生為主體，以生活經驗為重心，培養現代國民所需之十項基本能力：(一)了解自我與發展潛能；(二)欣賞、表現與創新；(三)生涯規劃與終身學習；(四)表達、溝通與分享；(五)尊重、關懷與團隊合作；(六)文化學習與國際了解；(七)規劃、組織與實踐；(八)運用科技與資訊；(九)主動探索與研究；(十)獨立思考與解決問題（教育部，2001，p. 7-8）。這樣的觀念受到當時林清江部長所提倡「帶著走的能力，不要背不動的書包」的說法所影響。

參、九年一貫課程理論探討

一、九年一貫課程葫蘆裡賣什麼藥？

九年一貫原為學制的名稱，泛指義務教育階段從一年級銜接到九年級的學校制度，奇怪的是這種學制到台灣實施後，開始有不同的解讀，學者們慣用自己的角度加以詮釋，於是，統整課程、協同教學、班群教學、多元評量、學校本位管理等概念紛紛加入，九年一貫課程似乎是政策先行，再覓理論的見證。

二、知識的重建構與統整

由於科技的迅速發展及社會經濟的急劇變遷，知識、技能在量與質方面皆大幅改變，知識也不盡然由教師傳遞給學生，教師自然無法以過去的教材教當今的學生去適應未來的生活，知識可以說是課程的基本構成，也是文化的價值取向，知識是傳遞還是建構？學校教育要延長多久才夠？是否有永恆的知識？還是知識僅是短暫的文化現象？是經驗還是先驗？是無上的命令還是商品？也成為教育改革重要的爭論所在。

什麼樣的知識才叫知識？誰可以決定？由於知識係選擇而來，學校的文化專斷其實是一種文化霸權，學校的教學活動基本上就是一種「象徵暴力」（symbolic violence）（Bourdieu & Passeron, 1990），知識經過再製與詮釋，產生社會變遷，反之亦然。傳統社會教師是知識的化身，課程即是知識，這樣的概念在當今社會有些格格不入，後現代知識價值典範的多元，使教師的態度與知覺成為學生知識管道與來源的守門者；然而建構主義的觀點卻認為學習者在學習過程中會自行建構並重組他們外在世界知識，使之成為有意義的學習（郭重吉，1995）。知識的擴張與失焦，似乎成為此次教改的一種特殊現象。

傳統的國民中小學教科書，係由國立編譯館根據教育部頒的課程標準統一編纂，經由台灣書店發行，由於兩單位都隸屬於教育部，因此，教科書的編輯、審查與印製等工作皆由教育部直接或間接統籌監管，這些出版物統稱為統編版或部編版，課程如此安排設計主要係因台灣聯考制度公平性的需要，學習一致的教材，以確定所有學子立基於公平的起跑點，不過也因制式缺乏彈性而為教改人士所詬病。

長期的專斷知識制度實施以來，也導致台灣的教育演變成「考試領導教學」的情況，這個社會長期服膺社會達爾文主義及文憑認證的思維下，記誦成為學習的信仰，教科書成為知識的化身，學校也成為制式產品的工廠，為反對知識概念的一元化，達成市場機制的自由化，造成知識的解放，根據黃嘉雄（1999）的分析，市場機制至少須有三要件：多樣化的產品、充實的資訊和消費者的自由選擇。於是，台灣教科書的鬆綁，便緣因於如此的假定。

不過，在政治意識形態與商業利益的引領下，台灣教科書的開放，顯然因素比上述的假定複雜得多。教科書的開放，除了原為政治意識形態開啟的爭端外，民間出版商為爭食教科書市場大餅的利益關說，及教育行政人員面臨立法院刪減預算壓力有關。

三、課程評鑑

課程評鑑乃運用系統方法判斷課程的價值與效用，在範圍上包含教材、教學計畫與實施成果等項目，在方式上也有形成性和總結性評鑑。根據九年一貫國民中小學暫行課程綱要實施要點的規定：學校課程評鑑包含校內自我評鑑及外部評鑑兩種，校內自我評鑑可由學校內部的「課程發展委員會」之學校行政人員代表、年級及學科教師代表、家長及社區代表與學者專家辦理；外部評鑑則可結合地方政府與中央政府進行，若達標準便予以認可，若未達標準，則請學校限期改善。因此評鑑的目的協助學校自我發展，改善服務品質。課程評鑑原則可考量學校對課程與教學績效的負責精神，其用意非在「證明」（prove）在於「改進」（improve），故評鑑在協助教師培養主動、省思的能力，並提供教師所需的客觀資訊，以為未來課程計畫參考依據。

此外，D. L. Stufflebeam 所倡導的 CIPP 模式，也可視為課程評鑑的方式之一，所謂 CIPP 即：(一)背景評鑑（context evaluation）；(二)輸入評鑑（input evaluation）；(三)過程評鑑（process evaluation）及(四)成果評鑑（produce evaluation）。Stuffebeam（1971）認為評鑑的目的不僅在「證明」（prove）而在「改善」（improve）。

郭昭佑（2000）認為學校本位之評鑑旨在描述、取得及提供資料，供做判斷或決定方案之用。背景評鑑旨在提供確定目標的依據，輸入評鑑在確定如何運用資源以達成目標，過程評鑑係提供定期回饋給予負責實施計畫的人，成果評鑑則在了解教育系統產生的結果。學校負責課程與教學的實施，並進行課程評鑑，運用CIPP模式，其內涵則包括課程計畫、教師教學、教材與教科書編選及學生學習成果等方面的評鑑。

四、相關論文研究分析

與九年一貫課程相關的論文，根據陳明鎮（2002）調查全國博碩士論文摘要檢索發現二〇〇〇年有五篇；二〇〇一年則增加到三十六篇，師範大學與師範學院以「九年一貫」作為「論文名稱」者有四十篇，非師範院校的相關論文則有九篇，其中僅有十篇以訪談為主要研究方法，表 3-3 為一些例子。

然而，九年一貫課程的實施，無疑地教師增能與家長的投入成為成敗的重要關鍵，根據 Brcharach & Conley（1987）的報告顯示，教師主要的責任有三大領域，即教學、諮商與管理。檢視當前的教育理念與政策，研究似乎成為台灣教師第四種責任，因此，教師的增能（empowerment）與權責間的相稱成為研究的另一旨趣。

此外，家長的投入包含家長的選擇權與參與權：傳統家長的角色自認專業不足，恐學校或教師對其孩子不利等因素下，對於校務通常以等候告知的態度，由於時代的變遷，目前在教育基本法第八條規範下，可以說明家長的參與權已逐漸擴增，從原來的建議權擴

表 3-3　近年以九年一貫課程為標題的論文分析舉例一覽表

研究者	年代	題目	方法	研究發現
黃義良	1999	中小學教師對於九年一貫課程的認知與態度之研究	問卷調查 963 名中小學教師	國中小學教師認知屬中等
沈銀亮	2000	國小學生在九年一貫社會領域中必備的基本能力之研究	內容分析、問卷調查	
王振鴻	2000	國小教師對九年一貫課程之變革關注及其影響因素之研究	問卷調查台灣地區公立小學教師 825 名	贊成變革者約六成；不贊成者約三成
王正雄	2001	花蓮縣試辦九年一貫課程之支持系統研究	以觀察晤談方式了解花蓮縣試辦九年一貫課程	對新政策仍有存疑，教師流動率高及編制不足令政策打折扣；試辦工作由上而下推動
葉芷嫻	2001	國民教育階段九年一貫課程政策執行研究——國民中小學教育人員觀點之分析	文獻分析、問卷調查台北市國民中小學教育人員 600 人	國中小學教師認知了解屬中等程度
張雅雯	2001	國民中學階段九年一貫課程試辦情況與成效評估之研究	文獻分析、問卷調查	試辦學校持正面肯定態度

展成協商權。熱誠家長的投入，讓校園組織生態有了結構上的不同（例如台北市東門國小書香媽媽「送書到班級」、「大樹下說故事」活動，即由家長策劃推動）。

張鈿富、葉連祺（2004）曾利用量化調查二〇〇三年台灣地區教育政策與實施成效發現民眾對九年一貫的看法，如下表 3-4：

表 3-4　民眾對九年一貫的看法

題　目	選項	人數	%
您贊成繼續實施國民中小學九年一貫課程嗎？	非常贊成	45	4.21
	贊成	686	64.17
	不贊成	180	16.84
	非常不贊成	35	3.27
	無意見	69	6.45
	不知道	54	5.05

此表似乎可以看出雖然民眾支持九年一貫的比例相當高，然而仍有相當比例的民眾對此政策的不了解、甚至相當反對。教育政策幾乎很難斷定絕對的好壞，一項政策的實施自然也容易引發正反間的爭議。

第四章
教育政策與學校人物篇

本章精華

人在政策形成中扮演吃重的角色，政策的研擬、制定與執行多少受到人在組織中扮演角色所影響，這些角色隨時代的轉移也有所調整，本章將分別探討學校教育中校長、教師、家長與學生在社會變遷中角色的轉變與相關政策的實施。

校　長

傳統校長的角色大概是教育行政金字塔結構的基層單位領導人，因此地方教育局局長成為校長直屬長官，校長也扮演行政領導的角色，這幾年受到教授治校等民主理念所影響，校長角色開始轉變之。

壹、校長領導角色的演變

近年來社會變遷快速，受到學校自主管理、教師參與與家長選擇所影響，校長的權力與領導方式因而有所轉換。校基管理係最主要的決定權力在校長，更確立校長為學校重要經營者。

一、行政領導與課程領導

傳統觀念認為中小學校長角色是「照相坐中間，走路走前面，吃飯不付錢」，地位相當崇高。吳清山（1998）認為校長不僅是學校教育的領導者，而且也應是學校改革的支持者。校長在領導上需要做到校務計畫與組織，決策、管理與執行，規劃課程，領導教學革新，教學視導，服務學生，提振師生教學效果，從事學校與社區的良善發展。校長在學校的領導行為及辦學理念，深切地影響該校的辦學品質及校務發展，不僅要把事情做對，也要做對的事情，可見當今的校長要能做到行政、教學與課程等領導。

傳統校長被定位為「行政領導者」，是整個教育行政體系科層體制的基層位階，亦是基層教育的重要聯繫人物。此波改革要將之視為為「課程／教學領導者」，所謂課程領導係指學校經營者運用行政的力量和資源，針對學校教學方法、課程發展、實施和評鑑提供支持與引導，來支援課程的革新和教學的改進，以提升教師效能及學生學習成果。根據吳清山、林天祐（2001）的研究，課程領導的主要內涵可以歸納為下列六方面：

(一)設定課程目標與計畫；

(二)管理與發展學校教育方案；

(三)視察和輔導教學改進；

(四)發展教師專業能力；

(五)評量學生學習結果；

(六)塑造課程發展文化。

二、課程領導與教學領導

更有學者指出，課程領導與教學領導（instructional leadership）息息相關，教學領導有助於課程的持續發展與改進，課程領導能夠強化教師教學行為效果的提升。

(一) 教學領導是一種行爲

張德銳（1995）在《教育行政研究》一書中將校長教學領導的意義歸納為：「教學領導應是校長透過直接或間接的領導行為，制定和溝通學校目標，然後協調學校的課程並建立學生的學習期望；且利用視導來加以評鑑教師的教學、增進學生的學習機會以及提升教師專業成長」。

(二) 教學領導是一種能量

教學領導是一種能量，可以促發教師教學意願與學生學習成就，黃乃熒（1996）定義教學領導為：利用行政領導的原理原則，引導與激勵教師能致力於提升學生學習成就與上課的意願。

(三) 教學領導是一種歷程

許多學者皆將教學領導視為達成學校目標的歷程，李安明（1998）將校長教學領導定義為：學校校長藉發展學校任務與目標、確保課程與教學品質、增進學生學習氣氛及發展支援學校與社區關係的工作環境等領導作為，直接主導、影響、參與、示範或授權他人從事與學校教學相關之各項改進措施，以達成學校教育目標的歷程。而蔡秀媛（1996）在其研究中，將校長教學領導定義為：「校長為提升學校整體教學成效與學習情境，藉由擬訂學校目標、發展教學任務、確保教育品質、促進教師專業成長、營造學校學習氣氛及提供教學支援系統等領導作為，直接或間接從事與學校教學活動相關的措施，以達成學校教育目標之歷程。」可見校長教學領導主要與教學活動有關。

貳、校長培育資格之變遷

一、新舊制度之比較

茲就校長培育新舊制度按其考、訓、遴、用分述如下：

(一) 考

根據一九九九年六月二十九日修正之國民中小學校長主任教師甄選儲訓遷調及介聘辦法第六條及第七條皆有規範國民小學及中學校長甄選資格。以台北市國小為例，包含資格審查（資績計分）、筆試和口試，各有其分數比重。資績計分部分有學歷、經歷、考績、獎懲、進修研習，共占甄選總分的一半，筆試占 30%，口試 20%。

(二) 訓

校長要成為專業人員，須先於任職前先接受過長期的專業養成教育，任職後仍須不斷接受在職進修教育，以充實所需的專業知能與精神。為有效目前我國把培育校長的工作，根據國民中小學校長主任教師甄選儲訓、遷調及介聘辦法第四條具有教育人員任用條例及有關規定資格者，得參加國民中小學校長、主任儲訓。

(三) 遴

傳統校長之任用主要採派任制，即由積分、考試、訓練到候用，而根據二〇〇四年修正的國民教育法第九條規定除原住民、山地、偏遠、離島等地區之學校校長任期，由直轄市、縣（市）政府定之外，學校校長於任期屆滿採遴選制，而校長遴選資格界定為：1.公開甄選儲訓的合格人員；2.任期屆滿之現職校長；3.曾任校長。這三類人員，經遴選後，報請直轄市政府聘任之。

國內外學校校長任用模式大體有三，分別為行政單位派任、專責單位遴選及學校單位遴選等模式。第一種方式係由相關行政單位主管就合格人員中，直接遴選派任中小學校長職務。而第二種方式是指由相關行政單位公開徵求具有資格及必要條件人員，由具備資格及條件者提出申請，經相關行政單位組成之遴選委員會審查、晤談申請人員之後，遴選出最佳人選報請行政單位主管聘任之。而第三種方式是指由學校提出徵求計畫報請相關行政單位核准後，組成遴選委員會公開徵求具備具資格及必要條件之人員，由具備資格及條件者提出申請，由學校遴選出最佳人選報請行政單位核准後聘任之。

目前我國各縣市候用校長尚須經過縣市或直轄市教育局所組織之遴選委員會遴選產生，校長遴選均由各縣市政府聘請政府代表、學校行政人員、專家學者及家長和教師代表組成「校長遴選委員會」聘任校長，目前各縣市政府多訂立校長遴選自治條例、遴選辦法、遴選作業要點、遴選暫行要點、遴選委員會作業要點、遴選委員會設置要點、遴選委員會組織運作要點、遴選暫行要點及遴聘要點來規範校長遴選事宜，但部分縣市的現行國民中小學校長遴選要點中，對於參加遴選資格的規定並不明確，其中由縣市政府組織遴選委員會之遴選委員中家長會代表之比例不得少於五分之一，陳明印（1999）認為此舉實為國內教育改革運動下的一項重大教育變革。比過去模式多了一道遴選的關卡，此次修正案非由教育部主導而是立法委員擁抱民意追求時效而提出。這道法令是否追求時效不得而知，不過立院以民意方式進入校園之企圖卻很明顯。

(四) 用

國民中小學校長主任教師甄選儲訓遷調及介聘辦法第十條參加國民中、小學校長、主任甄選合格，經儲訓期滿成績考核及格者，列為候用國民中、小學校長、主任，除發給證書外，並由省（市）主管教育行政機關分別列冊候用。由於教育人員任用條例的修改之後，校長遴選均由各縣市政府聘請政府代表、學校行政人員、專家學者及家長和教師代表組成「校長遴選委員會」聘任校長，目前各縣市政府多訂立校長遴選自治條例、遴選辦法、遴選作業要點、遴選暫行要點、遴選委員會作業要點、遴選委員會設置要點、遴選委員會組織運作要點、遴選暫行要點及遴聘要點來規範校長遴選事宜，目前各級校長任用程序如下：

1.縣（市）立國民中學校長，由縣（市）政府遴選合格人員任用之。

2.省立高級中學學校校長，由教育部遴選合格人員任用之。

3.直轄市立中等學校校長，由市教育局遴選合格人員報請市政府核准後任用之。

4.國立中等學校校長由教育部任用之。

5.師範大學、師範學院及設有教育院系之大學所設府屬中等學校校長，由各該校、院長就各該院、校教師中遴聘合格人員兼任之。

而根據國民教育法第九條第三項、第四項所稱公開甄選且儲訓之合格人員，指符合下列各款情形之一者：

1.本法八十八年二月五日修正生效前，由台灣省政府或直轄市政府公開甄選且儲訓合格之校長候用人員。

2.本法八十八年二月五日修正生效後，由直轄市政府或縣（市）政府公開甄選且儲訓合格之校長候用人員。

3.本法八十八年二月五日修正生效前，經政府公開辦理之督學、課長甄選儲訓合格，並具有國中、國小校長任用資格之人員。

二、新法實施之後效

(一) 終身制調整爲任期制

舊制中小學校長任用係指依據一九七九年公布之「國民教育法」第九條、一九八二年公布之「國民中小學教育人員甄選儲訓及遷調辦法」以及一九八五年公布之「教育人員任用條例」第二十七條條文之規定。有些人認為這些規定讓選出的校長大都能全心全力奉獻教育，其辦學績效確實為國家社會的安定繁榮立下了不少汗馬功勞。不過也有人質疑這是終身任期的作法。

立法院於一九九九年一月十四日以包裹方式表決通過國民教育法。二〇〇四年修正公布之「國民教育法」修正條文第九條規定：「國民小學及國民中學各置校長一人，綜理校務，應為專任，並採任期制，任期一任為四年。……校長任用，由縣（市）政府組織遴選委員會就公開甄選、儲訓之合格人員、任期屆滿或連任任期已達二分之一以上之現職校長或曾任校長人員中遴選後聘任之」。

因此，中小學校長的派任制度改為遴選制度，在任期屆滿時必須接受遴選委員會的考驗，如無法獲得連任或遴選，即須回任教師，校長終身職的制度就此踏入歷史。依教育人員任用條例第三十六條規定，國小校長採任期制，再依國民小學教育法實施細則第十四條之規定：國民小學及國民中學校長之任期為四年，主管教育行政機關得視其辦學成績及實際需要准予連任，連任以兩次為限，山地、偏遠、離島地區之學校校長任期，由市教育主管行政機關訂立。由於現任校長須經過遴選洗禮，且校長遴選委員會必須有家長代表參與，其比例不得少於五分之一；因此，有人質疑若想連任的校長可能須開始積極布樁、做人情、買票、請吃飯、送禮物，造成惡質選風影響校園風氣。

(二) 遴選爭議

有關校長遴選問題，目前最令人爭議的觀點如下：校長應由誰來選？根據國民中小學校長（附屬學校除外）由縣市政府組織遴選委員會遴選產生，直轄市立國民中、小學校長，由直轄市政府教育局組織遴選委員會就公開甄選、儲訓之合格人員、任期屆滿之現職校長或曾任校長人員中遴選後，報請直轄市政府聘任之。

問題是，遴選委員會是否公正？有人質疑選舉的惡質文化是否因此帶進校園，造成派系對立，破壞校園和諧？遴選委員都有其背後利益及壓力團體，各擁其主，互不相讓。設若同一縣市中出缺情況嚴重，遴選委員如何能夠在有限期間內完成遴選工作，其負荷又怎堪受得了？又設若有人考中多校，卻只能去一所學校，其他學校如何處理，是由第二名依序遞補？還是重選？

(三) 校長回任教師的問題

新法於一九九九年二月三日修正公布之「國民教育法」修正條文第九條規定：「中小學校長採任期制，得連任一次，屆滿得回任教職。」回任教職是沿用大學校長回任教授的方式，有人認為由於中小學大小事務，使校長對教學無法兼顧，如果要求他們任期結束後回任教師，校長們對教學工作可能早已生疏，很難立刻上軌道。甚至有人認為當校長回任教師時，主客易位，容易成為眾人排擠的對象。也有人認為因為校長是要能領導教師的人才，如果他連教師都當不好，如何當校長呢？因而近年來強調教師分級、課程領導及課程督學等措施以求解套。

(四) 回任教師與課程督學的出現

根據國民教育法，校長若無法續任且具有教師資格者，將會優先其回任教師。因此有人提議配合教師分級制，讓校長得以回任為資深教師，發揮教學領導長才，做初任教師的指導者或做研究風氣之推動者。有人則建議以新設課程督學以為解套的措施，不過校長評鑑制度是目前必須處理的重要課題，根據二○○四年二月四日教育部公布的九年一貫課程與教學深耕計畫，分年計畫中要在第一年培育課程與教學深耕團隊五百位（內含課程督學二十五至五十名），教育部已行文要求各縣市設置一至三名〔即各縣（市）國中小校數在一百二十五校以下者，得設置課程督學一人。各縣（市）國中小校數在一百二十六至二百五十校者，得設置課程督學二人。各縣（市）國中小校數在二百五十一校以上者，得設置課程督學三人〕。自願由校長回任的教師擔任「課程督學」，或由教育局推薦具課程領導專長的現任督學充任，採專任制，每週得減授二十節課，以統合、協助及溝通國教輔導團的運作。

三、校長學

近年來陸續出現一些較新的行政理論，如願景領導（visionary leadership）、轉型領導（transformational leadership）、授能領導

（empowering leadership）、催化領導（facilitative leadership）、融合領導（fusion leadership）、魅力領導（charismatic leadership）、服務領導（servant leadership）、道德領導（moral leadership）、直覺領導（intuitive leadership）、團隊管理（team management）、全面品質管理（total quality management）、學習型組織（learning organization）、教導型組織（teaching organization）、混沌理論（chaos theory）、政府再造（government reconstruction）等（謝文全，2003）。這些不同領導理論，也使目前校長須在新的時代脈動中與時俱進。一門叫做校長學的領導課程成為新興學門，林明地（2003）認為校長學的學科性質主要包括下列四項：

(一)校長學是教育學的一門新興學科。

(二)校長學雖較屬應用性的學科，但其理論與實際，對校長的所作所為亦具反思作用，因此校長學亦為一門反思實踐的學科。

(三)校長學雖以校長及其工作為研究對象，但必須包括學校及其他成員的領導活動，且無法避免必須涉及其與學校內、外相關人員與機構的互動。

(四)校長學研究的最終目的在協助學校達成高度表現，特別是有關高品質教與學的核心任務。

第三節 教師

本節將針對師資培育、實習、任用與在職教育制度探討如下：

壹、師資培育

台灣的師資培育系統可以說是一部師範體制專斷、失勢到抗衡史，這部史詩可分為下列三部分來探討：日治時期、精神國防時期、及專業到多元培育時期。

一、日治時期

台灣總督府學務局長伊澤修二與六位日人教師，於士林芝山巖的開彰聖王廟開辦國語學堂，名之為「芝山巖學堂」，芝山巖可說是台灣日式教育的肇始（劉春榮、陳怡文，2000），一八九六年（明治29年，光緒22年）五月，伊澤以芝山巖的模式開始在全島設「國（日）語傳習所」（吳密察，1990；張厚基，1991；派翠西亞，1999）根據五月二十一日府令第五號，當時曾「於台北、淡水、基隆、新竹、宜蘭、台中、鹿港、苗栗、雲林、台南、嘉義、鳳山、恆春、澎湖島（媽宮城）」等十四處設立國語（日語）傳習所以對台灣子弟教授日語（張勝彥，1999；張厚基，1991），著手建立殖民帝國經濟發展體。

根據林茂生（2000）的說明，國語教育是以師範教育為目的而設立的。根據敕令第九十七號的規則，師範學校開始培養台灣學生成為教員。於一八九九年，有三所師範學校設立在三個城市，台北、台南、台中。因此，日本人所創國語學堂雖在培養日籍教師，日後卻逐漸為台籍人士所就讀，也逐漸成為台灣師資培養機構的濫觴。

二、以阿六日戰爭啟示下的精神國防

國民政府遷台後，師範教育承襲民國以來制度，一九六七年六月五日到十日，以色列與阿拉伯國家第三次爆發軍事衝突，以阿六日戰爭結束後，蔣中正總統認為以色列能以寡擊眾在於其士兵素質精良，如此精良的素質，導因於其良好的教育（Chang, 1991）。對於急於反攻復國的他，這項消息是令人振奮的，於是，一方面於隔年延長九年義務教育，一方面強調「師範第一」、「精神國防」等概念，使師資培育幾乎等同於軍事訓練，其後，隨著師資專業化運動興起，因此於一九七九年十一月公布實施的「師範教育法」，明定師資培育由師範院校統一負責培育中小學師資，例如，師範教育法第二條之規定：「師範教育，由政府設立之師範大學、師範學院及師範專科學校實施之。」如此制度確立了一元及公費制度的師資培育制度，不過，師範體制長期扮演精神國防的角色，日後也被某些人士認為是封閉與保守的象徵。

三、專業到多元培育時期

一九八七年起，隨著政治的解嚴、政治力的鬆綁、經濟力的增強、國民教育水準普遍提高，社會價值觀趨向多元化，師資培育的多元需求也應聲而起，師範教育法也在隔年由時任教育部毛高文部長任內開始修訂，為了保住「師範體系」，毛部長之後的繼任部長郭為藩先生邀集立法院教育委員會之十多位立委於台大校友會館協商，終於在一九九四年二月妥協同意將「師範教育法」名稱改為「師資培育法」並頒布「師資培育法」，使民主政治下的師資培育走向多元化（薛曉華，1995；顏國樑，2002）。

該法公布實施之後，教師來源管道多元化，除了師範大學、院校所培育出的公費教師之外，各大學之教育院系經教育部核准後，得開設教育學程供在校生修習，或教育學分班供大學畢業生有意執教者回流接受職前教育。經過修畢教育學分，取得實習教師資格，再經實習一年成績及格即取得合格教師證，得參加正式教師之甄試，然而，由於學程編制不足、實習及檢定制度不落實，影響師資制度結構甚巨。

師資培育法允許各大學校院均可培育師資，破除以往「師範第一」、「精神國防」等師資專業培育思維，長年扮演「精神國防」（national spiritual defense）（Tai, 1998; Yang, 1998b, p. 205）的師範體系也因而遭到空前危機，使校園組織在形態與比例上起了根本結構的改變。師範體系不僅被標籤成為「保守」（郭為藩，2002）的代名詞，對於教育決策過程更淪落為邊緣位置，如高敬文（2002）所言它們從「失陪、失身到失聲」。師資培育的管道遂從師範一元控制到各公私立校院多元競爭，讓師資培育從「計畫控制」轉變成「市場自由」的形態，師資多元使校園組織文化有了質與量的變化。

貳、教師實習制度

根據二〇〇四年五月五日修正師資培育法第七條歸定：師資培育包括師資職前教育及教師資格檢定。二〇〇三年五月五日新修正、公布的師資培育法將教師實習制度作了相當大的轉變，新版的師培法在「教師實習」與「教師檢定」有所調整，且把原本的「初檢」、「複檢」改為「教師資格檢定考試」。新舊制度在實習時間、角色、津貼補助、任用及落日條款說明如表 4-1：

表 4-1 教師實習制度比較表

	舊 制	新 制	法 源
實習時間	一年	半年	師資培育法第八條
角色	初任教師	實習教師（學生）師資	培育法第七、八條
有無津貼補助	8000 元／月	尚須繳交學分費	師資培育法第十八條
任用	遴選	甄選	師資培育法第九條
取得合格教師證	初複檢（含師資職前教育證明書和教師證書）		
落日條款	適用舊法人員之條件、期限與實施方式	新法施行日期由行政院定之	師資培育法第二十到二十三條

參、藏師於民的推恩令政策

西元前一二七年，漢武帝劉徹採納中大夫主父偃的建議，頒布推恩令，詔書曰：「諸侯王或欲推私恩分封子弟邑者令各條上，朕且臨定其號名」。規定除嫡長子外，其餘諸子皆在侯國範圍內得到封地，此舉名義上是施德惠於公侯諸子，實則剖分諸侯王的封地以削弱其地方勢力，豎立中央集權，被史家稱為「眾建諸侯少其力」。

以古喻今雖有些不倫不類，然而檢視當今師資培育制度，僧多粥少的市場機制無異漢代的推恩令，其藏師於民的做法，無視教師專業之所在，每年四處應徵的實習教師潮，人力、經費與家長參與投入，將市場機制帶入教育職場，將教職當一般職業，而非志業，可以看出學校經營的模式逐漸脫離專業控制朝向社區控制的方向。

肆、從東西倫理觀看教師角色[1]

東西方的倫理觀可以約略分為道德觀與契約觀。東方的倫理強調內在良知的彰顯。因此在中國哲學中有「義利之辨」[2]的說法。孔子講仁、孟子道義，無非相信道德是身而為人的義務。陳奎熹認為傳統的教師的社會形象，強調神聖清高，因此常被社會大眾期待要安貧樂道，要能以傳教士與慈善家的犧牲奉獻的精神，投入教育工作（陳奎熹，1991）。因而傳統教師須「窮則獨善其身，達則兼善天下」。傳道、授業、解惑為教師內在良知與義務，非僅外顯的契約行為所能規範。

西方的倫理重視外在規約的權利義務，因而強調外顯契約行為的權責相稱，馬克思等衝突論學者認為社會變遷不僅是必然而且急

---

1 本文修改自劉世閔（2003e）。從教師角色的隱喻談教師結社與罷教爭議。《師友》，431，27-29。

2 《孟子・梁惠王》篇記載了一段孟子和梁惠王的對話。孟子見梁惠王。王曰：「叟不遠千里而來，亦將有利吾國乎？」孟子對曰：「王何必曰利，亦有仁義而已矣。王曰何以利吾國，大夫曰何以利吾家，士庶人曰何以利吾身，上下交征利，而國危矣！萬乘之國，弒其君者，必千乘之家。千乘之國，弒其君者，必百乘之家。萬取千焉，千取百焉，不為不多矣！苟為後義而先利，不奪不饜。未有仁而遺其親者也，未有義而後其君者也。王亦曰仁義而已矣，何必曰利」。

劇。而衝突的起因乃是由於社會報酬的不平衡分配以及人們對此所表現的失望。這樣的思維也讓傳統慣於安貧樂道的教師起了本質上的變化，近年來社會變遷的急劇，也逐漸讓現代教師體會本身所處地位不對稱的危機感。

傳統的教師視同為準公務員，公立學校教師僅為公務人員保險法、刑法和國家賠償法上所稱之公務人員。不過，公務員若有違法情事，依公務員懲戒法；而教師若有不適任情況則依教師法第十四條採解聘或不續聘處理。社會變遷促使教師角色轉變，新一波的改革中教師也成為課程發展中的推動者、發展者、行動研究者及協調者（莊淑琴，2002）。

伍、教師組織的權責變遷

一、教師的權利

教師有哪些權利？傳統社會賦予良師的形象是「教不嚴，師之惰」，解嚴前，台灣的教師基本上算是準公務員，除了中華民國國父所強調四種人不得享有自由，教師原則上就是公務員。

(一) 教師在憲法上的權利

教師在憲法上的權利，除了按一般人民享有平等權、人身自由權、不受軍事審判之自由、行動自由權、意見自由權、通訊自由權、宗教自由權。集會結社自由權、經濟受益權、行政受益權、參政權、應考試服公職之權及其他自由權（邢泰釗，1999）。自由權在課程上的涵義係指教育上宗教與政黨之中立，宗教中立係指國家或地方公共團體所設立之學校，不得為特定宗教實施宗教教育或其他宗教教育之活動。私立學校不得強迫學生接受特定宗教教育，並應保障學生宗教教育之自由（邢泰釗，1999）。而政黨的意識形態亦不宜放諸在國中小課程中。至於教師專業自主權的內涵包括教師講授自由、授課內容編輯、教科書使用裁量、教學設備選定及教育評量等權利。

(二) 教師在教師法上的權利

根據《教師法》第四章權利義務第十六條，教師接受聘任後，依有關法令及學校章則之規定，享有下列權利：1 對學校教學及行政事項提供興革意見；2.享有待遇、福利、退休、撫卹、資遣、保險等權益及保障；3.參加在職進修、研究及學術交流活動；4.參加教師組織，並參與其他依法令規定所舉辦之活動；5.對主管教育行政機關或學校有關其個人之措施，認為違法或不當致損害其權益者，得依法提出申訴；6.教師之教學及對學生之輔導依法令及學校章則享有專業自主；7.除法令另有規定者外，教師得拒絕參與教育行政機關或學校所指派與教學無關之工作或活動；8.其他依本法或其他法律應享之權利。

而目前台灣教師之獎懲之法源主要來自：1.國民教育法第十八條：（教職員之任用考績）國民小學及國民中學校長、主任、教師之任用及考績，另以法律定之；其甄選、儲訓、登記、檢定、遷調，進修及獎懲等辦法，由教育部定之；2.教師法：關於教師解聘、停聘、不續聘之事由；3.教師法施行細則；4.教育人員任用條例；5.公務員服務法；6.教育專業人員獎懲標準；7.公立高級中等以下學校校長及幼稚園園長成績考核辦法；8.公立學校教職員成績考核辦法。

二、教師的義務

根據教師法第十七條之規定，教師除應遵守法令履行聘約外，並負有下列義務：

(一)遵守聘約規定，維護校譽。

(二)積極維護學生受教之權益。

(三)依有關法令及學校安排之課程，實施教學活動。

(四)輔導或管教學生，導引其適性發展，並培養其健全人格。

(五)從事與教學有關之研究、進修。

(六)嚴守職分，本於良知，發揚師道及專業精神。

(七)依有關法令參與學校學術、行政工作及社會教育活動。

(八)非依法律規定不得洩漏學生個人或其家庭資料。

(九)其他依本法或其他法律規定應盡之義務。

前項第四款之辦法，由教育部定之。

三、影響教師組工會的權責法源

根據教師法，教師具有結社權，然而教師是否具有一般工會所有的勞動三法中之爭議權來進行罷教？教師籌組工會引發的爭議主要來自勞動三法的權責關係，所謂勞動三法包含《工會法》、《團體協約法》及《勞資爭議處理法》。

(一) 工會法

一九二九年制定的工會法前，正逢國民黨採取了聯俄容共的政策結束，北伐又亟需工會組織的推波助瀾，國民政府須操弄工會的用心，該年版的工會法中，國家介入的角色處處可見。二○○○年七月十九日修正通過的工會法第六條規定：同一區域或同一廠場，年滿二十歲之同一產業工人……人數在三十人以上時，應依法組織產業工會或職業工會。是項規定說明勞動者有合法的結社權。不過，根據該法第四條：各級政府行政及教育事業、軍火工業之員工，不得組織工會。當時時代背景下教師與國家公務員幾乎被視為一體，這項條款無異封殺教師籌組工會的權利，易言之，教師的罷教權也受到工會法所拘束，但政府及立法機關罔顧教師基本人權，這也是部分教師圖謀另訂教師團體法的原因，或企圖先行成立工會以迫使立法單位修法。

(二) 團體協約法

《團體協約法》即說明勞動者與其雇主間有協商的對等權利，明定團體協議的規範，勞資雙方都得遵守，否則會遭到處罰。第十四條團體協約得約定下列事項：1. 協商程序、協約適用範圍、協約有效期間或和諧履行協約義務之事項；2. 工資、工時、資遣、退休、職業災害補償、撫卹或其他關於勞動條件之事項；3. 勞資爭議處理、申訴制度、促進勞資合作、升遷、獎懲或其他關於勞資共同遵守之事項；4. 其他當事人間合意之事項。

(三) 勞資爭議處理法

第三項甫於二○○二年五月二十九日修正的《勞資爭議處理法》，也明確賦予勞動者具有爭議權利。一旦勞雇雙方出現爭議，可依據《勞資爭議處理法》之相關規定申請調解或仲裁；如果爭議的標的屬於調整事項，又經調解或仲裁無效，則勞雇雙方可依據法定程序進行「爭議行為」（在勞方為罷工、罷教，在資方為鎖場）

來達成最後的協議。為了保障勞動者的爭議行為，其第七條規定：勞資爭議在調解或仲裁期間，資方不得因該勞資爭議事件而歇業、停工、終止勞動契約或為其他不利於勞工之行為。可見勞工具有結社權、協商權及爭議權等勞動三權。

陸、關於教師組工會所衍生的爭議

一、教師組工會不等同罷教？

公民應受憲法第十四條關於集會結社自由的基本人權的保障，如果教師也是一般人民，而非公務員，那麼教師擁有結社權就無庸置疑。教師若具勞動三權中的罷教權，可不可以進行罷教？又該不該進行罷教？

所謂罷工係指雇員集體拒絕雇主所要求的條件下工作，問題是教師組工會與教師罷教權基本上是兩項議題，還是一項議題？全國教師會支持教師組工會，但反對教師擁有罷教權似乎將上述的論點二元化。

二、教師是組工會還是組公會？

美國工會運動興起於一八六九年的勞動騎士團，這是美國第一個全國性勞工組織，它原為一秘密組織，旨在保護團員免遭雇主的報復，它曾提出的一些政治性目標，包含八小時工作制及廢除童工等政策。這些具有濃厚社會主義思想的政策，使工人階級的政治組織開始發揮作用，工會（Labor Union）所扮演的角色也更形重要。

公會（Guild or Association）則是具有地方性、全國性或國際性的團體，這類團體大概處理以相同行業的有關問題，譬如法律協會Bar association，美國、日本、奈及利亞、以色列及法國的律師們有義務加入律師協會，但英國、挪威及瑞典的律師加入律師協會卻是自願的。那麼，教師到底要籌組工會或公會？兩者在性質上究竟有多少差異？成為教師籌組工／公會的灰色地帶。

三、教師罷教所引發的爭議

(一) 當教師罷教權 vs. 學生學習權？

根據《教師法》第十七條規定教師的義務:「輔導或管教學生，導引其適性發展，並培養其健全人格」。第十六條又規定教師的權利：「教師之教學及對學生之輔導依法令及學校章則享有專業自主。」因此，教師有輔導、管教學生的義務，並且有其專業自主的權利。而在《教師輔導與管教學生辦法》中第五條規定：「凡經學校或教師安排之教育活動，教師應負起輔導與管教學生之責任」（周志宏、陳舜芬，2000）。

以衝突論觀點探討行政組織與教師專業間的對立衝突，而雙方要解決的是教育權分配的問題。教師的專業自主與專業倫理之間應如何拿捏，才能確保學生之學習權？根據教育基本法第八條也明定「學生之學習權及受教育權，國家應予保障」，教師法十七條第二項明定教師應「積極維護學生受教權益」（周志宏、陳舜芬，2000），一旦教師擁有罷教權，且具體付諸實施，是否牴觸學生的學習權？

(二) 教師若組織工會則形同勞工，教師的社會地位是否因而轉變？

許多學者質疑教師若轉變成勞工時，其社會地位會因此受到影響，間接影響教學效能。

(三) 教師如果擁有罷教權，罷教期間可否支薪？

教師為爭取自身權益或不當政策而罷教時，罷教期間是否一樣可以支領薪津待遇？

(四) 教師如果未強制加入教師會，如此的教師會是否具有代表性，以行使其罷教權？

教師會如果未能強制教師入會，如此的教師會是否能代表全國教師，行使罷教權？

(五) 誰會擔心教師罷教？

一旦教師能行使罷教，那麼誰會因此而擔心？

(六) 教師罷教權是本有還是賦予？

組織工會是教師的基本權利？這個有趣的命題有個假定，設若組工會是教師本有的權限，那麼就是要不要組的問題，而非該不該組的問題，設若是項權限非天賦，那麼誰能賦予？

(七) 教師如果是勞工，寒暑假應不應該上班？

有學者指出教師身分一旦轉變，寒暑假即應視同該上班之日。

柒、教師會的組織

以往教師的組織多半是聯誼之性質，鮮少參與教育政策之決定。

一、教師組織結構

(一) 全國教師會

一九九五年立法院於七月十三日院會三讀通過教師法，該年八月九日由總統公布實施，計有十章三十九條，明文規定教師的權利義務，根據該法第二十六條規定：「教師組織分為三級：在學校為學校教師會；在直轄市及縣（市）為地方教師會；在中央為全國教師會。學校班級數少於二十班時，得跨區（鄉、鎮）合併成立學校教節會。各級教師組織之設立，應依人民團體法規定向該管主管機關申請報備、立案。地方教師會須有行政區內半數以上學校教師會加入，始得設立。全國教師會須有半數以上之地方教師會加入，始得成立。」全國教師會則於一九九九年二月一日成立，全國教師會於二〇〇〇年二月一日第一屆第二次會員代表大會通過全國教師自律公約，二〇〇二年九月二十八日，全國教師會發起的教師節大遊行，提出「我要繳稅，我要工會，我要尊嚴，不要抹黑」的訴求，上述這些訴求以成立教師工會較為具體。根據《教師法》第三十七條之規定：本法授權教育部訂定之各項辦法，教育部應邀請全國教師會代表參與訂定。可以預期全國教師會在教育政策上將占有一席不可忽視的力量。

(二) 地方教師會

地方教師會須有行政區內半數以上學校教師會加入，始得設立。一九九六年七月高雄市率先成立地方教師會，目前除雲林縣外，全國已成立二十四個地方教師會。

(三) 學校教師會

一九九四年至聖先師孔子誕辰紀念日，台北市中小學教師所籌組的「台北市教師會籌備會」成立，一九九六年一月二日台北市萬大國小率先成立全國第一個正式立案教師組織。截至二〇〇三年七月，全國約有一千多個學校教師會，人數約達十萬人，約占全國中小學教師總人數的三分之二。

二、教師會的任務

依據教師法第二十七條規定各級教師組織之基本任務如下:

(一)維護教師專業尊嚴與專業自主權。

(二)與各級機關協議教師聘約及聘約準則。

(三)研究並協助解決各項教育問題。

(四)監督離職給付儲金機構之管理、營運、給付等事宜。

(五)派出代表參與教師聘任、申訴及其他與教師有關之法定組織。

(六)制定教師自律公約。

捌、小結

有關教師結社與罷教權的爭議，可以從下列的隱喻來探討。

一、教師如同鳥類與哺乳類大戰中的蝙蝠角色？

台灣教師會妾身未明？教師會在上述東西兩股倫理觀思潮洗禮下，台灣教師會的定位因而有點不東不西、像工會似公會，成為夾雜於鳥類與哺乳類間大戰時的蝙蝠。

二、教師是夾雜於勞動者與公務員角色間的專業人員？

教師是勞動者？那麼何謂勞動者，勞力或勞心者？教師算不算勞動者？支持教師擁有罷教權者，主要根據下列的演繹邏輯：

(一) 大前提

凡勞工皆可享勞動三權。

(二) 小前提

教師是勞工。

(三) 結論

教師可以享勞動三權。

這樣的推論立基於教師如果沒有結社、協商與罷教權，就不算完整擁有勞動三權。同時小前提教師是勞工也必須成立，那麼推論即完整。有些人認為教師可視為「受雇主雇用從事工作獲致工資」

之勞工，然而，二〇〇一年九月十九日立法院通過由勞委會提出的「工會法」修正案草案裡，仍保留第四條「各級政府行政及教育事業、軍火工業之員工，不得組織工會」之規定，工會法的制定時間比憲法還長久，這項規定是否違憲，值得商議。因而教師不在公會法的適用範圍之內。有人認為教師雖具有勞動者之性質，卻無從享有勞動者之團結權、團體協約和罷工權（勞動三權）等勞動基本權之保障。沒有結社、協商及爭議權，只能靜默忍受不合理的工作條件的剝削，這也成為二〇〇二年九月二十八日全國多數教師們走上街頭，爭取勞動三權的緣由。

此外，大法官釋字第三〇八號解釋文：公立學校聘任之教師不屬於《公務員服務法》第二十四條所稱之公務員。唯兼任學校行政職務之教師，就其兼任之行政職務，則有公務員服務法之適用。這項解釋令說明公教從此分途，那麼假使教師兼任行政人員屬於公務員，是否可以參與學校教師會？根據一九九九年六月二十九日修正的《教師法施行細則》第二十五條第一項規定：學校教師會係指各級學校專任教師所組成之職業團體。然而，此處所言的專任教師是否亦包含兼任行政職務之具有準公務員身分的教師？實質上，目前學校教師會除了校長不可參與外，並未限制其他人員參與。此外，教師組織可否算是公會性質？教師的本質不清，所謂專業，能否如同醫師、律師等？也難怪教師角色扮演的為難。

三、罷教權之於教師如同安全氣囊之於汽車？

有人主張教師擁有罷教權如同汽車擁有安全氣囊一般，這項假定觀點認為教師即使擁有罷教權，未必用得上。有人卻主張罷教權應該被視為捍衛教師權利的最後正義防線。根據教育部二〇〇二年一月九日公布的一項教師對組工會的意見調查顯示，近半數教師贊成擁有罷教權，尤以國中小學教師比例最高；但前教育部長黃榮村明確表達反對立場，他認為此舉會妨礙學生的受教權，影響社會和家庭的生活秩序，因而主張教師不應有罷教行為，同時教育部不同意教師強制入會，以免影響教師工作權和學校聘任權，這些爭議正如同前言所談東西倫理觀的差異，所引發當今教師角色的爭端。

家長

本節茲分述家長教育權的變遷、國際有關家長參與教育權之趨勢、台灣家長教育權現況及家長團體對教育政策的影響。

壹、家長教育權的變遷

家長教育權是一種親權、自然權。這種權利關係讓家長藉著參與學校行政事務機會，達到落實教育主權的理念，在學校事務上由沉默到發聲。也突顯教育權主體從國家過繼到人民主體。近代教育權主體從國家主義到新自由主義，這種觀念基於家長是知識的消費者，且承認父母對子女利益的判斷，應該比國家居於較優先的地位，國家可以防止父母權力的濫用，但不能過當地橫加剝奪親權（劉世閔，2004）。

家長參與教育權這項概念係相對於以往教育權利來自於國家，西方世界主張國家主宰教育權的概念，始自於十九世紀，現代國家相繼強大以後，德哲菲希特（Fichete）發表《告德意志軍民書》，呼籲教育救國，以富國強兵為務，於是教育上產生了國家主義的思潮，也成為世界各國義務教育與國民教育興起的濫觴，台灣《國民教育法》第四條第一項規定：「國民教育，以由政府辦理為原則。」相當程度說明國家辦理教育，主宰父母為子女選擇教育形態的權利。近代公教育以知識教育為中心，有關道德教育與宗教教育則保留予父母權。這種觀念與今日我國教育基本法所主張人民為教育的主體，顯然有所差別。

以往代表家長行使權力的「家長會」，不過是金主的角色，家長在學校校務扮演資源支持的角色。目前家長會為學校的重要組織之一，對於學校校務運作與經營有相當影響力，而家長參與教育權則將家長視為校務參與者、知識消費者、人力資料庫及「主要投資持股人」（major stakeholder）（Cave, 1990），這些隱喻改變家長對學校支援金錢的形象，轉而提供人力勞動、協助學校發展，共享校務決定，不僅承認親權是學校教育權的主體，也成為學校經營的重要指標。

貳、國際有關家長參與教育權之趨勢

一九四八年，《世界人權宣言》（*Universal Declaration of Human Right*）第二十六條第三項規定：「父母對於其子女所應接受的教育，具有優先的抉擇權」（Liu, 2000, p. 68）。一九五九年《聯合國兒童權利宣言》亦指出：「有責任教育及指導兒童者，應以兒童之最佳利益為其指導原則。此責任首先應屬家長。」一九六六年《國際經濟社會文化公約》第十三條第三項規定：「本公約締約國承諾，尊重父母或法律監護人，為子女選擇符合國家所規定或認可，最低教育標準之非公立學校及確保子女接受符合其本人信仰之宗教及道德教育之自由。」（Teelken, 1999, pp. 283-284）顯示世界潮流相當肯定保障家長教育參與權。

教育券概念興起於一九五〇年代，一九六二年，美國諾貝爾獎經濟學得主費萊德曼（Milton Friedman）在其著作《資本主義與自由》（*Capitalism and Freedom*）一書中提到：家長應有為其子女選擇學校的權利，費萊德曼批評當時時空背景下，公立學校的品質拙劣，教學環境氣氛不佳，父母親抱怨子女接受的教育品質低劣，而納稅者賦稅沉重，因此，應由政府提供所有學齡兒童的家長一張相當面額代金的教育券，讓家長得以支付教育費用，並不受學區的限制，自由選擇任何一所公立或私立學校就讀。一九九八年蓋洛普民調發現大多數的美國人首次贊成政府在私立或教會學校支付部分的學費。此項概念落實為政策始於一九九九年春，佛羅里達州議會批准全美第一個全州性的教育券實施計畫。

在英國方面，一九六七年《卜勞登報告書》建議「要增進家長對學校及其子女教育與參與」，英國保守黨政府於一九八七年五月首度提出開放註冊措施（Maclure, 1992），係希望競爭存在於學校間，好學校因此興盛，而經營不善的學校因此被迫離開這個教育市場之外（Cave, 1990, p. 2）。一九八八、一九九三及一九九六年教育改革法案中，家長參與學校及其子女教育的各項權利，市場化導向的教育是近年來一些國家的改革訴求，著名的政策如「教育券」（voucher）、「開放註冊」（open enrollment）及「家長選擇權」（parental choice）等顯現以消費者意識形態為主的改革趨勢。

參、台灣家長教育權現況

台灣家長教育權主要公布於一九九九年六月二十三日的教育基本法，這種權限的形式包含家長教育選擇權與參與學校教育權。教育基本法第二條明文規定：「家長可依法律選擇受教方式、內容及參與教育事務之權利。」第七條：「人民有依教育目的興學之自由。」第八條第三款：「國民教育階段內，家長負有輔導子女之責任；並得為其子女最佳福祉，依法律選擇受教育之方式、內容及參與學校教育事務之權利。」（顏國樑，2002）教育基本法第十條就說明「教育審議委員會」的成員應包含「教育學者專家、家長會、教師會、教師、社區、弱勢族群、教育及學校行政人員等代表」。家長不再是扮演「默默的支持者」，而是會發聲、有意見、有力量的參與者。其他如校長遴選、教師甄試、教師申誡……等等，其組織成員也都含有一定的家長代表比例。

而根據家長參與教育法草案第五條規定「學生家長及其組成之法定團體為參與教育事務之個別事項依不同情節，得行使教育選擇權、組織團體權、資訊公開及請求權、異議權、申訴權、參與決定及協商權及監督權。」這些權限分別說明在第七條到第十三條有說明。這些法條一旦通過立法，家長管理（parentocracy）（Brown, 1997）教育的權利將相對擴大，而學校也相對地承擔更大的責任，因此家長如何參與、時機、條件與項目，也成為學校行政必須正視的問題。

例如，根據該法案第九條，家長擁有下列項目擁有資訊公開及請求權：

一、課程內容、教學目標、能力指標、教學方法、輔導方法、以及學生個別學習及輔導之紀錄和資料。

二、學校校長、教師及其他人員之學經歷。

三、學校教師評鑑作業與結果的資訊，應由教育主管機關告知之。

四、學校代收代辦費及其他收支明細。

五、學校有義務於班級學生家長會召開前，提供班級學生家長通訊名冊給班級學生家長會及學校學生家長通訊名冊給學校學生家長會。

六、教育經費預算之編列及執行。

七、有關學生權益之法令、政策、釋函及其他資訊。

而家長對於學校人員教育子女之方式與內容有不同意見時，得有異議權，學生家長「得請求更正、修正或補充、調整之，教師除有不當理由外不得拒絕。而家長認為教師對其子女之措施有不法或不當，得依法提起訴願或行政訴訟」。

此外家長有參與與監督學校事務之權，且應與教師代表對等比例之學生家長代表員額。學生家長並可組教學評議委員會，研議查核不適任教師，以送交學校教師評審委員會處理。問題是：家長的親權是否可以擴大到參與甚至管理校務？家長參與教育法草案，突顯家長對其子女教育位置的重要性，家長有知識消費的傾向，學校成為知識的販售場合，當然，學校不宜藉專業自主之名，行綁架學童的實，但當家長參與呼聲震耳之際，校方在追求卓越與績效價值的同時，我認為公平與正義等亦是相當值得重視的價值（劉世閔，2004）。

肆、家長團體對教育政策的影響

台灣於一九五〇年公布台灣省各級學校學生家長會設置辦法，雖經幾度修法，其組織架構與功能，一直為人所批判，九年後聯合國公布的兒童權利宣言主張兒童之教育者須以兒童之最佳利益為指導原則，這樣的觀點也反映在我國教育基本法中規範教育的主體是人民，一九八八年成立的主婦聯盟，開始提倡家長教育權的概念，一九九五年元月台北市公布實施台北市中小學校學生家長會設置辦法，一九九六年年底台北市家長協會成立，隔年高雄市跟進，二〇〇一年更將學生家長會設置辦法修正為高雄市公私立各級學校學生家長會設置自治條例，因此，各地新式家長會建立後，家長會不但積極參與學校校務，更逐漸擴大組織影響教育政策，家長和學校的關係由金主改變成夥伴，從被動改為主動，例如台北市中小學生家長會聯合會即結合全國二十個家長團體，推動學生家長參與教育法的立法工作，家長可參與學校遴選校長、聘任教師、選擇教科書，校務方案的規劃，賦予家長參與學校事務的法源依據，欲使家長組織在學校結構中占有一席之地。四一〇遊行更是類似這種組織合縱連橫的產物，又例如台北市家長教育成長協會也積極推動家長及相關教育人員知能進修與成長，辦理親職教育，推動家長成長課程、活動及教育研討會，一方面與教育部合辦大手牽小手九年一貫齊步走活動，一方面承辦教育廣播電台《教育十方談》節目，推動power教師甄選活動等各種教育政策立法、監督地方各項教育制度及其落實程度。

第四節 學　生

時代變遷，學生權益意識高漲的今日，程門立雪的典故在當今社會早已被標籤為封建與保守，傳統師生間的關係應建立在倫理的、情誼的關係上，近年來逐漸被契約觀與消費者觀所取代，所謂契約觀是將學生和學校視為平等的契約關係，學校應保障學生學習權力。所謂消費者觀主張學生是消費者，其受教權應受到完整保障，學校應提供適當課程及師資來滿足其需求。

壹、學生權利意識的興起

《教育基本法》第二條開宗明義即為：「人民為教育權的主體」，從受教權到學習權，國家皆應予保障。基本上，學習權是一種接受教育、基本人權的一部分（例如一九八五年聯合國教科文組織所發表的學習權宣言）。《教育基本法》第十五條也提到，「教師專業自主權及學生學習權遭受學校或主管教育行政機關不當或違法之侵害時，政府應依法令提供當事人或其法定代理人有效及公平救濟之管道。」問題是設若教師行使罷教權，是否因此妨害學生學習權？此外在台灣，學生參與校務權是被刻意忽略，幾乎所有校務的代表就是缺乏學生。

貳、學生權利

教育鬆綁後（教育部公布教師輔導及管教學生辦法已於九十二年十月十六日廢止），而學生的權利也逐漸被重視，學生權利即身為學生在教育情境及法律保障下所應得到的權利。常見的權利包含：一、學習權；二、自由權；三、平等教育權；四、自治權。

一、學習權

學習權是基本人權的一部分，學習權是一種接受教育的權力，個體因為在接受教育的過程中得到學習，能夠成長與發展，所以保障學生學習權應該是基本人權的一部分。一九八五年聯合國教科文組織所發表的「學習權宣言」。我國《教育基本法》第八條第二項規定：「學生之學習權及受教育權，國家應予保障。」由此觀之，教師的教學自由自是受到學生學習權相當程度與項目的制約。

根據《憲法》，學生到學校求學，有權要求最好的環境供他學習新知的自由，為提升學生的學習興趣，增進學生的學習效能，提升學生的學習品質，解決學生課業疑難及加強學生思考能力、溫故知新，所以學校可依規定裁撤不適任教師，在寒暑假及其他假日時間安排學生到學校上輔導課。

二、自由權

過去學生的自由權一直未受到應有的重視。隨著政治解嚴，社會變遷，國內學生對自由權之要求，也有日益增高的趨勢。一般所重視的自由權可以包括表意、穿著、人身與財務等。所謂表意自由權係指學生言論表達自由與刊物出版自由。「發表權」包括學生言論表達自由與刊物出版自由。學生有言論自由權，因此近年許多學生多有架設 BBS 站，以提供同學間討論及批評其對學校任一分子的意見，但 BBS 站是提供同學間資訊的互相交流，若有對他人造成人身攻擊的言論都是需要被加以禁止的。在「學習階段」，學生欲表達他們的思想與情意自應接受學校的教育輔導，否則，難以陶鑄其成熟正確的思想見解。不成熟的偏頗意見，常易對他人造成污染影響。學生言論表達自由與刊物出版自由故應予以尊重，但是，若學生言論超越某一限度，則學校應該有輔導、監督、取締、糾正的權責。

至於穿著自由係指學生可以根據自己喜好穿著到學校上學，不過此觀點可能受到學校組織氣氛與文化差異而有不同規定，近日長庚大學一男學生因 NBA 球賽與同學賭博，因賭輸遵守諾言裸奔風波，學校將該生留校察看，此一「溜鳥事件」因網路的傳閱，吹縐了全台教育的春水。

而學生的人身自由權主要根據《憲法》第八條：「憲法保障人民不受非法逮補、拘禁、審問之處理」可說對人身自由權做了最佳的保障。不過，體罰經常出現在學校現場，就教育立場來說，學校也應保障學生不受無端的懲戒，中小學教師應嚴格遵守禁止體罰學生，不當的體罰將受到法律的制裁。

在學生財務自由權方面，由於《憲法》第十五條：「人民有財產自由。」因此，學校若沒收學生的物品時處罰不當，很有可能會侵犯學生的財產權。當然，學生若攜帶危險物品或任何政府查禁的物品，則學校有權依法扣留或沒收，經沒收之物品切不可據為已有，或轉贈他人，以免侵害學生的財務權。

學生的尊嚴與隱私權，由於國人對隱私權一般來說並未加以尊重，事實上，教師在學生輔導過程，涉及學生隱私權的機會甚多。如：教師可從學生週記、家庭訪問、個人基本調查表，或輔導資料中，獲悉學生的隱私。為輔導學生需要，老師當然有權利知道學生的個人資料，但是，老師未經當事者的同意，應無權將學生輔導的個案資料，提供給無關的第三者。而學生可以要求學習紀錄權，學校則有義務提供。

三、平等教育權

在平等教育權方面，學生的平等教育權包括受教權與教育機會平等。《憲法》第七條：「中華民國之人民，無分男女、宗教、種族、階級、黨派在法律上一律平等。」《憲法》第十五條：「國民受教育的機會一律平等。」因此，平等教育的強化，確立國家基本教育方針。

四、學生自治權

關於學生自治權方面，自治權包含了學生自組社團，選舉幹部處理班級事務，推動學生福利服務工作。自治權包括學生依照學校規定組織社團，並自行選舉幹部領導社團，及推動學生福利服務工作，學校是學生社會化的場所。因此，提供學生自組社團，以實踐民主政治的教育機會，自有其必要。但學生自治的基礎在於學生有能力處理學生社群本身的事務。學生自治權一般均受到尊重，學生被授予社團自治權，乃是基於教育活動實施的必要，因此，學生不可以藉口「自治」，而拒絕學校的行政管理或輔導。

就法律上來說，學生有權接受教育，老師有義務教導學生，教師輔導與管教學生的權利來自於家長親權的轉移，所謂的教師「懲戒權」並不表示教師可以任意處罰學生，而學生則有服從師長教導、遵守校規、認真學習、接受測驗考試、敬業樂群、愛護公物的義務，不過隨著時代變遷，學生的自主提升、學生所自行發展的次文化也成為校園值得探究的議題。所謂文化，係指人類一切行為的綜合，包括人類的知識、想法、態度、價值及意見。而學生次文化（sub-culture）乃一種寄生於主流文化社會變遷之產物，處於同年齡層、同身心特質之次文化，其行為取向受同儕認同所影響。因此社會中某一特定的族群具有的獨特的思考、生活形態、價值觀念、行為舉止，使用的俚語以及心理特徵等綜合體，展現在思想、語言與舉止上，諸如速食文化、服飾文化、名牌文化……等，皆可稱為次文化。

第五章
國際教育政策比較篇

本章精華

一九九四年，台灣教育掀起繼五四運動之後的震撼，教育改革的呼聲響徹各界，似乎為台灣教育的任督二脈注入一股活水。然而，台灣教育體質似乎對於這股活水有點水土不服，價值典範在不同脈絡下，有其時代背景，教育的目的在追求平等的實現抑或促進品質的提升？就功能論而言，教育確有重整社會階層的功用，然而，綜觀世界各國之脈動，與詳析其與台灣目前的教育生態關係，各國教育政策除了解決當地教育問題為務外，複製政策似乎也是一股新興主流，本文將以另類思考提出下述批判。

美 國

壹、美國簡介

美利堅合眾國，簡稱美國，位於北美洲中部，橫跨大西與太平兩洋，首都為華盛頓。美國總面積 9,372,614 平方千米，幅員相當廣大，其所屬阿拉斯加州位於北美洲西北部；夏威夷州則位於中太平洋北部。

美國是個移民國家，世界各大洲約有一百多個民族的後裔生活在美國，在共同的經濟生活中逐漸融合成為統一的美利堅民族。官方語言為英語，居民多信奉基督教新教、天主教、猶太教和東正教等。

美國是經濟高度發達的國家，生產規模巨大，部門結構完整，國民生產總值長期居世界第一位。

其聯邦政府實行立法、行政、司法三權分立；任何人不得凌駕於法律之上。最高立法機關為國會，由參議院和眾議院組成。行政為總統內閣制，總統是國家的元首兼政府領袖，內閣由各部長和總統指定的其他官員組成。最高司法機關是聯邦最高法院。民主黨和共和黨為美國兩個主要政黨。其他黨派還有共產黨、社會黨、社會勞動黨、社會主義工人黨等。

美國教育事業發達，教育機會廣泛，美國雖屬聯邦制國家，但各州擁有較大的自主權，各州的學制，由各州自行管理，各地的教育計畫及程序並不一致。美國的義務教育包括初等教育（elementary education）和中等教育（secondary education），在完成十二年的義務教育後，如果想繼續升學，就進入高等教育。

一九五〇年代中期以前，美國聯邦政府將教育事業視為地方學區的責任而漠不關心。一九五七年十月四日蘇俄發射第一枚人造衛星史波尼克號（Sputnik 1），該衛星以每九十六分鐘繞行地球一周，此舉對美國人的自尊心造成嚴重的傷害，開始檢討起自己的教育，圖謀對策以求跟進，因此於一九五八年通過了國防教育法案（National Defense Education Act, NDEA），教育界開始注重解決問題與創造性思考的課程，積極加強中小學的數學、科學及外國語文課程，企圖使美國躍升為現代第一強國，促進課程的現代化，而美蘇國防競賽，也促使美國國家航空及太空總署（National Aeronautics and Space Administration, NASA）在一九六九年七月二十日完成的阿波羅計畫（Apollo Program），在阿姆斯壯順利登月的腳印見證下，扳回一城。

貳、雷根時期

美國第四十任總統雷根（Ronald Reagon）從一九八一年迄一九八八年間，主掌美國國政長達八年，他認為若聯邦介入過深，反而使州及地方對教育解決問題不積極，因此雷根認為應落實地方分權的政治主張，強化州政府在教育改革所扮演的角色，所以主張將教育權回歸地方政府。雷根的新聯邦主義（new federalism）具體措施可以簡稱為五D：即裁撤教育部（disestablishment）、分權化（decentralization）、鬆綁聯邦補助案之規定（deregulation）、降低教育在聯邦的地位（de-emphasis）以及削減聯邦之教育預算（diminution）。不過，當時並未通過廢除教育部，至於打破公立學校獨占，激勵公私立學校間之競爭及卓越表現，支持教師優良者加薪升等，訂出高中畢業成就表現標準，重學習內容，賦予家長選擇權，加強傳統教學價值，教育權責移付地方政府。

一九八〇年代，日本汽車工業和其他製造業的生產力都超越美國，根據許多指標也發現，美國學生學業成績低落，在國際上的排名淪落至倒數一、二名，最基本的日常閱讀、書寫及理解能力測驗不足，因此疾呼檢討教育缺失，提升教育水準，造成美國企圖在教育上努力力爭上游。

一九八三年四月，由美國總統雷根倡議，教育部長Terrel H. Bell任命的「美國國家教育卓越委員會」（National Commission on Excellence in Education），此委員會係由前加州大學總校長David P. Gardner所領導的十八位學者及政府官員所組成的研究小組，他們參酌美國國內及各國教育現象發現：美國於後工業時代正處於空前的危機之中，工業、商業、科學、技術方面已失去了世界領先的地位，在教育質、量上的表現上嚴重下降，學生測驗成績差、科學數學上很低的選修率、學校沒有充足的資源、教師也缺乏足夠的素養等。

因此，該委員會於一九八三年出版了一份名為《危機國家：教育改革勢在必行》（*A Nation at Risk: The Imperative for Educational Reform*）的報告書，要求回歸基礎（back to basics），學校教育也成為被苛責的對象，該報告並提出三十八項規定，具體的建議如：注重五種基礎訓練（即英語、數學、自然科學、社會科學和電腦科學），學校、學院和大學應採用標準化成績測驗，延長學習天數與時數，嚴謹的基礎學科核心課程，提高師資質量，更好的教科書，改善教師待遇，建議中小學教師的薪資、升遷、職務保障及停職等的決定，必須建立在一項有效的評估制度上，使優秀的教師能獲得獎勵、中等的教師受到激勵、劣等教師被要求改進或解雇，並加強對學校的領導和財政資助。

而緊接著其後所興起的教師專業活動，如，卡內基教育和經濟論壇在一九八六年的出版的《準備就緒的國家》；霍姆斯小組（the Holmes group）於一九八六年公布的《明天的教師》，四年後再出版了《明天的學校》、一九九五年又出版《明日的教育學院》，在這一報告當中闡明了建立專業學校以及進行教師教育改革的六項基本原則；全美教學與美國未來委員會（NCTAF）報告於一九九七年出版什麼最重要，將教師質量問題置於中心位置（王雪峰，2004）。教師專業的重視與專業能力的養成，也從此時期展開序幕。

參、老布希時期

喜歡自稱為教育總統的老布希（George H. W. Bush），從一九八九年迄一九九三年擔任美國總統，他本人相信：優秀的教師是辦好教育的基石，因此他於一九九〇年一月三十一日在參眾兩院聯合會議上，提出全國教育目標的方案，並於同年二月二十六日，由聯邦教育部正式予以公布其內涵。隔年四月十八日他和五十位州長於在白宮舉行盛大集會，宣告「美國 2000：教育策略」（America 2000: An Education Strategy），這項策略被認為是一項影響深遠的策略，在急劇變遷的世界中，教育改革應致力於實現學習社會目標。在本項方案中，布希政府揭示了六大教育目標，其要點如下（U. S. Department of Education, 1991；Swanson, 1991）：

目標一：在二〇〇〇年以前，所有美國兒童做好就學預備（all children will start school ready to learn）。

目標二：在二〇〇〇年以前，高中生畢業率達到至少 90 %（90 percent of high school students will graduate）。

目標三：在二〇〇〇年以前，各級學生應具有英語、數學、科學、歷史及地理等基本學術能力，並成為有責任的公民（students will be competent in basic subjects and exhibit responsible citizenship）。

目標四：在二〇〇〇年以前，美國學生的科學與數學成就，將領先全世界（U. S. students will lead the world in mathematics and science）。

目標五：在二〇〇〇年以前，美國成年人將具有讀寫等基本素養，並擁有知識及技能以應國際經濟之競賽（every American adult will be literate）。

目標六：在二〇〇〇年以前，每一所美國學校都將免於毒害與暴力，並能提供有助於學習的有紀律環境（schools will be drug-free and safe）。

此一策略在實現國家六大教育目標，改革美國中小學教育模式，分析該報告書的內涵，此報告書所涉及的層面，從學前教育、學校正式教育，到成人的終身教育均含蘊在內。其中五大基本學科（英、數、科學、史地）的精熟，已成為課程結構中之一部分，而青少年犯罪與毒害的問題，也都已列入政府關切的課題。誠如布希在宣布這項全國教育目標的演說中所指陳，透過這六大教育目標的達成，美國所要培養的是一個適合下一世紀所需要的有教養的公民；透過貫徹教育目標而建立一項新標準，也唯有經由此途徑，美國人的教育表現，在二十一世紀才能領先群倫（梁恆正，1992）。這項策略為當今學生創辦更具績效的學校，社區即教室的美國式教育。

肆、柯林頓時期

雖然美國憲法規定公共教育非屬聯邦權力，但總統與國會可透過教育部來設定教育目標。老布希總統屆期任滿後，民主黨總統候選人柯林頓當選，他上任後對老布希的教育政策作了局部的修改。美國國會與柯林頓政府於任內簽署三大教育法案分別是「改善美國學校法」（Improving America's Schools Act of 1994，簡稱 IASA）「學校就職機會法」（School-to-Work Opportunity Act, 1994）及一九九四年三月三十一日頒訂「目標二〇〇〇年教育法」（Goals 2000: Education America Act，簡稱 Goals 2000）。

一、改善美國學校法

柯林頓政府修改自一九六五年由詹森總統公布的抗貧法案中的中小學教育法案（The Elementary and Secondary Education Act, ESEA），改名為「改善美國學校法」，此一法案具有下列特色：

(一)提供約一百一十億美元之經費給地方學區及學校改善其教學品質，經費使用的主要對象是那些經濟環境較差的學童們。

(二)促使各州為學生們訂定高的學業標準。

(三)使校園免於暴力及毒品威脅。

(四)提供教師之專業進修資源。

(五)透過委辦學校（charter schools）及取得科技為教育改革創造誘因。

(六)廢止聯邦政府繁瑣之規定及調整聯邦政府計畫以促進州與地方學校的改革等項（江樹人，1994）。

此法的重點在於促使各州訂定高的學業標準、使校園免於暴力及毒品威脅、提供教師專業進修資源、廢止聯邦政府繁瑣之規定及調整聯邦政府計畫以促進州與地方學校的改革等。

二、學校就職機會法

在二十一世紀的知識經濟時代，工作者的特質是長於解決問題、思考敏銳及可工作中學習，然而老式的教學方式不足以因應具有挑戰性的現代社會，因此，柯林頓所簽署的學校就職機會法案（School-to-Work Opportunities Act, 1994），這是一項由聯邦提供經費給州發展兼顧學科、職業試探及訓練之教育計畫，是項計畫倡導結合學科、職業試探與訓練的教育方式，包括以學校為基礎的學習（school-based learning）、工作為基礎的學習（work-based learning）及學校通向就業的連結活動（connecting activities）。

三、目標二OOO

另外一項重要法案為目標二〇〇〇，在經過美國眾議院和參議院討論及修改，於一九九四年三月底在聖地牙哥簽署《目標二〇〇〇年教育法案》（Goals 2000: Educate America Act），這項法案係美國一九八九年國家教育目標發表後，經歷五年努力的成果。該項法案是美國聯邦政府首次訂定全國性教育標準，帶頭推動教育改革，提供各州及社區財政上的支援，旨在協助州及社區提高學生的學業標準，使得州和各地得以順利運作進行教育改革，建立州地方夥伴關係，發展挑戰性學業標準，進而改善學校教育，並加強學校績效責任，以幫助學生達到其高的「標準」。其法案條文如下：

(一)確立國家教育目標。

(二)設立國家教育目標小組。

(三)成立國家教育標準及改革委員會。

(四)成立國家技能標準委員會。

(五)補助州及地方教育改革。

(六)免除教育規定的權力。

(七)加強教育研究。

(八)維護校園安全。

(九)發展教育科技。

(十)成立父母協助中心。

(十一) 推行少數民族公民教育。

(十二) 推展國際教育。

柯林頓政府的「目標二〇〇〇」，該法案所列目標的大要為，在西元二〇〇〇年之前，美國所有的兒童在就學時均已有學習的準備，高中生的畢業率將至少增加到百分之九十，所有的學生在完成四、八和十二年級時，在下列具挑戰性的學科能表現出相當的能力：英文、數學、科學、外語、公民和政府、經濟、藝術、歷史和地理等九個領域；美國的每一所學校將確保所有的學生均學會良好地運用其心智，以使他們對我國現代經濟所需之有責任的公民、未來的學習和具生產力的就業人員等能有所準備。美國學生在數學和科學的成就將是世界第一。美國的每一位成人將具有讀寫的基本素養，並且將擁有在全球經濟競爭與運用其公民權利和責任所必需的知識和技能。美國的每一所學校將免於毒品、暴力、未經許可的槍械與酒精飲料之害，並且將提供一個有紀律、有助於學習的環境。全國的教學人員將接受繼續改善其專業技能所需的課程方案，並且有機會學得教導和準備下一世紀所有的美國學生所需要的知識和技能。每一所學校將促使家長投入並參與能提升兒童之社會、情緒與學術成長的夥伴關係。

伍、小布希時期

沒有落後孩子

共和黨的小布希上台後，新任教育部長 Roderick R. Paige 於二〇〇一年二月十五日對國會參議院作證詞時，提出 NCLB 作為教育改革計畫的主軸：賦予各州、學區及學校更大彈性與績效責任制度，減少官僚形式主義，充分照顧每位學生，縮小學業成就差距，照護貧窮及少數族裔學生。該法案內容共分十篇，其中第五篇直接以「擴大家長教育選擇」為題。學區制的觀念逐漸打破，另類學校逐步產生，家長或學生的選校權大為增加，也針對各州對所有的公立學校和學生訂定「閱讀」和「數學」的成就水準需達到精熟。小布希隨即於二〇〇二年一月八日簽署《沒有落後孩子》（No Child Left Behind, NCLB）的初等及中等教育修正法案，列為中小學教育革新的優先政策，此法包括總統的四項教改原則：強化教育結果的績效責任，賦予促進彈性和地方控制權，擴充家長教育選擇及加強經研究證實有效的教學方法。

因此，詹森時期的《學童教育卓越法》（*Elementary and Secondary Education Act, ESEA*），雷根時期國家的危機，老布希時期的二〇〇〇年的美國教育策略，柯林頓時期的目標二〇〇〇年教育法、改革美國學校法及學校通向就業機會法，以及小布希時期的沒有落後孩子都可以看出美國教育政策發展的軌跡。

第二節 英國

壹、英國的位置

英國全名為大不列顛及北愛爾蘭聯合王國（United Kingdom of Great Britain and Northern Ireland），又名大不列顛（the Great Britain），國土包括英格蘭（England）、威爾斯（Wales）、蘇格蘭

（Scotland）及北蘭（Northern Ireland）四個地區前三個地區，合起來稱為大不列顛（Great Britain），四個地區總和起來則稱為聯合王國（United Kingdom, U. K.）。

在這四個地區中，英格蘭及威爾斯的人口占全人口的 90%，且其教育制度大致相同。兒童通常在五歲時進入幼兒學校，所有人在五歲至十六歲期間均要接受義務教育，公立學校提供免費教育，私立學校則由家長負擔學費，英國有世界上相當著名、且古老的學校、學院以及大學。

貳、一九四四年教育法

第二次世界大戰期間，英國通過了一九四四年教育法。此法為英國歷史中的重要基礎，因為部分的大眾對於更好的戰後的世界，希望改進健康服務、住屋和教育（Lawton, 1995）。此法提供義務且免費教育給五到十五歲的孩子們。此法通過後，規定小學畢業生依能力施予不同之教育，而中等學校就有三種，一為文法中學（secondary grammar school）；二為技術中學（secondary technical school）；三為現代中學（secondary modern school），因此此法促使英國中等教育全民化，也反映出終身教育的理想。

參、卜勞登報告書

英國政府於一九六七年出版《卜勞登報告書》，書中建議政府宜對文化與地區不利地區，引用積極差別待遇（positive discrimination）的原則，透過政府一套完善的補償計畫或策略，提供較多物質及經濟教育資源，以增進弱勢地區的教育環境條件，提供教育優先區（educational priority areas）以縮短地區間教育水準的差異，以補償文化不利者，特別是少數族群（Feintuck, 1994）。

這份報告係引用英國曼徹斯特大學（Manchaster University）史提芬・威斯曼（Stephen Wiseman）對曼徹斯特地區的一項研究，研究結果指出：家庭環境是影響兒童學業成就之最主要因素，而且兒童年級愈低受環境因素影響愈大。該報告書建議英國政府：為避免物質或經濟貧乏、不利地區兒童在起跑線上立於劣勢，危害教育機會均等的理想，政府應積極介入改善這些地區學校之校舍與社區環境（吳清山、林天祐，1995）。

換言之，這項計畫要求政府採用補償教育的觀點，採取「垂直平等」與「人道正義」的原則，就不利文化發展、欠缺物質設備條件、偏僻地理位置、師資素質不足、人口老化或外移嚴重、學生成就偏低等處於劣勢的區域加以補助。

肆、一九八八年《教育改革法》

在一九八七年保守黨會議的演說中，素有「鐵娘子」稱號的英國首相柴契爾（Margaret Thatcher）說明學校和經濟成功間的直接關聯：

> 為了在明日世界與日本、德國和美國抗衡，我們需要良好教育、訓練與創新的年輕人，如果今日教育惡化，明日國家表現亦將惡化。八〇年代與九〇年代不論誰當首相，教育都被列為首位（Moon, 1996, p.

12）。

上述談話可以看出英國將教育視同國力，自二次大戰戰後以來，英國的國力衰退，尤其在經濟方面更是明顯，經濟的表現不佳，連帶引起政府合法化的危機（魏宗明，2000），於是一九八八年通過《教育改革法》（1988 Education Reform Act, ERA），這項被 Moon（1991）斷言，「本世紀中的最重要的教育改革之一」（Basini, 1996），係由柴契爾及其保守黨政府所推動，當時主流的保守黨政治意識形態，有人稱為新右派，或柴契爾主義（Thatcherism），ERA 的主要策略包括了國定課程（national curriculum）、自由市場機制（例如教育選擇權）和將大部分預算設置到學校並提供學校權利招考、選擇教職員的撥款支助學校（GMs）（Odden & Busch, 1998）。

透過 ERA 法案，Thatcher 政府一方面削減地方教育局的職權，一方面增加中央集權及學校責任。由於市場機制的涉入，人道式的正義（human justice）的概念逐漸為功績正義（merit justice）所取代，Arnot（2000）認為利他主義的觀念已經結束（p. 77），教育自由市場化時代來臨。

一、國定課程

英國的國定課程（national curriculum）是根據 ERA 所制定，自一九八九至一九九二年逐漸為英格蘭及威爾斯的中小學採用，此項課程由教育科學部國務卿 Kenneth Baker （then Secretary of State for Education and Science）所提出，用來建構國小與國中的課程（Moon, 1996）。國家規範的課程設定從五歲到十六歲（Raffe, Brannen, Croxford, & Martin, 1999），此項課程規範所有學童在每一個學習階段所應達到的最低限度，並規範了學科、教學內容及學習目標。

國定課程的內涵主要有三門核心科目（core subjects），為數學、英文與科學；七門基礎科目（foundation subjects），為歷史、地理、工藝（technology）、音樂、藝術、體育與現代外國語（Thomas, 1990, p. 48），以促進學校教育品質的標準化。由於國家課程實施以後，英國的教育部門深覺學科分化，一些重要的內容在國家課程中易被忽略了，因此設計跨學科課程來彌補這個缺陷，包含：

(一)核心基礎課程：英文、數學及科學。

(二)其他基礎課程：藝術、設計及技術、地理、歷史、資訊科技、音樂和體育。

(三)跨領域議題：例如健康教育、個人及社會科學、性別與多元文化議題平等機會的考量。

(四)跨領域能力：例如語言、讀寫能力、計算能力、資訊科技能力、科學方法運用和設備的使用等。

(五)跨領域主題：例如經濟與工業的認識和環境教育（Moon, 1996; Thomas, 1990; Ashcroft & Palacio, 1997）。

至於國定課程這一個架構的主要目的有四，它們是：

(一)授予學生接受國家課程中之各項學習的資格（to establish an entitlement）。

(二)建立全國性的學生表現標準（to establish standards）。

(三)促進課程的銜接與連貫性（to promote continuity and coherence）。

(四)促進大眾對於學校教育的了解（to promote public understanding）（DfEE, 1999, pp.12-13）。

配合國定課程的實施，英國國定課程中規定的學業成績有兩種：

學童在每一基本階段學習完成之前，即在七、十一和十四歲時，須參加全國測驗（national tests）。

二、家長選擇權

英國的家長選擇權在美國又可譯為學校選擇權（school choice），係指一項複雜的學生分派計畫，其目的在使每一個家長和學生都有選擇學校的自由與權利（吳清山、黃久芬，1995）。為配合該項概念，ERA 便明定各中小學採取「開放註冊」（open enrollment）、設立撥款支助學校（grant maintained schools, GM schools）。

ERA 改變英國教育系統從中央與地方的計畫與合作關係，朝向家長有權選校的市場機制（Lawton, 1995）。在英國，強制教育年紀五到十六歲全時時間就讀的兒童，家長可以選擇學校（Raffe, et al., 1999）。這項法案導致權力從服務供應者（學校或教師）轉移到改變服務用戶（學生或家長），個人的選擇或者購買者據說已經增加，且服務提供者（學校或教師）的責任也提升了（Feintuck, 1994）。ERA 背後假設之一是強迫學校更服膺與吸引家長需求（Maclure, 1992, p. 38）。家長教育權的重視可以說是這項法案的精髓。

補助基金系統係基於一種按人計算的公式來權衡，這套系統直接與開放註冊連結一起，因為要有效地確認基金跟隨學生而補助。然而有人認為這套公式是不足的，主要被批評的理由之一是，提供所有小孩單一的公式是不足的，這套公式不僅以孩子為基，尚須考量學校大小與教育的階段（Maclure, 1992）。

三、撥款支助學校

基於新自由主義消費者利益至上的觀點，英國制定了一九八八年教育改革法，這項法令規定所有的地方教育當局（Local Educational Authority, LEA）管理的中學和小學、中間學校，可以以自願、無記名、秘密投票方式取得大多數家長的同意，經過學校理事會議決，即可申請為中央政府直接支助學校由中央撥款成為直接撥款支助學校。這類學校是一新形態設置的公辦民營學校，經地方教育局管理之下的公立中小學，如批准後，即正式成為這類學校，可以脫離（opting out）地方教育局的管轄，直接接受政府補助（Wohlstetter, 1994, p. 140）。

(一) 撥款支助學校的特徵

撥款支助學校的特徵有三：

1.可以自訂招生方式。

2.減低學校對地方教育當局財政經費上的依賴。

3.學校財務與人事有較大自主權：學校有權雇用並選擇教職員（Odden & Busch, 1998）。

GMSs 有更多的自治空間來決定自己的預算和人員（Tapper, 1997），中央經費支助學校不受所在地區地方教育局的控制，並且成為自主法人機構，直接獲得中央政府的經費支助，故稱為撥款支助學校。所有現有公立初等、中等學校均有資格申請取得中央經費支助的地位。申請的程序可由學校董事會提議，或由超過 20%在學兒童之家長向學校董事會請求提出，然後經全體學生家長秘密投票，已確定是否將此一申請書送至教育與就業部，最後則由部長裁示，成為撥款支助學校須有義務教導國定課程，且須根據國家標準與指引，評估報告學生的進步情況（王如哲，1999b; Davies & Anderson, 1992）。根據 ERA 的規定，地方教育當局管理的中學和具有三百名學生以上的小學、中間學校，可自主透過無記名投票方式，至少 20% 在學學生家長的同意，一所學校如欲申請成為 GMs，須經國務卿（the Secretary of State）批准後，接受政府補助並脫離地方教育當局的控管，由該校教師、家長及社區成員共同管理（Maclure, 1992; Davies & Anderson 1992; Liu, 2000）。為了打破地方教育局的控管，這類學校可直接由中央經費支助學校開支（Wohlstetter, 1994; Maclure, 1992; Davies & Anderson, 1992; West, Pennell, & Edge, 1997）。

(二) 成爲撥款支助學校的優點

根據 Davies & Anderson（1992）分析，成為撥款支助學校的優點如下：

1.學校有作決定的自由。

2.針對教育目標的資源。

3.調整和重新考慮的機會。

4.作出更有效的決定。

5.增加責任感。

6.增加資源。

7.增加家長和學生的承諾（p. 107）。

四、開放註冊

英國一九八八年的ERA便明定各中小學採取開放入學（open enrollment），讓學生就讀學區內或在某些情況下學區以外的任何公立學校，此項措施允許家長為他們的子女選擇接受教育的學校，而不是被指定學校的一項計畫。

ERA 已成功地將權力從生產者轉移到消費者身上（Aldrich, 1995）。自由市場的意識形態也被視為立法的有利資源（Feintuck, 1994）。根據一九八八年和一九九三年的教育改革法案，英國政府採用了準市場（quasi-market）模式（Feintuck, 1994）為家長帶來更多的選擇，這樣的選擇也令有些學者擔心自由選擇將結合優勢社經地位者之利益，使選擇的機制成為複製社會階層的工具。

伍、一九九二年《擴充及高等教育法》

一九九二年在《擴充及高等教育法》（Further and Higher Education Act）規範下，由學校教育範疇改隸擴充教育。擴大教育範圍為提供十六至十九歲者需要之全時教育，且凡是為年過十九歲的學生所提供的教育，均屬於擴充教育的範疇。此法通過後，一九九三年英國大學數量突然由原來的四十八校，倍增為八十八校。同一年度英國將「大學基金委員會」與「多科技術學院基金委員會」合併為「高等教育基金委員會」（Higher Education Funding Council, HEFC）並分別於英格蘭與威爾斯各成立一個「高等教育基金委員會」（丁志權，1999）。

陸、一九九二年《教育法案》

一、建立非屬行政體系的視導制度

英國一九九二《教育（學校）法案》（The Education Act, 1992），針對其學校自主管理制度模式，建立一種新的責任控制機制。那就是於中央教育行政機關之外，設立一個非屬行政體系而由原皇家督學處長所領導的教育標準署（Office for Standard in Education, OFSTED），職司所有中小學每四年一次（威爾斯地區每五年一次）之定期視導（黃嘉雄，1999）。

二、教育標準署的設立

一八三九年，英國政府依法設立皇家督學團（Her Majesty' Inspector of school, HMI），用以加強中央政府對全國教育質量的監控，統管全國督導評鑑工作，教育科學大臣透過皇家督學掌握地方教育的實際情況，皇家督學包括首席督學長、督學長、參議督學及皇家督學。教育標準局設置皇家督學長一人，對國會負責，作經甄選通過，由女皇加以任命，擔任皇家督學須接受一年的職前專業訓練，從ERA以後，由於國定課程的實施，為有效評鑑學校落實該項課程，針對學校自主管理制度模式，英國政府於一九九二年九月一日研究設計建立一種新的責任控制機制。一九九三年即將皇家督學處自教育科學部獨立出來，設計一個非屬行政體系而由原皇家督學處長所領導的教育標準署，專司視導與評鑑所有中小學教育每四年一次之定期視導，評估學校教育的品質，了解學生達成教育水準的程度，評估學校經費是否有效運用，了解學生精神、道德、社會及文化發展狀況等任務，及師資培育機構，威爾斯地區每五年一次之定期視導。OFSTED 成為英格蘭主管學校評鑑的單位，獨立於教育部之外，負責中小學視導事宜，包括視導架構之建構、視導目標之訂定、視導程序之安排、視導人員之訓練、註冊和擇定，視導結果之分析與公布。視導的週期由四年延長為六年，一個視導團隊約為二至二十人，視導時間約為三到五天。

柒、卓越學校

一九九七年五月，號稱自一八一二年以來英國最年輕的首相新工黨領袖布萊爾（Tony Blair），在大選中擊敗梅傑所領導的保守黨，使工黨睽違十八年後重新執政，這位年輕的首相揚棄社會主義的包袱改走中間路線，因此形成所謂新工黨。在布萊爾領導下，國定課程依然繼續實施，一九九七年十月國會通過英格蘭文憑與課程局（Qualification and Curriculum Authority, QCA）的設置，以負責監督國定課程（王如哲，2000）。

新工黨上台二個月後，提出涵蓋未來五年發展計畫的教育白皮書《追求卓越的學校教育》（*Excellence in Schools*），此白皮書的內涵包括七個主要項目：一、新的展望（a new approach）；二、好的開始（a sound beginning）；三、標準和績效（standard and accountability）；四、學校教育的現代化（modernising the comprehensive principle）；五、教學：高地位和高標準（teaching high status, high standard）；六、協助學生提升學習成就（helping pupils to achieve）；七、新的夥伴關係（a new partnership）（張明輝，

1999a）。分析這份白皮書內容包括重視基礎教育，加強績效以提升學校教育的標準，強化學校教學內容之現代化，增進教師的專業能力與家長參與的角色。張明輝（1999b）表示，揭示於二〇〇二年時，全英國各中小學必須和家長簽訂「家庭與學校」契約，並且明白規定學校及家長的教育權利和義務；另外，在教育白皮書第七章「新的夥伴關係」也強調形成一種新的改革架構，由社區支持績優學校的繼續存在與發展。另外，英國目前所推動的「教育行動區計畫」（education action zones program）基本上是學校的社區群集，著眼於結合社區資源、改善所有不利於學校教育的因素，以有效協助中小學的教育革新與發展。

捌、小結

綜觀英美兩國教育政策的趨向，可以發現政策的趨勢從人道的公平轉移到功績式的公平，教育政策的規劃也逐漸納入新自由主義的色彩，市場機能逐漸影響教育政策的導向，分權化與績效責任的管理機制，產生自主性高的契約學校（美）與撥款補助學校（英）等公辦民營形式的學校，同時國定課程的規範與全國性目標（如Goals 2000）的建構，強化學校的績效責任。家長參與教育權力理念的興起，例如美國NCLB與英國ERA的提倡，轉變原本家長與學校之間的關係，家長角色從協助到積極參與。這些理念與措施，也逐漸被台灣留學英美、在教育階層位處菁英的學者專家、政策研擬者所引介並運用到學校的職場。

第六章
研究方法與方法論篇

本章精華

本章的研究主題是針對台灣自一九九四年教育改革以來，以台灣為研究場域，對不同層級的研究對象訪談其對於政策理念觀點，並就兩地學校實際因應策略之研究。首先描述研究對象與現場，並詳述研究方法及方法論。

研究對象與現場

壹、研究對象

主要報導人（key informants）係指關鍵的資料提供者，又稱為知情靈通人士，具有特殊知識、地位的資料提供者，可以參與研究者無法進入參與的觀察，卻可以提供研究者所要獲得資訊的主要關鍵人物。他們通常具有熟悉現場文化、有意願接受訪談、並能就其本身角度提出其觀點等特質。有些學者認為關鍵資料提供者最好具有選擇觀察力、反思能力、能言善道及知道敘說的故事者。在參與觀察時，要能和現場所有的人發展密切的關係，尤其是現場一些主要的人，他們是資料的主要來源者，必須和他們建立良好的信任關係，這些主要報導人，不僅是敏銳的關鍵資料提供者，也可能成為研究的合作者（黃瑞琴，1999；胡幼慧，1996）。

本書的研究對象主要分兩階段：第一階段訪談對教育改革主軸理念之闡述，以規劃與推動教育改革政策相關之官員、教育改革審議委員會之委員、教師會重要代表、學者專家為主詳如【附錄一】。

第二階段則探訪教育政策執行面之成員對於新教育政策之觀感，主要報導人以訪談台灣東西兩地兩所試辦九年一貫學校成員為主，包含兩校的校長、教務主任或教學組長以及試辦年級的學年主任及教師，在取得受訪者同意函後，即展開資料蒐集工作，如【附錄二】。

第一與第二階段的研究皆採取質性研究的方式，強調探索知識多過印證理論，重詮釋意義勝於呈現事實。由於本計畫係對台灣一九九四年教育改革後，從重要政策關係人之訪談到比較兩所學校教育從事人員對於實施新政策的感受與需求，採取訪談、觀察與文獻分析等質性方式蒐集資料，從二〇〇〇年十二月十一日開始蒐集相關文獻，當確定研究主題後，經取得擁有進入研究場域允許權的守門人（gatekeeper）同意，嚴祥鸞（1996）認為取得守門人同意有二原則：一是事前演練如何回答對方的問題。二是運用「關係」（connections），如果有人可以幫助取得同意，不妨多利用。本研究所指的守門人，主要係指掌有兩校價值、典範的輸入與塑造的校長。翌年五月進入C校現場，九月進入T校（由於七、八兩月適值暑假）。

剛進入現場的我，讓受訪者難免存有疑慮，為了保持良好的關係（rapport），我採取每隔兩週一次的見面（一週一校）的熟悉原則，使受訪者逐漸暢所欲言，直到二〇〇二年六月才完全離開現場，這段期間適值國民小學九年一貫課程政策的試辦實驗期。

貳、研究現場簡介

第二階段研究的現場分居於台灣東西部，兩所學校皆是試辦九年一貫課程的小學，唯西部位處市區的試辦 C 校係由其轄區教育局指定，東部位處鄉間的 T 校則係自行參與。

一、C 校巡禮

西部○○市的 C 國民小學（化名，以下簡稱 C 校），是一所規模為三十八班的國民小學，原係一九五八年八七水災後世界各地之華僑捐款，於一九六一年創校而成立，其後遷往重劃區始有整體規劃，壯觀宏偉的新校舍，硬體方面較具規模，由於 C 校位於交通發達的重劃區內，人口密度高，鄰近學校多，相對的學校興建的密度也高，校舍呈現 U 字形，試辦期間學生數為 1,323 人，呈穩定狀態（如表 6-1），但 C 校試辦範圍僅由一年級參與。

表 6-1　C 校年（班）級人數一覽表

年　級	班級數	人　數
一年級	6 班	214 名（試辦年級）
二年級	7 班	214 名
三年級	7 班	212 名
四年級	6 班	221 名
五年級	6 班	233 名
六年級	6 班	229 名

在九年一貫政策的影響下，英語教學已從國小五、六年級開始全面實施，第一次走進 C 校，迎面而來的是一道川堂，正對前門的是一面鏡子，可以清楚看見鏡子上用英文字寫著 mirror，穿過川堂經過校長室（校長室旁的電話亭上用英文寫著 pay phone）、人事、會計及總務處，便有一樓梯，樓梯旁牆壁上用著同樣的紙卡寫著 stair，另外有一個向下方箭頭上面寫著 Kindergarten，再往前行可以看見洗

手檯，在水龍頭上可以看見faucet（觀察札記）。語文政策，特別是英文教學，融入學校情境，也是此波教改首見，目前也是許多學校模仿的具體措施。

九年一貫課程的實施，使家長教育觀念和學校教學方式都在改變，為了配合九年一貫課程發展的進行，C校實施班群教學模式，由同學年中的兩班或三班組成一個班群，打破了原來既有的班與班的界線，讓老師有共同合作教學的機會，改變以往個人單打獨鬥方式，促進教師教學觀摩與合作的機會，同時促使親師合作，可以讓老師們重新省視親師合作的方向，透過不斷的對話、腦力激盪，老師們可以統整彼此之間對親師合作的思考向度，腦力激盪出適合班群進行的親師活動。

二、T校簡介

位處東部的T國民小學（化名，簡稱T校）創設於一九五五年十一月，原為◎◎縣一所中心國民學校的分班，翌年成立T分校，一九六八年改制為T國民小學，現任校長係一九九二年八月接掌T校，為因應未來社區發展的需求，其特在剩餘校地上興建新穎的校舍，同時也重視學校的軟硬體設備的充實，因此成立「資訊小組」、加強班級網頁、教學網頁設計及電腦教學基礎及進階班等，並積極充實多項設備，該校資訊小組現正編寫程式，計畫與該校圖書館、合作社連線，未來小朋友借閱圖書或向合作社採購，皆可透過網路，充分享受資訊時代的便利，T國小將是全縣第一所可以利用網路向合作社購物的學校。東部的T校雖然是一所鄉間學校，但由於緊臨市區，該校擁有游泳池，並鄰近縣立體育場，校內積極推動田徑、足球、排球、桌球、籃球、網球等重點體育活動，希望回復昔日體育雄風（T 校網站資料）。

T校在試辦時間含特教班一班，幼稚園一班、全校共有二十八個班級，學生人數達八百八十人，教職員工計五十一名。除幼推園外，幾乎班班有電腦，該校校長希望將來每班有兩部電腦，讓學生充分利用網路資源上網查資料，該校目前已完成七十個網點，學生可以隨時上網，進行專題研究，或依課程主題，設計戶外教學活動。由於校長極為重視資訊教育與英語教學，T校將電腦列入該校三到六年級的彈性學習課程，並將英語教學列入一到四年級的彈性教學節數中（摘自 T 總體課程計畫書）。

走進 T 校，可以發現 T 校擁有規模頗大的校園，由於 T 校有少數阿美族學生，在第五及第七度走進 T 小，曾觀察到該校有原住民語教學，這項計畫係由原住民委員會主導的，根據主事者說明該計畫共有兩班，主要針對該校阿美族學生進行阿美族語教學（T 觀札）。

第二節 研究方法論

壹、研究方法論

本研究主要採用詮釋學、政策社會學等論述分析方式，傳說倉頡造字，「窮天地之變，仰觀奎星圓曲之勢，俯察龜文鳥羽」……文字形成後，「於是而天地之蘊盡矣，天為雨栗，鬼為夜哭，龍乃潛藏，文字備有，於以存乎，記注及著」。人類擁有文字幾乎使天地變色、鬼哭神號，因此高達美的哲學詮釋學中說明：語言是凡可以理解的存有，語言成為逼真的工具，神人的媒介，傅科也認為語言如同權力，因此有些文字現象經過詮釋，且與社會脈絡互動後，有了新的含意；在政策社會學中，主要以Ball（1999）等人所主張的政策社會學來分析，來說明台灣教育政策的改變與影響。

貳、質性方法

質性方法（qualitative method）是教育政策分析詮釋與解釋方法的具體運用（黃乃熒，1999），一項政策是否具備功能，須由當時的時空背景脈絡加以理解，才能掌握該政策解決問題的績效。透過傳說（myth）、故事、儀式（ritual）、意識形態等符號以了解教育政策的系統假定。本研究主要採取深度訪談與文件分析等方式：

一、深度訪談

何謂深度訪談？深度訪談是質性研究眾多訪談蒐集資料的方式之一，透過訪談可以獲取研究所需的寶貴資料。

(一)深度訪談的意義

Wengraf（2001）認為深度訪談的深度有二項意義：

1.對某事經深入了解，以對該事件得到更為詳盡的知識。

2.為了了解某些表面看似簡單的事情，事實上的複雜程度，及事情的表面可能相當誤導人們對事情真相的了解。

而所謂的深度，要視深入訪談對研究現象進行理解的層度而言，大體而言，即是對於現場之對象、事物、活動等現象的「厚實描述」、「累贅」、「重複」成為判斷是項標準的重要指標，訪談的內容一旦顯現出達到上述指標的情況，也是研究者可以離開現場的時候。

(二) 開放性問題

非結構性問題也稱開放性的問題（open-ended question），即訪問者並非提出「是非問」與「選擇問」等封閉性問題。如「你是不是討厭上學」、「你喜歡鳳梨、蘋果還是櫻桃」，因為這些問題已經將受訪者的思維給設限；而受訪者不能只用「是（好）」或「不是（好）」、「喜歡」或「不喜歡」、「願意」或「不願意」來回答的問題。因為封閉性的問題，很難引出豐富的資料。例如，「你喜歡寫研究報告嗎？」受訪者內心可能掙扎是否說真話。如果換成「你在學校或以前的工作中，最喜歡負責哪些任務？」就可以引導對方說出其能力及意願。開放式的訪談問題研究者鼓勵受訪者依其興趣隨意談，研究者再挑選某些受訪者主動提到的議題加以深入探索。開放式問題容許受訪者就其所問，自由開放表達己見，可減低受訪者心理產生威脅性壓力感，較能將其真正感受表達出來（王玉民，1994）。

例如第一階段研究有一個問題是「教育改革中大家都在談鬆綁，可以告訴我您所認為的鬆綁是什麼？」由於開放性問題可以容許受訪者就其所問，自由開放表達己見，可減輕受訪者心理的壓力感，也可顯示受訪者的態度、信念、選擇、行動及所重視的事物。

第二階段研究訪談資料的蒐集將採用錄音以忠實記錄主要報導人對即將實施或已經實施的幾項重大教育政策所抱持的反應與意見，

目的在探討基層教育人員對於教育改革政策的假設與觀點，主要採取無結構故事訪談法，此種方式係讓主要報導人以說故事的方式，去詮釋他們生活與社會情境的一些重要事件（Jovchelovitch & Bauer, 2000）。第二階段研究以兩所學校為個案，訪談方式包括個別與焦點團體法兩種。

(三) 個別訪談

根據與 T 校校長訪談後，發現該校教務主任對於九年一貫政策有相當了解，學校許多有關教學與課程的措施多半出其主張，一、二年級試辦人員中則選取該校教學組長及一、二年級學年主任共計五人為主要報導人。

(四) 焦點團體訪談法

焦點團體訪談又稱為「焦點訪談法」（focus group interview），是一種「團體」訪問的探索性研究。透過由一群在某種程度上屬同性質的成員的互動討論，允許研究者、觀察參與者彼此互動的過程，研究著在此活動往往扮演仲介者（moderator）的角色，其所蒐集的資料，便是在團體間互動（interaction）和討論（discussion）的言辭內容為核心，此法能在短時間內針對焦點問題，根據受訪成員的經驗洞察與互動資料，取得有效的資料與洞識，提供了觀察大量語言互動的機會，並且擴大了討論的範圍（胡幼慧，1996）。

焦點團體訪談是和一群合目標的樣本，俾對某問題獲得較佳的了解，或對某一問題、事物、新產品、計畫或觀念進行評估的策略。先設計一個社會環境，個別團體成員彼此的知覺、意見以及觀念，相互激發，透過這種比一對一訪談更為有效率的策略，所蒐集到的豐碩資料，可以提升品質（王文科，2001）。通常由主持人針對預先設計的問題發問，而主持人在過程中要注意區辨並鼓勵成員不同的反應與意見，並引導成員針對問題加以互動、討論；在討論過程中，主持人應減少干預，主持的重點在維持成員間的互動，促使成員某種程度的參與，使成員們使用自然的語彙相互交流的機會。由於受訪者之間的互動能引發「即興的」反應，是為「洞識」的基礎，這種洞識特性，使這方法有助於認知和態度的研究（Morgan, 1988, p. 17，引自胡幼慧，1996）。使用此法須在自由開放的空間下，自然地引發話題、交換意見和分享情感的一種方法（黃瑞琴，1999）。然而，此法也有因研究限制，非自然情境及集體意識干擾某些議題討論而備受質疑。

由於進入 C 校時，大都正值其試辦學年召開學年開會，六個試辦班級導師經常一起開會，也願意接受焦點團體的訪談方式，因而，以 C 校而言，以其一、二年級學年主任為本研究的主要報導人，其餘教師則為焦點訪談的參與者。本研究從二〇〇一年六月起至十一月共計進行四次二個小時焦點訪談，其第一年試辦的學年成員共計六人，暑假過後因升上二年級，由於 C 校並未要求而年級續辦九年一貫課程，因此續對一年級試辦人員進行訪談，一年級試辦成員共計六人，在 C 校進行訪談多用焦點團體訪談法，唯因缺乏同儕研究者，以致分析錄音筆所錄音資料謄寫成逐字稿時，常因分辨到底誰說了什麼，而倍增許多困擾，幸因現場札記補充是項缺點。訪談以開放式（open-ended）的問題，受訪者的答案沒有被事先建構，而是完全聽其自由，在過程中鼓勵受訪者自由地表達所給予的任何問題，每次半結構式訪談將持續約四十五分鐘至一小時，每位受訪者將被訪談一次以上，訪談的焦點在於教育從業人員對於九年一貫政策的理解與其執行時的因應對策。訪談逐字稿在訪談之後加以整理並記錄。

二、參與觀察

參與式觀察是一種研究者直接參與訊息者的生活的特質，由實地內部觀察研究情境文化，以記錄人類每天的生活事實，發掘實踐的和理論的觀察方式，本研究採取全然觀察者的方式，並將觀察所得記錄為現場札記，觀察的焦點包含時間、地點、誰在現場？發生了什麼事？事件間有何相關？及事件為何運作的原因等？為順利進行與本研究有關的研究主題焦點訪談，研究者曾事先與 C 校教務主任協調安排，其中一次正逢該學年準備闖關遊戲事前協調，另一次該學年正與兩位家長進行選擇下學年教科書的會議，由於經常的出現在 C 校，並與受訪者建立良善關係，幾次的會議中，該學年學年主任亦以茶點招待研究者。在 T 校首先與該校校長建立關係後認識該校教務 C 主任，透過 C 主任的安排，得以觀察該校擬訂願景的分組座談會與阿美族教學。

三、內容分析法

內容分析法是用來檢視在書面或符號資料（例如圖畫、電影、歌詞）中的資訊或內容的一種技術。這種研究方法適用於探索性、解釋性及描述性的研究（朱柔若譯，2000）。文件主要包含正式文件與私人文件兩類，正式文件又稱為官方文件，係指經由公領域所蒐集且公布的書面文件、統計資料、備忘錄、會議記錄、札記、檔案、年鑑所建構需求的紀錄。私人文件（personal documents）則係個人為了私下的目的所產生的資料，如自傳、個人書信、日記、家族相簿和其他視聽記錄。

第一階段的研究所使用官方的書面資料，如第一期到第四期諮議報告書，教育改革總諮議報告書、教育部發行的國民中小學九年一貫課程暫行綱要、中華民國教育報告書：邁向二十一世紀的教育遠景等。

第二階段研究所分析的重要文件包括兩校承接試辦工作的公函、表冊（如選書表、願景調查表）、試辦成果（如研討會照片、學習單、活動設計、試辦心聲、總體課程計畫）及網站訊息等。

參、資料分析

本研究資料的蒐集與分析幾乎是同時進行的（圖 6-1），黃瑞琴（1999）認為資料的蒐集並不是機械性地、單純地記錄資料，而是必須同時分析和解釋資料，並且立即判斷這些資料是否相互矛盾，

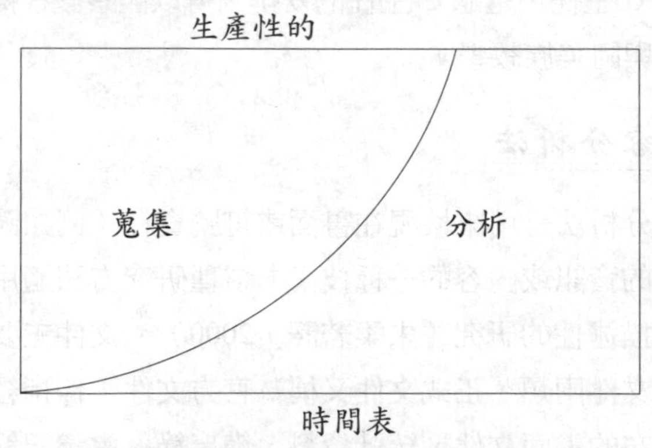

圖 6-1　資料蒐集和分析之間的時間關係圖

資料來源：引自黃瑞琴，1999。

是否需要進一步蒐集更多的資料等。

本研究資料的蒐集與分析使用登錄、形成主題與撰寫故事的方式處理，為保護所有的主要報導人隱私，本研究採取代碼處理（如【附錄三】），並將本研究所使用的工具分述如下：

一、譯碼

質性研究所謂的 coding 大概包含「編碼、譯碼（coding）、登錄」等歷程，即將觀察或訪談所蒐集到的資料轉化，加上賦予概念，再以新的方式將資料重新放在一起的操作或過程，把所觀察或訪問的資料逐字、逐行分解、撰寫、整理備忘錄及寫作，以利展讀資料，可能用電腦或手工操作分析，故建立一套編碼系統來組織資料，包含搜尋資料，以找出規律性和組織型，建立一套編碼系統，找出規律性（regularities）和組型（patterns），以及資料所能涵蓋的課題（topics）及寫下能表徵這些課題或組型的字詞或短語（黃光雄譯，2001），把資料轉移歸類，以助研究者形塑主題的過程。

二、主題

將觀察或訪談的資料逐字、逐行分析、撰寫、整理備忘錄及寫作的一種符碼後，這種過程主要是將逐字稿、現場札記及相關文件等資料標記主題（themes），經過反覆的歸類、修正與驗證，將資料轉化成概念的一種技術，使資料具有充分的可靠度，而 coding 的目的在於將資料逐字逐句的分解，以便很清楚地找出研究者感興趣的地方，或在現場觀察時比較重要、特別、出現次數多的社會現象（胡幼慧，1996, p. 61）。因此，研究者選定主題的方式主要根據下列七個特性：

(一) 重複性

逐字稿、現場札記及相關文件一再重複出現時的資料。

(二) 顯著性

根據本研究目的判定逐字稿、現場札記及相關文件所呈現的內容足以反映受訪者意見獨特與顯著的資料。

(三) 強調性

受訪者提高語氣或情緒迥異於平時所轉譯的資料。

(四) 一致性

當受訪者所提訪談內容與相關文件或觀察所得相符時所呈現的資料。

(五) 相左性

當受訪者所提訪談內容與相關文件或觀察所得不符甚至相反時所呈現的資料。

(六) 轉折性

當受訪者陳述觀點時，以轉折的語氣，如「但是」、「然而」、「不過」和「其實」等引述下之資料。

(七) 時序性

從時間結構而言，時序性（temporality）是一種意識的內在特質

（鄒理民譯，1991），因此，時間的序列可以了解事件發生的先後順序，以釐清事實真相與因果。

三、敘事

本研究所指的敘事（narratives），係以詮釋學與現象學的研究方式，透過不同學校的比較，並藉由這些受訪者所提供執行這些教育政策時所遭遇之故事，以對話、描述與詮釋等系統化方式，藉由現場實際所遭遇的問題與解決策略，配合當下的社會脈絡，以詮釋理解現象的產生。一個完整的故事包含開頭、中間和結尾，構成一個沒有多餘因素的勻稱的整體。

近年來，本土研究中如郭玉霞與蔡因吉（2001）在其〈驅動與平衡——一所國民小學的課程發展故事〉一文中，即運用此種敘述手法，甚至加上以往說書人所運用的旁白，讓質性研究的呈現方式更趨多元。情節是敘事的最重要的特徵，故事詮釋著當事人所經歷過的情感、事件與經驗；以戲劇的觀點為始以詮釋生活、詮釋生命、詮釋其中的發展。

肆、研究工具

本研究的研究工具主要有密錄聽與QSR N6，在取得主要報導人知情同意（informed consent）後，以錄音筆記錄，並於訪談後儲存入電腦，將語音資料轉錄為逐字稿後，再以QSR N6 軟體分析所得之資料，定下不同的分類（coding），使之逐漸形成樹枝圖（tree），並盡可能以圖形及表格方式呈現這些分類。

QSR N6 這套軟體，並非色情光碟，而係質的研究者在作研究分析時使所用的一套電腦軟體（劉世閔，2003f），它係二〇〇二年三月剛研發不久之質性研究輔助工具，由於功能強大，具有針對訪談逐字稿做關鍵字查詢、派典查詢（pattern search）、分類（coding）、編行號、記錄 memo 及交集（intersection）等多項功能，並可輸入關鍵字以搜尋資料，可節省研究者搜尋分類資料的時間（Richards, 2000a; Richards, 2002b）。目前正由世界八十幾個國家許多知名大學推廣中，它可使質的研究結果更科學化及具效率化。

此外，質性研究主要以研究者本身為工具，研究者的經驗與內省是研究的重要內涵，我從一九九四年從事質性研究以來已近十載，長期介紹質性研究的概念與從事教學，並於基層與大學從事教育工作長達十餘年，這些經驗讓我在從事質性研究時有些心得，透過多年的實務經驗，更能深入現場，熟悉教育政策的來龍去脈，也能深入基層工作人員職場反映其心聲。

伍、本研究的可靠度

所謂質性研究的可靠度指的是所蒐集的資料與研究所根據的理論架構相呼應，或利用一測量工具所得到的資料與另一被證實有效的工具所測得的資料相當接近，或測量工具與觀察現象有非常密切的結合，並提供有效的資料，這些特性，稱為可靠度。

一、質性研究評量可靠度的指標

一項深入且值得信任的質性研究，可靠度是相當重要的，評量可靠度的指標有下列四項（Lincoln & Guba,1985；中正大學教育研究所編，2000）：

(一) 可信用性

可信用性（credibility）的目的在檢視研究結果的真實價值（truth value），與「內部效度」（internal validity）相當，指研究的進行可確保研究主題被正確界定和描述。促進可信賴性的方法包括：長期參與（prolonged involvement）、持續觀察（persistent observation）、三角校正（triangulation）、研究同儕討論（peer debriefing）、負面個案分析（negative case analysis）及成員的確認（member check）等。

(二) 可轉移性

可轉移性（transferability）旨在評估研究結果的可應用性（applicability），相當於「外部效度」（external validity）或「可類推性」（generalizability）。以對研究實地的詳實描述，使讀者判斷該研究結果是否能應用於讀者自己的情境。

(三) 可依靠性

可依靠性（dependability）旨在評估研究結果的一致性（consistency），相當量化研究的「信度」（reliability）。藉由三角檢定與研究稽核（inquiry audit），可檢核研究之過程是否嚴謹與系統化。

(四) 可確定性

可確定性（confirmability）旨在評估研究發現的中立性（neutrality），相當於「客觀性」（objectivity）。可藉由研究檢核來檢正研究發現是否與資料有密切的連結。

為增進研究可靠度，本研究主要採取三角校正極負面個案等方式。

二、三角校正

所謂三角校正又稱三角交叉法、三角交叉檢視法（秦麗珠，2000），或三角檢證法，這個名詞原本是借自三角學（trigonometry），為導航、測量與土木工程調查方面所使用，當三角校正概念被導入質性研究中，隱含資料的多元來源要比資料的單獨來源周全，因此有些學者將此原則延伸為多個研究對象、多位研究人員、不同理論模式及不同資料蒐集技術的使用指向同樣的結果，以提高研究的可靠程度的方法（劉世閔，2003g）。

為增進研究之可靠度（trustworthiness），甸金（N. K. Denzin）曾建議四種方式來進行三角校正：(一) 多元資料（multiple data sources），即資料的校正；(二) 多元研究者（multiple investigators），即人的校正；(三) 多元理論三角檢視（multiple theoretical perspectives）即「理論的校正」及 (四) 多元方法（multiple methods）即「方法的校正」（Denzin, 1989）。因此，運用三角校正來檢核資料來源、資料蒐集策略、時間，與理論架構等的效度。三角校正假設任何一種資料均有各自的偏差，唯有納入各種資料，方法和研究者予以相互檢視、互補、整合，使研究者更深入完整地了解現象。

由於質性研究一向被誤認為過於主觀，同一筆資料會因不同人而有詮釋上的差異，乃講求應用多種方法，或多種資料來源，或多個研究者的向度來增強資料間的相互效度檢驗，也就是透過不同角度資料的結合以降低研究者的偏見，提高研究報告的可信度，這就是所謂的三角校正（如圖 6-2）：

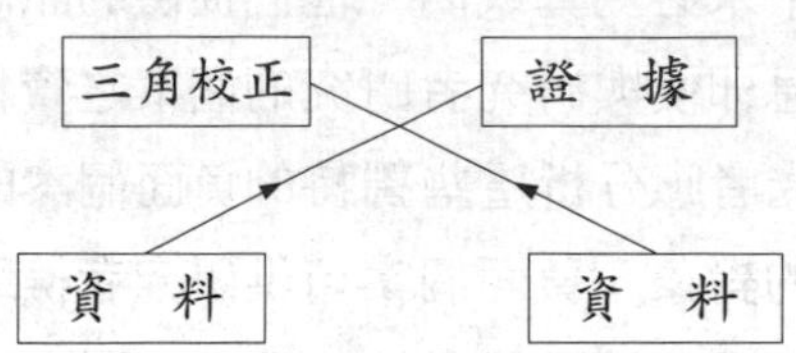

圖6-2 三角交叉檢視法圖

資料來源：*Doing qualitative research: Circles within circles*. By M. Ely, M. Anzul, T. Friedman, D. Garner, and A. M. Steinmetz, 1991, p. 97.

一九九四年Richardson則提出水晶化（crystallization）的概念，用此來說明質性研究的設計與內涵。「水晶」可以成長、改變、修正但並非雜亂無章（Richardson, 1994, p. 522），透過不同層面的觀點，使現象浮現多元的面貌。本研究採取不同研究方法，如訪談、觀察與文件分析等方式進行交叉檢核；研究對象則分別從校長、主任、組長與試辦教師等不同觀點呈現資料。

三、負面個案

負面個案又被翻譯成相異個案，反面案例（如吳芝儀、李奉儒，1995），或否定案例，係指研究者所蒐集質性資料中與研究者的詮釋彼此格格不入的證據，通常社會學家或紮根理論學者常以負面個案來解釋人類社會的複雜現象，研究者在整理、分析資料時，幾乎總是會有不同於一般類型的矛盾和反面事例，與研究者所學、所經驗、感知的不一樣，但不代表所學或研究方向、方法有錯誤。

負面個案的蒐集有助於增加資料蒐集的真實性（胡幼慧、姚美華，1996，p. 144），他們代表了在人類的世界裡有許多複雜的狀況，且某種情況下未必為真或偽，他們提供的訊息係分析洞察的有力來源，這種訊息即使與研究者研究的個案之資料立場不同（黃瑞琴，1999），研究者應分析這些獨特的負面個案的意義，藉以更深入了解正在研究的對象，負面個案可供研究者檢驗，以呈現人類社會生活的複雜性、多元性與矛盾性，因而，質性研究者須坦率地處理研究案例中，一些理所當然之外的可能證據。

資料通常社會學家或紮根理論學者常以負面個案來解釋人類社會的複雜現象。多元的資料可以涉入所謂反面的事例即「相異個案」。人類的世界裡原有許多複雜的狀況，且某種情況下未必為真或偽，即便與研究者研究的個案之資料立場不同，研究者在整理、分析資料時，幾乎總是會有不同於一般類型（大多數資料）的矛盾和反面事例，部分例子與所學、所經驗、感知的不一樣，但不代表所學或研究方向、方法有錯誤。它代表了在人類的世界裡有許多複雜的狀況，且某種情況下未必為真或為假。他們提供的訊息係分析洞察的有力來源，研究者應該分析這些獨特的反面事例的意義，藉以更深入了解正在研究的對象這種個案可供研究者檢驗，以呈現人類社會生活的複雜性、多元性與矛盾性，負面個案的例子常是產生分析洞察的有力來源。亦即與研究者研究的個案之資料立場不同，可供研究者檢驗，或呈現社會現象的多元（黃瑞琴，1999）。第一、二階段研究除對主要報導人加以訪談外，對教育政策持不同意見者亦加以收錄於研究分析中。

陸、研究倫理

近年來，教育改革政策將國民中、小學教育人員賦予「研究者」

的角色，不僅使基層教育人員角色有了些許轉變，更使各項教育研究實驗紛紛在國民中小學熱烈展開，這些行動研究亦須遵守研究倫理，所謂倫理（ethics）係指一個特定團體在一個特定時間內接受正確與錯誤的原則，係構成社會、文化或組織的道德價值的信念、態度與行為道德準則，而研究倫理係指進行研究時必須遵守的行為規範，有如職業道德，是從事教育研究者專業精神與專業態度的重要表徵，如缺乏研究倫理的規範，研究的結果可能會危害教育學術的發展，也可能影響教育的實際，研究者不可不慎。林天祐（1996）認為教育研究學者在從事以人作為研究對象時應遵守的規範，主要包括：尊重個人的意願、確保個人隱私、不危害研究對象的身心、遵守誠信原則、客觀分析及報告等項。

為避免二次大戰時德國納粹與日本軍國主義以非治療目的做醫學實驗，有一些具體的法則與宣言於是誕生，成為研究倫理的濫觴。例如，二次世界大戰期間德國集中營的人體試驗、日本七三一部隊在中國東北的活體試驗及美國的「塔斯克及梅毒研究」（Tuskegee Syphilis study）計畫，都說明研究倫理的重要性。

二次大戰期間，納粹德軍曾在 Auschwiz、Majdanek、Sobibor、Treblinka 及 Buchenward 等地設立集中營，大量屠殺政治上的反對派、吉普賽人、猶太人、波蘭領袖、共產黨權威人士及蘇聯戰俘，並且秘密從事人體實驗，例如，為了知道人體能夠忍受的極限，想要知道到底要到人類能夠在寒溫中撐到幾度或者能夠撐多久？將人全身赤裸放在冰天雪地裡，將孕婦的肚子剖開等等慘無人道的實驗。一九三三年到一九四五年，約六百萬猶太人慘遭德國納粹屠殺。

一、《紐倫堡法案》

因此，在戰後，當這些人體實驗被揭露時引起舉世震驚，一九四五年十月十八日在柏林舉行審判，指控前納粹二十四名領導者的戰爭罪行，蓋世太保（Gestapo）為犯罪組織，從一九四五年十一月二十日起則改在紐倫堡舉行（紐倫堡位處德國南部巴伐利亞州跨Pegnitz 河的一座城市），紐倫堡審判（Nurnberg trials）後，宣告著名的《紐倫堡法案》（Nurnberg code），在是項法案公布後，各國也開始研究人體試驗的倫理規範，知情同意原則的概念逐漸被重視。一九四六至一九四七年的紐倫堡大審，即是對納粹醫生所舉行「醫師的審判」（Doctor's trial）。

二、七三一部隊的活體試驗

一九二七年四月二十日，日本軍閥田中義一（1864-1929）組閣，他在出席東方會議上，提出了「欲征服世界，必先征服中國；欲征服中國，必先征服滿蒙」的主張，這項對華政策綱要經日本天皇首肯後成為田中奏摺，於是日本一年內三次出兵山東，一九三二年，日本陸軍參謀本日本部採納了石井四郎這位著名的防疫醫學家和細菌學家的主張。同年八月在東京新宿區設立防疫研究室，其後在中國東北的「滿洲」組織了石井細菌研究所。糾集了一批日本細菌學者秘密地進行細菌武器研究。石井的細菌研究所，匿名稱「石井部隊」，也稱「加茂部隊」或「奈良部隊」，一九三六年日本帝國主義建立十七號軍事基地——細菌殺人工廠，一九四一年改為日本關東軍第七三一部隊，石井中將任部隊長，在中國東北所進行的活體試驗，這個部隊是日本軍國主義準備細菌戰的特種部隊，為了了解人體的抗壓、抗凍忍受力，而將活生生的人施以極高、極低壓與極冷處理，為了觀察疾病的感染與發病機制而在食物用水中加入細菌、毒物以及將動物的血注射至人體以觀測其引發的生理反應等行為（艾立勤，2000）。他們迅速有效地研製出細菌武器，竟慘無人道地在活人身上進行各種細菌試驗，如炭疽桿菌、霍亂弧菌、志賀氏菌痢疾桿菌、沙門氏桿菌、鼠疫桿菌、血清、凍傷、毒氣與跳蚤等研究，殘酷殺害無辜生靈的實驗方法多達幾十種之多，約三千多華人因此死亡。

三、「塔斯克及梅毒研究」計畫

一九三二年，Tuskegee 在美國公共衛生局（Public Health Service）針對阿拉巴馬州四百位患有梅毒、貧窮、未受過教育的黑人進行一項「塔斯克及梅毒研究」，結果成為一個著名違反倫理研究的例子，這個事件又被稱為壞血事件（Bad blood）。該計畫中刻意不提供具有療效的盤尼西林給四百名貧困黑人男性達四十年之久，而改以安慰劑代替抗生素來觀察梅毒在人體內的病況發展，以觀察其發病經歷，因研究者急於研究出現於該症後期的嚴重生理失能，結果導致一百餘名受試者死於梅毒病變發展，這項醜聞直到一九七〇年代一份新聞報導才曝光。一九六〇年間美國賓州曾批准腦膜炎疫苗注射到智能遲緩的孩童身上，來測試疫苗的有效性。這兩項研究在今日倫理觀看來，被認為違反人性不合醫學倫理（牛惠之、夏堪臺，2002；朱柔若譯，2000；戴正德，2000）。於是，美國前總統柯林頓在一九九七年五月因塔斯克審判（Tuskegee Trial）而公開道歉（郭英調，2001）。

四、《赫爾辛基宣言》

一九六四年世界醫學協會在芬蘭首都赫爾辛基舉辦第十八屆總會中，通過並公布了《赫爾辛基宣言》（the declaration of Helsinki）以替代《紐倫堡法案》。這項宣言在知情同意的議題上，允許未成年人的法定代理人或監護人代理同意（proxy consent）（吳美惠、蔡惠如、張宏節，2001）。《赫爾辛基宣言》的原則包含了：

(一)受試人在自由意志下的同意。

(二)受試人對實驗所涉內容有一定程度的了解。

(三)實驗目的是為了人類社會的福祉。

(四)人體試驗前須先有實驗室或動物試驗。

(五)盡力避免對人體身心的傷害，若實驗中途發現對人體有害，須立即停止實驗。

(六)在合法機關的監督之下，由具備資格者進行實驗，並事先擬好補償措施。

五、研究規範

因此，《紐倫堡法案》與《赫爾辛基宣言》成為日後研究所遵循的典範，為保障對受訪者或當事人所採取的保護措施，及遵守研究倫理，本研究待受訪者（interviewees）將嚴守以下幾點規範：

(一)志願參與。

(二)尊重隱私。

(三)嚴守秘密。

(四)無傷害。

六、匿名原則

本研究除秉持「知情同意」（informed consent）的原則，為尊重受訪者權利，對受訪學校及個人本研究更採用代號當「匿名」（anonymity）或化名（pseudonyms）的方式，即對受訪者的姓名不可用真實姓名呈現，須用假名，以尊重受訪者權利。匿名原則可保護當事人的隱私，避免當事人的身分曝光、違背研究倫理。Punch於一九八六年曾說：質的研究之倫理常是一種情境中的倫理，很難用一紙合同或同意書去涵蓋規約，也不是依憑一個空泛的道德原則（引自黃瑞琴，1999）。

近年來研究倫理包含下列重要內涵：知情同意、代理同意、隱私權及事先報准等，例如機構審查委員會（Institutional Reviem Boards, IRB）的設立。因此，本研究為保護當事人的隱私，避免當事人的身分曝光而違背觀察倫理及增加訪談內容或資料的正確性，對於受訪者之姓名採用一系列符號及數字代碼取代受訪者的真實姓名，而不是憑空捏造的當事人，以保障其隱私權，並事先請求主要報導人簽署知情同意函，由於研究對象都是法定成人，因此並沒有代理同意的問題。

柒、本研究可能的困難及解決途徑

限於研究者的時間、人力、物力的不足，故第一階段研究以足以影響教育政策之重要關係人為主要報導人，第二階段研究僅選定兩所學校行政人員及教師為研究對象，僅就實際現況與其需求層面作深入探討，主要係詮釋兩校教師及行政人員執行政策之現況與困擾，是否可以推論到其他學校，並非本研究的重點。

本研究係以質的研究方式從事資料的蒐集與分析，因此可能遭遇到訪談者流失及取樣代表性的問題等，如果取樣太少則代表性不足，如果取樣過多，又恐不夠深入，且費時耗力，因此本研究採取訪談與文獻分析等方式，盡可能從不同層次的受訪者中以三角校正的方式鑑別資料的可靠度與信賴度。

此外，質的研究係以研究者本身為工具，有時易對一些現象習以為常，或視為理所當然，導致減低對某些現象的敏感度。為避免研究者視所有現象為「理所當然」，抱持一顆不斷自省的心來察覺現象是非常重要的（劉世閔，1996）。

第七章
實務篇

本章精華

第一節 ▶ 時代變遷與近年重大教改政策訪談紀實
第二節 ▶ 東西兩所學校因應教改政策策略分析

政策良窳必須經過理念充分討論與實務現場的檢驗，從理念的探究，可以清楚政策為何實施，從實務現場的觀察與訪談，可以了解現場人員如何因應與感受，剖析他們的態度，可以作為修正政策的基石。本章將探討時代變遷與近幾年重大教育改革政策訪談紀實與東西兩所學校因應教改政策策略分析二節。

時代變遷與近年重大教改政策訪談紀實

綜合分析受訪者對九年一貫課程知覺，發現在課程設計、教學方式及評量方法上，台灣新課程有下列的新趨勢：在課程設計上從部編版的解構轉變成多元的審定版，從知識本位變成能力本位的設計方式，從嚴謹的課程標準變成彈性的課程大綱，從「學科本位」設計到「主題統整」課程，從中國中心至本土化與國際化，從中央控管到學校本位管理；在教學方式上，由傳統獨立教學方式到協同合作教學方式，由「制式教學」到「適性教學」，由課程本位到學生中心的設計；在評量設計上由單一的紙筆測驗朝向多元化教學評量。下列分別針對本研究目的，分析受訪者對於九年一貫課程所抱持的「知」與「行」：

壹、受訪者對教育改革鬆綁概念的知覺

受訪者對教育鬆綁的概念，經分析後大約呈現五種主要類型：

去規則化（deregulation）、去中央化（decentralization）、教育中立化及權力重組（re-framing authority）。

一、去規則化

一位大學女教授的看法是將經濟與政治兩條加諸在教育上的繩索鬆綁：

> 鬆綁是指以前許多不應該綁的地方通通都綁了，因為過去政治或經濟兩條大繩子，把教育綁起來了，使得教育就動彈不得，沒有辦法呼吸，現在要把它鬆，鬆了不是完全鬆，而是把應該鬆的鬆。（303: 187-190）

當研究者續問：「什麼是應該鬆的？」這位受訪者的回答是將不當干涉，例如政治與經濟予以去除：

> 政治、經濟的干涉就應該拿掉，教育部和地方的權限，中央和學校的權限，應該管什麼，不應該管什麼，像中小學，它（教育部）全部都管嘛，課程、教材、師資，全部都管嘛！這種事你要管，你要怎麼管？」。（303: 191-195）
>
> 鬆綁是取得專業自主與專業規範間的平衡，一位教育部官員認為鬆綁並非「漫無目的的彈性」。（429a: 433-433）

二、去中央化

地方分權，是中央與地方權力的轉移，一位教育部的官員對鬆綁的解讀是：「教育鬆綁就是中央集權改為地方分權」（224b: 2-2）。

三、教育中立化

一位私立大學女教授認為：

> 台灣教育似乎不只為經濟服務也為政治服務嘛，當然，這是為什麼當時我提出我們教育為什麼那麼失敗，兩大根源，一為經濟，一為政治嘛，所以教材方面您一看就知道，我覺得教育就是要保持中立。國民教育好了，它是強迫教育，第一我不能是洗腦的東西，不能夠戕害身心發展的，像我們現在強迫他們來上學，結果學生都變成深度近視眼，背著重重的書包，我覺得政黨的意識要拿開……譬如說教材裡面常常有這是政府的德政，政府為人民做事是應該的，錢都是我們給你（政府）的，自己腰包裡的錢，政府為人民做事是應該的，以前（課本裡）什麼自強社區，談到什麼（政府）德政，這就是洗腦。（303: 162-178）

而面對政治地理版圖與實質地理版圖分裂的情況，一位市教師會的理事長主張：

我認為教育應該中立，像大陸版圖是秋海棠，我說大陸是一個老母雞，做為一個老師，你要告訴學生一個事實還是政治的圖騰，我認為教育人員要對知識效忠、對真理效忠，不是對政治人物效忠。（321: 311-313）

四、權力重組

教育部的鬆綁在理論上看似分權，但精省後反而形成另類的中央集權，一些省立高中，全數隸屬中央管轄，一位國立大學的教授指出：

教育部中部辦公室，原來是教育廳，教育廳屬於地方教育單位，現在完全是教育部掌控，你說這是鬆綁？還是擴權？（422: 430 - 432）

他認為鬆綁不過是權力的重組遊戲：

「鬆綁」就是權利的重分配，原來是你們，現在換我們來，就這樣一個味道。（422: 466-467）

貳、受訪者對實施九年一貫課程發展的方式與影響的知覺

一、統整化

受訪者對九年一貫課程設計方式與其影響的知覺說明如下，一位教育改革審議委員會的委員認為新課程的設計應該像線軸（thread）一般，這個線軸設計成為當今九年一貫課程主題設計的架構：

> 我把它翻成 thread……像社會科有九個大的主題軸，每個大的主題軸包括幾個小的主題軸，就像電線基本的有九條，像哲學、宗教、政治學、經濟學、本土化應該尊重，決策像全球觀就是根據這個，許多教育問題要依賴決策。（322: 28-33）

二、彈性化

一位市教師會理事長認為課程鬆綁在減低教師授課時數，增加空白課程，以提升教師專業自主：

> 現在九年一貫課程把所有課程變成七大領域，像現在國中有十七八本書，將來書沒那麼多，受教時數也會降低，像國小以後減到二十堂，多了五分之一的

空白課程，空白課程要老師設計。（321b: 26-27）

三、自由化

有學者認為教科書的開放只是商業利益的轉移，目前教育政策受利益團體影響過大，使得教科書的自由化，不過成了書商爭奪市場的合理化理由，官方、出版商與某些學者間也成為共生結構，這樣的共生結構，讓少數利益團體宰制整個教科書市場。這位學者不諱言指出：

> 民間知道教科書就是一個市場，所以幾家公司，你看它的業務量，高樓一棟棟蓋起來，這些力量去促成政策的形成，有些學者被利用也不知道，那是很大一個市場，很多書商聘學者當顧問，自己有立法部門撐腰，台灣很多東西被扣上大帽子，說我們要市場機制，（政策）受利益團體杯葛太嚴重，我們這幾年專業團體力量比較弱，裡面非專業、門外漢在搞。（422: 498-506）

四、受訪者對實施九年一貫課程的反應與因應

課程鬆綁的具體措施，是一方面將國中小學教科書從中央「解構」，一方面試圖設計課程大綱加以規範，讓教科書的審查權責歸之中央，選購與使用權歸地方與學校，使各縣市有不同的作為，多元的價值取代一致的價值。一位教育部官員說明：

教科書通過的話我們就發給執照，我們有個審查小組，放在板橋教師研習會……各縣市作法不一樣，有的是以區為單位，有的大學校自己作主，每個縣市作法不一，教育部不想介入，如何選好的教科書本來是教師的基本能力。（224a: 94-95）

一位教育部女性官員認為學校行政專業化可減低大多數教師兼任行政工作的負擔，增進教師教學專業知能：

我們已經找人做專案研究，合理的授課時數，大概二十節的話，它會不會增加人力，每個學校都算二十節的話……九年一貫課程後老師授課時數會降低，學校行政工作一種是外包，一種是幹事介入，沒有增加人力，老師用二十二節去算，將來會多出來二到七個人力，如果將這些用在幹事的人力，所以本身沒改變，但是結構改變，老師如果授課時數降低，過去都是教務、訓導、輔導，將來可不可以給一個員額量，下面設哪些人、哪些事可以斟酌，這樣第一讓學校自主，第二學校不增加排擠效應，不用增加員額，不會增加經費支出。可能喔，我最近在委託專案改員額編制，各式各樣的機制發現，老師最能接受的是合理的授課時數，額外的時間可以補充到孩子身上，提升教學品質，我們算過聘專任幹事的經費比聘老師便宜。（429b: 96-110）

一位地方教育局督學認為，教師的信念是決定課程改革成敗的主要因素，鬆綁後一些教師重視自身福利優於課程改革，令她憂心不已：

> 我們這星期跟學校老師座談，所有督學回報都是鬆綁後老師認為「福利」很重要，所談都是福利問題，我們希望在推動教改，他們在教學方法、教學精神、班級經營有什麼推動，幾乎都沒有提到，老師最重視的是他們的福利問題，包括排課要排幾節，他們就會比哪個學校排最少的，福利最好的。（308: 89-92）

一位國民小學教師會會長認為教師專業的提升需要達到教師專業自主，自由選取與編訂教材是達成教學自主方式之一：

> 我以前在 QQ（化名）國小有選過，由各學年開會討論，現在就是教師有自主權，教師有想教哪種教材的權力，而不是上面給你這套，這樣我覺得比較好。（307: 39-42）

目前地方教育局編制人少事繁，難以貫徹政令，由於教育局人力不足，教育部進行課程實驗的經費核撥常又緩不濟急，教育經費未妥善統籌應用，導致學校等執行單位亦相當困擾。一位教育局長指出：

教育經費原來有一些是省政府，教育部到目前還不是要完全吸收，這樣勢必要縣市政府負擔，縣市政府並不是財政比過去好，過去省補助款一部分教育部吸收，部分沒辦法吸收，教育局沒有經費自主，教育局是市政府一個單位，它的經費都要看市政府財（財政局）主（主計室）單位，財政好的話，財主單位要多給教育單位的話，教育會比較好，如果財主那邊困難，教育經費沒有辦法充裕應用。（310: 51-57）

一位曾執行九年一貫實驗課程的校長無奈地說：

所以說那筆錢什麼時候下來也不知道，因為議會也沒有在開。到時候議會，議會抗議說，我們都不知道，你們教育部補助什麼錢，花完了才要叫我們審，就先斬後奏。站在我們學校的立場沒有錯，怕到六月初，有時候六月初才核下來，限制你六月底要核銷，不知道該怎麼辦……今天錢給你，教你說下禮拜（台語）核銷完畢，它管你這麼多（台語），這錢就沒有花在刀口上，那就亂花啦！那我們需要錢的時候沒有錢。（528b: 214-220）

新課程實驗實施初期由於缺乏統整計畫，使學校毫無頭緒不知如何推動，加以太密集參觀，使教學工作成大受參訪人員影響，實驗工作成為應付上級視導，而非以學生成長為目的，造成推動課程實驗學校及其教師太多困擾：

比如說這個時間以後，太多參觀，不管是師院還是其他學校來參觀，我們必須這麼密集的參觀，對我們而言，是一種很大的負擔。（528b: 150-153）

一位試辦學校教師認為，不管試辦成效如何，必須公然的支持，不可以「扯後腿」，歌功頌德的政治文化使政策執行缺乏反省的能力：

有一次（曾）部長來我們學校，當他來之前，校長把我們找去，校長叫我們要說正面，正面的喔，反面的就不要講，也就是九年一貫要實施了，我們當然不可以扯後腿，可是學生的學習低落了。（528: 6-9）

試辦學校教師對課程統整的概念亦無法深入了解，以致課程發展成為活動的堆積，不見統整，反而造成學生學習低落：

我是覺得學生學習低落了，什麼統整課程？簡直就像是一堆活動，我們老師一天到晚準備許多活動，課程根本沒統整，像我們辦很多發表會，就是很多活動嘛，教學形態也看不出結果來，整個學生的學習都低落了。（528: 12-15）

一位小學教師也坦承新課程的試辦意見分歧，使學生像白老鼠：

南一版和康軒版（教科書版本）教得又不一樣，

> 轉學時課本根本無法銜接，國語課本的生字量不一樣，出版商出的東西都太難，孩子像白老鼠一樣。課程確實實施不容易，相關的了解還在看，不相關的意見又特別多，執行者要去執行不容易，大家沒有共識。（611: 2-6）

此波教改以鬆綁為核心概念，在透過幾位教育改革重要人士與實際工作現場教師的訪談，可以發現教改理念可以說人言言殊，教改理念在「個人一把號，各吹各的調」的情況，呈現多元且莫衷一是的現象，這樣的現象與近幾年國際各國重視教改相類似，教育政策也因此呈現多元與彈性等價值。

東西兩所學校因應教改政策策略分析[1]

壹、九年一貫課程知與行的對話錄

教育改革促使教師班級管理時間的重分配，一位在教育界服務了二十三年的主要報導人對新課程的知覺就是忙碌。

1 修改自劉世閔（2002a, 12 月）。教育改革後：台灣東西城鄉兩所國民小學教育人員因應教改新政策故事分析之研究。文章發表於「教育研究與實務的對話：回顧與展望」國際學術研討會，台北：國立台灣師範大學。

Q：對您而言，什麼是九年一貫？

Tt13：對我來說喔，九年一貫就是國小一年級到國中三年級，課程的連貫性，那我覺得教學方法，其他的行政那個，應該都是老師自己決定。空白時間拿來上英文，這邊有一個彈性的，那就是空白啦，我們大部分會作補救教學，全校綜合活動都排在一起，如果學校有一個全校性活動就排在一起，那才有辦法一起做。真正執行過程都是教務主任想出來，他動腦筋想出來的，再告訴校長決定，整個過程我不是很清楚，真正最大的差別我們就是很忙，我們真的很忙，很多事情都擠在一起，而且都是必須做，好像多了很多工作，改作業就少掉時間，我們校內辦很多研習，我們唸很多雜誌、很多書呀，很多學校試辦都有很多資料，說實在，看那些資料很多時間就沒有了，把該教的書、教學活動設計呀、學習單呀，或者是課程計畫，納入各相關資訊我們再做班級的教學，九年一貫對我來說是正面的比較多啦。（2001128: 74-92）

Q：請您定義一下九年一貫是什麼東西？

Tt13：就是從國小到國中，是不是這樣，教授？九年一貫嘛，貫到國中，應該就是這樣，就課程內容，就是七大領域那些，是不是這樣？另外就是學校和家庭連貫，就是這樣，其他我也不知道，就是這些資料（她拿出一疊紙的文件），這些都有在做，給學

生評分的表格的、計分的。（20011205: 39-43）

為了落實教育改革的理念，兩所學校開始了課程改革的實驗。

一、C校試辦主要有兩項原因

(一)呼應教育改革審議委員會總諮議報告書的訴求

Csd：附小他們是八十七（1998 年度），我們是從八十八開始，我們八十八年是在計畫籌畫階段，八十九年就實際試辦，八十三一直到八十五，八十五年，總諮議報告書公布，八十七年各師院附小開始試辦，各縣市指定幾所試辦實驗學校，九十年就是七年級全面實施，對，呼應總諮議報告書裡面的一些訴求。（20010921: 169-173）

(二)教育局遴薦

○○市的 C 校參與試辦，係經縣市政府教育局遴薦的，一九九九年九月 C 校開始尋求師範學院的合作，該校校長認為參與試辦經過，是一種從無到有的探索階段：

Cp：民國八十八年的九月開始要做，我們那時候開始被指定，九月的時候指定，那時候我們也不知怎麼做，一直到十月、十二月才稍微摸出一個公式來，那時候師院也跟我們做研究，我們從那時候就開始去嘗試，第一年度是就是屬於我們的課程規劃、教材內

容的編輯。（20010530: 38-42）

該校前教務主任（目前訓導主任）則認為該校參與試辦的因緣，所謂教育局與校長間的協商，其實就是一種半指定方式：

Csd：據我所知當初是跟教育局說，請教育局怎麼樣產生幾個學校出來，那是教育局是與校長協商的結果，等於是半指定的，有徵詢校長的意願，但是就是說打聲招呼而已。（20010921: 156-158）

二、T 校試辦故事的緣起

試辦工作因學校文化與人員知覺的差異，對九年一貫課程的試辦有相當大的差異。根據 T 校主任說明 T 校主動參與試辦，在心態上主要係因為可以獲補助經費、增加學校特色、避免學生因附近私校成立而流失、導致人事縮編[2]等考量。

(一) 增加經費補助

Q：你們參與試辦被指定的嗎？

Tcd：八十七、八十八（學年度）我們做小班教

2 根據一九九五年版國民教育法施行細則第十二條規定，二十四班成為行政人員配置上考量的指標，本條款第三項：「二十五班以上者設教務、訓導、總務三處及輔導室。教務處設教學、註冊、設備三組；訓導處分設訓育、生活教育、體育、衛生四組；總務處分設文書、事務、出納三組；輔導室得設輔導、資料二組」。少於二十五班則少掉一個處室的編制。

學，既然要做，因為那時候想說如果要做，如果有經費補助的話，這樣做起來較好。（20011108: 7-9）

Q：您們如何推動九年一貫？

Tcd：那時教育部已經明確要試辦，八月份，第一個我們先參考金弓（學校化名），整個教學課程規劃是我跟教學組長去請教金弓跟日心（化名）兩個學校，看他們的做法然後看我們怎麼配合，按照七大領域百分比排課，一排完，八月份我們返校日和老師講說我們申請試辦通過，下學期我們按照九年一貫來排課。那時候老師是能接受我們要試辦九年一貫，老師是有一個共識，校長跟我向老師們說明你們先做，又有經費補助，試辦的經驗又可以當做以後正式時的參考。（20011108: 14-19）

(二) 預防人事縮編

Tcd：那時候我們也擔心新月（化名），附近新設校小學要成立，它會不會把學生吸走，我們編二十五班，萬一學生減少的話，就不能變四處、只有三處。（20011108: 20-22）

(三) 增加學校特色

Q：你在SWOTs分析中說，新月小學會對貴校造成影響？

Tcd：不會影響，它吸收的是全縣的，外縣市要進來的話，戶口要遷到這邊，所以沒有很大威脅，然後八十八年度要推電腦，試辦的前一年我們就開始做這個了，試辦的時候我們把這個當作特色，電腦英文都有。（20011108: 44-52）

三、試辦範圍

(一) C 校選擇局部試辦範圍的原因

C校選擇一個年級、一個領域辦理試辦範圍主要係因經費有限，為使試辦成效彰顯及避免家長顧慮：

Csd：主要是我們經費有限，因為我們的資源不是那麼充沛，像我們○○市就有一個學校是全年級試辦，他們試辦的結果力量分散，效果不會顯著，像××而言，全校才十二班，我們學校是希望集中火力，他們就想到全校一起辦，所以他們就想試辦一個年級，一個年級才兩個班，我們想說我們一年級有六班，七大領域，其中生活就包括三個領域呀，社會、藝術與人文、健康與體育三個領域統整為生活，我們是想到生活課程我們蒐集的資料，獲取的資源比較多。（20011119: 50-66）

C校主任認為試辦一領域，係因試辦的行政協調支援繁瑣，時間並不足：

Csd：去年我們只有挑一科來做九年一貫，一年級生活領域，事情很瑣碎，去年在試辦過程中，他們需要很多我們的支援，我們要去協調很多工作，我們不可能有充裕的時間。（20011119: 39-41）

C 校校長對試辦範圍採取較為保守的策略，主要來自家長的擔心，於是校長在新舊課程中採取折衷的措施：

Cp：那時候它當時是說，有幾個學校要在比較前面做（起步），那時候我們課程發展委員會說，前面做的話，家長也比較不放心，像數學、語文這個東西，而且那時候好像沒有很多人力資訊，所以當時他們在○○師院，謝○○那邊的時候，原則要我們以生活科技領域為主，其他看他們要怎麼做，我們沒有硬性規定要怎麼處理。（20010530: 4-8）

Cp：當時剛開始要做的時候，家長會有個疑慮，那如果是要把國文科目通通打亂掉，那我們跟他們說因為我們比較保守，因為我們不希望說，因為我們依據舊有的東西舊有的課本來示範，所有有些科目實際上像數學的話，你不可能做特殊的變革、改變。（20010530: 10-13）

C 校校長原本擔心試辦新課程可能造成學生的流失：

Cp：家長都不了解，所以說他如果有很強烈的反對或者怎麼樣，但是我們剛開始也是很擔心，因為這東西九年一貫課程大家都不懂，然後實施下去後，我們的學生會不會跑掉。（20010612: 144-146）

(二) T 校試辦的動機是要領先群倫，因此，選擇全校一起試辦

Tt13：去年和今年試辦，我們校長就說要辦就在前面，不要跟在後面。（20011205: 21-21）

Tcd：SWOTs 表格是我們先彙整起來，然後透過各處室課程發展委員會發展出來，然後對內容做一些增刪，不過各課程發展委員會都沒有什麼意見，都授權教務處，八十九學年度去年我們試辦，一到六年級全部一起做。（20011108: 4-6）

四、兩校試辦九年一貫課程主要因應策略

(一) C 校與 T 校的行政因應策略

兩校行政策略配套措施主要有五：組織重整、教師增能、網路資源、家長投入及境教。

1.T 校人事組織重整

為了順利推展九年一貫課程，T 校在行政組織人事安排上還曾做過一番調整：

Tcd：聲請試辦計畫是我寫的，我寫的是去年

（2000 年）的七月份，那時我是總務主任，教務主任不想做，那時校長準備要做，那時候是七月份申請，八月份的時候職務輪調，我去接教務，原來的教務接輔導，整個人事全部大搬風，除了事務和註冊兩個位置沒動，所有處室（人事）全部都換。
（20011108: 9-13）

2.教師增能

兩校教師都到師院參加研習或是到師院附小取經，試辦學校間相互參觀、彼此互相交流、促進教師專業成長。

Cp：有時請師院的教授，有時候請一些師院附小他們比較有經驗的那個主任來講實際的東西，我覺得他們可能對他們幫助最大的話，也許就是他們之間的互相成就……（20010612: 68-70）

Csd：其他我們有學校之間互相的交流，我們同學也有試辦的，所以我們也有資料交流，我們把資料給他，他們把資料給我們，像彰化縣、雲林縣……
（20011119: 8-9）

Ct25：從去年他們試辦到我們，今年比較少，幾乎所有的星期三，加加減減大概有八九次的研習時間，就是週三下午呀，像寒暑假，像去年我們一放暑假，我們就一連去三天，從早上八點半到下午三點，如果是禮拜三就四個小時，然後就是辦了好幾場，我們週三就是密集的九年一貫課程，我們那時候要發展什麼課程發展委員，都已經訂出來了。
（20011119: 51-55）

Q：你們怎麼會知道用闖關評量[3]？

Tt13：那時候老師也有些意見，老師的想法也覺得有些不了解，可以這麼說，都是教務主任去尋寶嘛，到台北、到台東到處去挖寶，很感謝附小啦、師院的教授們，一些專家、教授，不一定是師院的啦，慈濟對我們也有影響。（20011205: 90-92）

Tt13：第一年老師都是各做各的，做出來沒有辦法很完整，其實九年一貫要我們做，我們也不知道要怎麼做，指標也要出來，喔，莫名其妙，那些要學生學會什麼，教學指標，沒有講清楚，什麼能力指標？

Q：您的意思是……

Tt13：不了解，真的不了解，來了一下子學校要編這個，編那個，後來我們有到附小去，他們輔導做得很好，我們也去參觀其他學校，然後拿資料給我們。……（20011205: 14-19）

為使教師增能，C校自二〇〇〇年三月起訖六月止，一共辦理十

---

3 闖關評量：一種分站設置的活動，每站設有一位審查的關主，對於通過者負責予以證明。人員配置主要包含總指揮、站長（義工家長）、評量教師、帶隊長。過關評量所需工具包含教師操作手冊、學生學習單、站長評分手冊及參考資料本（劉聖忠，2001）。

四場課程研習活動（C校網站資料）。由於語言師資缺乏認證，為因應九年一貫課程，短期的研習成為應急的配套措施。

Q：客語的訓練，是什麼意思？是經過什麼地方受訓？

A：目前還沒有認證制度，所以說鄉土教師，認證制度還沒有，像英語有了，像鄉土還沒有，那未來應該是個趨勢，妳必須說具有鄉土教學的認證才可以教鄉土教學，所以說像我們民間像政府都辦很多這種系列的鄉土語言的研習活動，有，我們有一部分老師有去參加活動。（Ct2520010921: 209-214）

3.網路資源與流通使試辦工作從網路上更得心應手

Tt13：資料有時候從網路來，有時候到各學校去取，有時候晚上也去找，晚上喔。現在比較不會啦，比較懂得統整課程。（20011205: 154-155）

4.家長投入

客家語的推動由於 C 校試辦教師多為閩南籍，因此，C 校引進家長推動鄉土教學。

Cp：一年級我們並不隨機，我們並沒有刻意的，但他們有時候也會找家長來教，來教客家話，當作是一種聊天啦……（20010612: 173-174）

5.境教

C校英文師資的來源係教育部的英文師資，除了每日一句外，C校還利用境教方式將英語教學在校園生活化：

Cp：英文我們是隨機教學，那個是我們全校性的。

Q：全校性的，誰來負責？

Cp：我們有一個，那個是英文師資科在我們這邊代課，我們是有設計每個禮拜有一天晨會的時間，會全校講一句，後來那個師院跟我們建議構想是全校每一個地方，廁所都張貼中英文對照的資料。
（20010612: 176-180）

(二) 如何選購教科書及撰寫自編教材？

1.C 校選購教科書的方式

(1) 行政與教學的勞務分工：C校教務主任將選擇教材的權限授與任課教師，行政部門則蒐集並支援各版本的樣書以供參考。

Ctd：選教材依照學理應該由課程發展委員會來選，但是目前由於適用舊制依照目前大概都是由各學年自行選出教科書，學校提供各個版本的樣書，然後讓學年的老師去評分，根據物理屬性、化學屬性、學生屬性，去選出最適合我們學校的，授權給任課老師來選擇他的教科書，教務處並沒有插手……
（20011224: 68-72）

(2) 選購教科書的程序：C校在選購教科書的程序是書商提供樣書

—教師傳閱—領域小組會議建議—課程發展委員會採票選及多數決方式。

> Ctd：選購教科書的部分，我們教科書的選購就是，書商應該在我們教科書選購的兩三個禮拜，就把每一個出版書商他們的版本教科書送一套過來給我們，我們就發給學校的老師傳閱，也讓領域的召集人看一下，譬如說，語文就讓語文科的召集人看一下，依此類推，大概看個兩、三個禮拜以後，擇期召集任課老師，領域召集人，以及家長代表，一起來選購，是票選，每一人都一票，以多數決的。
> （20010921: 116-126）

九年一貫課程要求教師自編教材政策下，教師自編教材無意增加許多工作上的負擔，因而出現書商代編教材的現象，自編教材也有出版廠商可以代勞，C校教師認為在試辦一年後，書商與教師間產生微妙的共生現象。

為了增進市場銷售率，出版社會符應教師授課需求，以減輕教師自行編纂課程的壓力。

> Ct15：如果說你採用譬如說二科或三科；他會把你設計好好的，其實我們那時候去上九年級研習活動，那教授講說那出版社把那些專家學者都吃飽沒事做每天在弄那，他們比我們有時間啊，在學術上他們也比我們專業，他們都會說今年只是試辦。

Ct12：每一家出版社都是這樣子啊，他們有編輯群啊，他們還會隨時發一些問卷給老師，看老師他們教室有沒有需要改善的、他們的編輯方式還有他們的習作本有沒有需要改進的，他們之前前一、兩年都會發問卷給老師填，我們都有，後來就沒有了，他們會根據這些意見然後下去改進，這樣子。所以說他們的內容很豐富，但是我們去看，因為現在一年級都實施的嘛，發覺說這樣老師就可以不用自己準備了……

Ct14：因為他們連以前沒有的綜合領域通通有了，你只要把主題給書商一個星期、最多兩個星期，就把你的活動通通做出來，連那個重要的節慶都有……

Ct11：一年級到六年級的都有。

Ct12：要有什麼就有什麼。

（20010612: 249-270）

Cp：應當說是引導、指導提供題目讓人思慮規劃，對對對！（編教材還是老師？）當然還是老師編，老師編的時候要很多的一些資料、資訊、行政資源，（怎樣是行政資源？）提供一些很多相關的資料。（20010530: 64-66）

由於要配合課程的需要，暑假成為教師為下學期備課的重要時間。

C15：我們暑假就來討論學習單，因為我們選書已經確定了，確定了之後，我們再根據這些書來排，我們這個學期所要進行的課程，裡面所需要用到的學習單、闖關遊戲、評量單，還有教室布置。
（20011008: 20-24）

2.T 校選購教科書的方式

T 校選購教科書的方式採取下列措施：

(1) 制定教科圖書選用辦法（草案）選用原則：根據 T 校教科圖書選用辦法（草案）選用原則如下：

a. 選用教科圖書之程序應力求公正、公開為原則。

b. 選用之教科圖書以領有教育部核發之「審定執照」（未逾期限）為限。

c. 為求課程與教學之一致性與連貫性，同一年級同一科目於同一學年內以採用一種版本為原則；對已選用之教科圖書應以學期為單位，隨時蒐集使用者（含教師、家長與學生）之意見，並予以彙整，以做為下一學年選用教科圖書之參考。意見表之設計與彙整，由該校教務處設備組負責。

(2) 設立教科圖書選用委員會：T 校選購教科書時，先設置一個教科圖書選用委員會，該委員會的組織成員包括教務主任、教學組長、全體教師及家長會代表。會議設主席一人，由委員於每學年度第一次評選會議中互推產生，一年一任。校長得列席參加選用教科圖書委員會之各項會議，教科圖書選用委員會之審議結果，經校長核定後即彙整辦理採購事宜；若校長有不同意見時，得退回教科圖書選用委員會覆議，唯以一次為限；若教科圖書選用委員會覆議決議維持原案，校長務須接受教科圖書選用委員會之決定。

(3) 擬訂教科書選用步驟：T校在選用教科書時，採法制化方式管理，根據T校教科圖書選用辦法，選購教科書有下列七步驟：

a. 召開教科圖書選用委員會第一次會議，議決公告內容。

b. 依會議議決內容上網公告合格廠商依限報價並提供樣書。

c. 各科樣書提供教師閱讀、檢視。

d. 召開教科圖書選用委員會第二次會議，進行審查及評選工作。

e. 統計選用版本送交校長核定。

f. 總務處依核定之教科圖書類別及數量會同教務處填具訂書單。

g. 製作合約書（預算書）總務處依政府採購法辦理採購。

由於審定版增加許多版本教科書，教科書市場增加選擇的自由，但由於銜接議題使T校試辦期間購買教科書係以年級為單位。

Q：通常你們怎麼選擇書？

Tt22：他們（書商）會遞樣書，然後我們來選，現在比較好，有比較多選擇機會，書商比較有競爭性，只有國立編譯館它一家獨大的話，它的服務並不好，我們是以年級為單位，年段我們盡量不去更動，對對對，通常一年和二年級我們不會去改變，年段啦，三、四、五、六年級盡量不要去變動，每個學期的學期末，這學期選下學期，二年級按照以前的慣例，可能會選一年級的，這樣比較合理呀，那是選書沒有辦法預估的，那要等到七、八月才能知道，等到那個時候來不及呀。（20011128: 57-67）

顯然地，從上述訪談與文獻發現，T校在處理選擇教科書較C校有系統，除了有詳細的章則，更提供詳細的步驟。

(4) **課程評鑑：**T 校課程評鑑採取年級分段、同儕互審制度以保障教學品質。

> Tcd：我們現在審查就是時數、內容、節數有沒有符合，教得完教不完，能力指標會不會太多，再來有沒有配合學校願景，表現各個學校特色，再來就是看看有沒有錯字，照九年綱要一定要，我看過附小的審查機制，當然也有很盡心的老師，因為這個審查機制他會寫，麻煩呀，原先構想很好，附小的愈有信心的老師審查機制愈好，進入大會審查之前，我們會年級互審，一年級審二年級，二審一，三審四，四審三，五、六年級多一道手續，互審的話，大部分老師都很愛護自己羽毛，既然你要看我的，我也不敢亂寫，用這樣的方式，品質比較不會掉下來，但是像我麼這樣子就可以這樣做，六班的就沒有辦法，我們人員異動事實上沒有那麼頻繁，我們大部分是退休進來再補，試辦學校應該算是最大，唯一超過六班的學校，超過日心與人人（學校化名）。我們分科教學還是在做，有些學校為了做統整，會把所有東西混在一起，分科教學，原來國語數學的教學進度還是在做，你要發展大部分利用綜合活動兩個都是英語系畢業，有些還在後面，我們是客家語與閩南語，有選修的。（20011108: 134-149）

(三) 設定學校發展願景

1.C 校願景

兩校願景的確立「理論上」幾乎都採取「由下而上」、與「SWOTs」[4]等分析模式，C小的願景是「快樂自信、尊重關懷、進步卓越」，C校進行願景規劃，然而問及為何要確立願景時，學校基於學校本位理論發展課程，我發現兩校這種集思廣益的產品，來自教育部統一的規定。

> Q：你們為什麼學校都要做願景？
>
> Ccd：教育部的規定呀，最糟糕的問題是，有專門的教授專門在指導，學校怎麼去定成九年一貫課程發展，所以每個人做的都是一樣的，我們現在走偏了嘛，現在各學校指示九年一貫課程的 copy 版，我覺得這是很違反學校本位精神的。每一學校都有願景，但是學校本位學校特色到底在哪裡？
>
> （20011224: 220-225）

形式化的願景使學校的發展目標常成為一種口號：

> Ccd：我要查一下……可見有多難背，每個學校幾乎都有願景，連 SWOTs 也是一樣，歹勢喔（台

4 近年許多學校皆利用 SWOTs 來評估學校，所謂 SWOTs，S 指的是優勢，W 指的是劣勢，O 指的是機會點，T 是威脅點，最後的 s 是策略。

語），我真的要翻一下，你要我背起學校願景，我也是想不起來，需要查一下……（20011224: 204-206）

C校主任認為上級統一規定制定願景的結果，導致原本學校本位管理的精神喪失：

Ccd：我們學校有願景是我來到中華之前就有的，但是我並沒有看到比較具體的作法，我不敢肯定到底有或沒有，教育部還叫我們第一步做什麼，第二步做什麼，把每個部分規劃得很完整，教育政策不能今年做什麼明年做什麼且戰且走，政府應該先從老師的觀念先改起，我覺得真的有城鄉差距。（20011224: 246-252）

C校願景是經該校課程發展委員會，經過集思廣益而來：

Ccd：願景是根據課程發展委員會，經過集思廣益，希望兒童達到什麼樣的圖像，老師達到什麼樣的圖像，家長是什麼樣的圖像，規劃好後希望達到學校十二字的願景。（20011224: 200-202）

2.T 校願景與圖像

T校願景的產生主要由該校教務處C主任的主導，在該校「建立學校願景調查表」中除詳列高雄縣、台北縣及台南市三所國小發展願景供教師參考，並且帶領教師至其他學校實地參訪（現場札記）。根據該校二○○一年三月二十二日的調查後，由教務處將資料彙整所有參與教師意見，並將彙整意見於四月十一日整理成三個案子提供全校教職員參考。第一案的願景為：健康、活潑、成長、卓越、鄉土情；第二案的願景為：倫理、尊重、合作、民主、人性化；第三案的願景為：溫馨、和諧、開放、適性、富創意。經由全校分組詳細討論後（表7-1）。

表7-1 T校規劃的圖像

	4月11日	5月17日修正版
兒童圖像	愛心的、活潑的、健康的、創意的。	愛心、活潑、健康、創意。
教師圖像	成長、專業、敬業、愛心、耐心、親切、同理心、和諧、互助、關愛。	專業敬業、積極進取、互助和諧、追求卓越。
家長圖像	關懷、參與、協助。	關懷、參與、協助。

Tcd：經過討論，先發給老師每人一張學校願景的細目表，個人寫個人的，我把它打成一份，每個老師寫的，我把它彙整成統計表。課程委員會願景這東西很空虛，沒有肉，所以利用這寒假我要各領域去討論，各領域擬怎麼樣和願景去搭配，怎樣去做SWOT，不要各學年了。那個東西太空了，你六年的東西，要學生學會你那個領域什麼東西，你要定出來這個東西，第一年要學什麼，第二年要學什麼，第三年，這個東西定出來後，架構就出來。

（20011205: 181-187）

該校願景的發展策略如下：

(1)加強生活教育，並設計成各類活動，融入教學課程及日常生活之應用上。

(2)舉辦親師座談，強化學校、家庭的聯繫，以利校務推展。

(3)擴大義工召募及組織活動，緊密結合社區力量，廣用社區資源輔助學校教育。

(4)注重學生行為輔導，以獎勵為輔，導正為主。

(5)加強道德教育，推展靜思語教學及道德培養，使之能惜緣惜福，惜物，達到心靈、氣質再造之目標，建立優質校風。

(6)建立人性化、自治化之校規，以自律的方式教導兒童對自己言行負責。

(7)鼓勵學生參加各項才藝活動，勇敢秀出自己，活出自我。

(8)落實導護工作，注意學生安全教育，隨機應變之能力。

(9)把本校操場周邊規劃成為運動公園，提供兒童及社區民眾運動休閒之場所。

(10)籌措多功能之體育館，開放運動場所，帶動社區全民運動之風氣。

(11)在綠化美化的校園中，在和諧快樂的學習環境裡，潛移默化，培養活潑健康的兒童。

(12) 有了創意的教學環境，教職員生及家長，樂於合作，本校特色自然顯現。

(13)結合師資專長，學區環境特性，調查學生需求，運用社區資源，擬訂學校本位課程實施計畫。

(14)強化學校課程發展委員會組織運作，發展教學群組織與協同教學模式。

(15)規劃以學校本位為主題的教師進修計畫，遴聘專長教授、教師、社會人士蒞校演講，以充實教師教學理念與專長。

(16)發展學校願景課程，設計綜合教學活動，塑造未來願景。（T總體課程發展計畫）

T小最後確定的願景是健康、合作、卓越、創意，這四大願景的內涵為：1.以創意的教學、創新的行政，創造卓越的學習成效；2.在和諧的校園中，啟發個人潛能與專長，營造快樂成長的學習環境，培養活潑健康的兒童；3.教職員生及家長協同合作，建立團隊，發展該校特色，達成各項教育目標。然而，該校主任承認實踐學校願景之具體策略及計畫，並無共識，目前僅由各學年度就願景擇一規劃為統整教學之主題，但系統化的實施策略，仍待摸索。

(四) 協同教學

C校教務主任認為九年一貫的基本精神就是「統整、協同與合科」。

> Ccd：我覺得九年一貫的精神特色，我個人的想法是六個字，統整、協同、合科。統整是強調課程上的統整，它可能是跨領域的統整，可能是科際的整合。從彈性時間很明顯的看出來很多跨領域的統整，從目前各家出版社的裡面內容看起來，統整是做得蠻成功的。協同是指說老師應該打開班級的界線。老師適才適所，專長的老師擔任專長的教學。沒有專長的老師靠彼此互助合作，把比較不專長的科目把它彌補起來，班群教學是未來必然的趨勢。

（20011224: 32-38）

該校協同教學主要有兩種方式：外加科任及班群來活用與增進人力。

> Ccd：一種是加科任老師，另一種是班群的方式。（20011002: 71-71）
>
> 舉例來說，第一個方式用外加的方式來說好了，就一年級有六個班級就配給他一個科任老師，那一年級就變成七個老師，針對六個班級的二十三節課，就是六乘以二十三，一共有一百三十八節課，由七個老師來分配任教，那這七個老師就可以根據他們的專長用協同的方式或是用共同的方式來進行小朋友的教學，這是第一種外加的方式。那第二種就是班群的方式，我們常建議的就是三個班成一個班群的方式，就由這三個班的老師來針對這三個班級的所有課程進行設計，譬如說我覺得我的專長在藝術與人文，那本來我是一班的級任老師，那二班現在正在上藝術與人文的課，那我可以去跟他換班上二班的課，那請二班的老師來上我一班的課，可以說我更大的理想是可以把教室打開來，我把三個班級中的圍牆打開來，三個老師同時在場然後根據學生的程度分成 ABC 三級，到三個不同的老師去教授這樣子的一種課程，這也是一種理想。（20011002: 72-82）

九年一貫原本是學制的設計，經台灣教育改革的洗禮後，融入了協同教學、統整課程與彈性節數等精神。

> Ccd：九年一貫的精神是合科、統整、協同，你也可以說它是一個特色，它不要再把小朋友分割得很細，我們舉一個例子像國中，就像我們一個自然的社會裡面，不可能自然生活裡面把它分割成物理啊、化學啊、生物啊，但是我們國中的教學一直是這樣子的，國小是沒有這樣子的問題，我們現在學生的生活是很統整的，是個生活的統整、是個平面的統整、是個社會的統整，所以九年一貫旨在一個統整是個好事，減輕到了學生的負擔，像我們五、六年級幾乎有十多個科目，但是九年一貫實施之後我們頂多就是七個領域，那含國中最多含二十幾個科目，但是九年一貫之後到了國中也是只有七個領域，所以教科書頂多就是七本，所以這對學生的負擔是減少了，這是一件好事。第二個是我覺得說它讓學生提早學英語，部頒規定最慢五、六年級實施，但是每個學校不同，有的學校把它列為本位課程或是一個特色課程，它可能在低年級或是三、四年級，就在彈性時間實行英語教學。（20011002: 176-187）

由於九年一貫課程的領域方式，強烈衝擊分科培育師資的設計，協同教學成為應付九年一貫課程常見的招式，協同教學打破班際界線，讓教師間彼此觀摩，相互學習，並鼓勵家長參與。

Ccd：因為他們覺得可以交換教學，或是一起協同教學，對他們來而言健體或許某方面是自己所欠缺的，可是卻是別人所專長的，他們就可以用協同教的方式來處理。（20011002: 246-248）

Ccd：舉例講說，譬如說健體教到一個舞蹈，搞不好是A老師所專長的，可是可能這是B老師所欠缺的，現在把時間排在一起的時候，這兩節課這兩個班就一起上，那A老師就可以負責帶動，B老師就可以在旁邊協同指導姿勢，我們在固定的時間嘗試實施健體領域，那其他就是由科任課排完由老師自行編排自己的課程時間。（20011002: 250-254）

Ccd：就是協同的，就是打破班級界線，用班群來輔導，利用社會資源，請班親會家長擔任闖關關主……（20011224: 15-16）

T校一年級試辦教師認為協同教學需要行政、教師與學生間互相合作，這樣的配合對於年長的教師最大的壓力是電腦基礎不足。

Tt13：九年一貫下來，我覺得協同教學是蠻重要的啦。

Q：您覺得協同教學……

Tt13：嘿嘿嘿，是什麼齁？我知道的不多，只是要去做的話，協同教學就是打破年級，幾個老師一起，有時候也會用到幾個班級，跨年級，然後就是跟行政人員，行政人員也要支援我們嘛，給我們參考，給我們提供資料這樣子，就是老師之間，或者是學生之間的合作……給我最大的煩惱、恐懼、壓力夠就是電腦，要做那個網頁呀。（20011205: 105-109）

(五) 學校總體課程計畫

大體而言，一個學校的總體課程計畫包括學校的教育目標與願景、各領域學習與彈性學習時數、各學習領域及自編、選編與彈性學習時數、教學計畫與進度、各年級教科書選用版本及課程評鑑。

Ct25：針對九年一貫課程和現行課程有個很大很大的不同，就是所謂的總體課程計畫，我們今年一年級的老師要從八月份就來學校上班，他的目的就是把整個一年級上學期的總體計畫做出來，這裡面包含了幾個需要，送教育局備查才能夠實施的部分，譬如第一個各個領域上課的節數，我們學校採用的是低標或者是高標？要經過學校課程發展委員會決定，決定以後老師根據這個節數去編寫他的課程計畫，第二個就是我們學校要採用什麼鄉土語言？這也是需要整個學校來決定，而由課程發展委員會來決定，第三個就是我們學校所使用的六大議題，這個新興議題要怎麼融入到各個領域裡去，也是需要級任老師來協助幫忙的，第四個就是最難的，所謂的彈性時間，彈性課程的時間我們學校目前的作法就是分成兩個部分，一個部分是給級任老師使用，級任老師使用可以用來做補助教學，其中有排一個領域教學，也可以讓級任老師做班級的譬如說班慶會、一些班務上的處理，然後在學校的部分，交給行政處理，譬如說一年級的迎新活動、運動會時間，訓導處的譬如說兩性課程。（20011002: 211-224）

Ccd：學校有一份總體課程計畫，目前學校只有一年級在做，九年一貫課程要求要有一年級提課程總體計畫，指標在本體課程並沒有呈現，各個出版社的編者其實已經把指標對應得很詳細了，根據坊間的教科書來編寫我們課程總體計畫，自編教材的部分只有在彈性時間，其他一個課程和四個領域都是用坊間的。（20011224: 176-180）

Csd：雖然我們去年沒有受到八十二年課程標準的節制，我們試辦的課表都有報市政府核備，我們一年級課表和其他年級不一樣，我們核備後有按照我們自己編的課表，一年級的結束和其他年級是不一樣的，課程總體計畫我們有報，可是報得跟今年而言，今年是一定要報，但是去年報的時候格式是自己創的，因為去年沒有固定的格式嘛，到時候交給市政府……（20011119: 75-79）

C校的總體課程計畫主要的功能是自行參考用及送府核備用。

Q：你們現在有編總體課程計畫嗎？那是什麼？

A1：總體計畫那是每個學校今年因為是正式實施所以每個學校都要編啊，然後送到市府備查，那就是各領域的，包括彈性節數分配表、教學進度表、融入六大議題、學習領域分配表等。

Q：你們做那些表做什麼？

A：進度表我們是可以參考，有的是教育局需要的。（ctg20011008: 33-39）

T校的學校總體課程計畫書包含學習節數的比例及各年級所使用的教科書一覽表。

Tp：這裡有一本我們學校的總體課程計畫書，裡面的內容都是我們學校老師設計的。包括領域學習節數的比例我們都計算出來了。高、中、低年級每週要上多少課，都記載在這本計畫書裡，另外我們各年級所使用的教科書一覽表也都有寫。
（20011031: 21-24）

(六) 學校課程發展委員如何組織及運作

C校課程發展委員會的成員包括：校長、教務、訓導、總務、輔導主任、教學組長、各領域召集人、家長代表（主要包括家長會會長一名、愛心義工隊隊長一名）、社區代表組成（里長代表三人），校長為召集人，教務主任為執行秘書，另聘師院教授為諮詢顧問。

該會的任務為：1.研擬試辦計畫提示工作重點與內容；2.列管各項工作進度，檢討改進，並整理試辦成果；3.建置學校新課程試辦專屬網頁，連結各校以達經驗分享，資料交流目標；4.發展與審查學校本位課程（C 校試辦九年一貫課程實施計畫）。

C校的課程發展委員會主要任務有決定領域教學時數、彈性教學時數、任教教師授課基本時數、選擇教科書及決定學校願景等。

Ccd：上個學期末我們學校成立課程發展委員會，跟低年級老師協調每個人上課的基本課程，每個人授課基本時數，每個領域可能有 10%到 15%，決定每個人基本授課時間以後，由課程發展委員會來決定。……

選教材依照學理應該由課程發展委員會來選，但是目前由於適用舊制依照目前大概都是由各學年自行選出教科書，學校提供各個版本的樣書，然後讓學年的老師去評分，根據物理屬性、化學屬性、學生屬性，去選出最適合我們學校的，授權給任課老師來選擇他的教科書，教務處並沒有插手……

（20011224: 59-72）

Q：現行上課的節數對一、二年級來講有沒有影響？

Ccd：一、二年級都是全部使用九年一貫課程，所以它的節數是由學校課程發展委員會去決定的，我們現在目前就是原則上除了語文領域之外，其他領域所占的那個百分比數是十到十五個百分比，那語文是占二十到三十個百分比，一年級的應授課時數就是領域教學的教學時數是二十節，彈性的節數是二至四節，那二至四節是選擇兩節三節四節是由學校課程委員會來決定，我們學校現況是選擇三節課，所以一年級上課的總節數是二十加三節二十三節，其中的二十節是上七個領域的節數，那每週三節課是上彈性課程的部分……（20011002: 10-17）

T 校學校課程發展委員的組成包含：

1.召集人（校長）一名

2.行政人員代表計五名

包含教務等四處主任及教學組長、各學年代表一人、領域教師代表〔含七大領域（語文領域又分本國、鄉土與英語）與電腦等之召集人與副召集人合計十個領域共計二十名代表〕。

3.家長代表

含家長會正副會長各一名、特教班代表一名、各年級代表計六人及幼稚園代表一名，合計十名（T 總體課程發展計畫）。

家長參與可說是這波教改的重點之一，同時國際間也出現這種趨勢。由於部分領域代表係由行政代表兼任，因此 T 校學校課程發展委員會合計二十二人所組成。

T校課程發展委員會所承辦業務與C校大致相仿，然而，T校教務主任認為其校長顯然較課程發展委員會掌有較多權力：

Tcd：因為你三節課上完，學生不是提早放學，變成中高年級多一個下午，擔心家長，這個東西當時經過課程發展會通過，我都已經排課排好了，到今年的七月，校長突然喊說不行，就把會議否決掉，其實這個課程發展委員會議他也有參加，會議結果他也都知道，最後就照他意思，各位老師就認為校長不尊重，我們討論個半天，既然都已經排正課了，你說變就變，沒有跟我們老師商量，現在我們還是禮拜三下午可以討論以外，其他時間還是不可以。
（20011108: 100-105）

(七) 各學習領域課程小組的組成研究會

為了對各課程深入了解，除了七大領域外，C校的學習領域課程小組共設八個研究會：包含語文、健康與體育、社會、藝術與人文、數學、自然與科技、綜合活動及幼教領域，各領域設召集人一名，各組參與人員六到十名左右。

T校的學習課程小組含本國語文、鄉土語言及英語，其餘則為數學、自然與生活科技、健康與體育、社會藝術與人文、綜合活動、電腦，各領域設召集人及組員，各領域召集人出席委員會，召集人為行政人員、學年主任或有事無法出席時，由副召集人出席，各領域研究會由正副召集人輪流擔任主席，主要任務如下：

1.分析分段能力指標。

2.分析各學習領域教材，彙整各學習領域教學目標與教材綱要，確定統整之構想。

3.進行跨領域課程規劃，完成主題統整架構。

4.研擬各學習領域課程計畫。

5.設計主題教學活動或方案。

6.以協同教學模式，進行主題教學活動。

7.評量工具之設計。

8.進行課程評鑑（自評）。

9.修正課程統整與教學計畫。

10.製作電子教學檔案留存供參。

(八) 兩校各領域及彈性時數如何安排？

根據實際走訪這兩所學校，可以發現 C 校的彈性時數較 T 校自主。學年同時段的設計，奠定協同教學的基礎。T 校的彈性時數僅有兩節，大部分時間用來發展特色，加強資訊與語言的學習。

表7-2 C小一年級領域學習節數表（二十三節）

學習領域		學習節數
語文		6
健康與體育		2
生活課程	社會 藝術與人文 自然與生活科技	7
數學		3
綜合活動		2
彈性時間		3

C校目前以一、二年級（原本試辦年級）為試辦對象，由該校課程委員會決定每週三節課時間做為彈性時數：

Ccd：一年級的應授課時數就是領域教學的教學

時數是二十節，彈性的節數是二至四節，那二至四節是選擇兩節三節四節是由學校課程委員會來決定，我們學校現況是選擇三節課，所以一年級上課的總節數是二十加三節二十三節，其中的二十節是上七個領域的節數，那每週三節課是上彈性課程的部分……（20011002: 10-17）

C校彈性時數的安排主要作為補充教學與學年或全校性活動用：

Ccd：彈性課程可以分成幾個部分來做，一個就是班級的形式，就是給級任老師去做補充教學，或是做一個統整課程的設計，整個學年性的活動、班慶會的活動都可以在這邊實施，另外有個部分是可以撥給學校做學校的行政時間，像是校慶運動會學校的戶外教學，學校的一些相關活動，都是可以在這裡面彈性的運用……（20011002: 21-25）

C校彈性時數的安排係由該校課程委員會來決定：

A：那三節課的部分，那二十節課就是按照一般的規定，那二十節就是根據百分之十到十五或是二十到三十的百分比來決定各個領域的授課節數，那到底每個學校要選擇十還是十五，選擇低標還是高標，是由學校課程委員會來決定的……（ccd20011002: 27-30）

C校主任特意將全年級彈性時數安排同一時段，以利該學年整體活動的規劃：

Ccd：彈性課程的時間我們學校目前的作法就是分成兩個部分，一個部分是給級任老師使用，級任老師使用可以用來做補助教學，其中有排一個領域教學，也可以讓級任老師做班級的譬如說班慶會，一些班務上的處理，然後在學校的部分，交給行政處理，譬如說一年級的迎新活動、運動會時間、訓導處的譬如說兩性課程。

Q：那些課是排在同一個時間嗎？

Ccd：彈性課程一年級我們把它排在同一個時間，我們的目的就是說有時候一年級需要全學年性的活動，所以我們把它排在同一個時段，像我們今年一年級的就有認識學校各處室的，就由級任老師帶著小朋友從我們所有的處室走過去以後，下午就配合這個畫各處室的老師。（20011002: 219-229）

Ccd：對，叫彈性時間，彈性時間就是很彈性，可以學校用，可以班級自己用。（20011002: 234-234）

Ccd：我們是盡量把它排在一起，我們是想說可能會有全學年性的活動，所以我們把彈性時間都排在同一個時段。（20011002: 237-238）

T校試辦教師說明該校彈性課程僅安排兩節，主要做為補救教學用。

Q：你們學校的彈性課程是怎麼處理？

Tt13：一個禮拜有兩節課，通常拿來做補救教學比較多，有時候拿來做能力測驗、學科方面也有、考試，對，怎麼用都可以的，像鄉土語言、綜合活動，都可以做補足的活動。

Q：這樣的設計好嗎?

Tt13：都是要時間啦，我都覺得時間不夠用，時間不夠用，尤其是語言呢，尤其國語只有兩節不夠。（20011205: 114-121）

T校的措施則將彈性課程內容用來加強資訊與外文，該校彈性學習課程內容在三、四年級安排電腦課，五、六年級則增加英文課（《T校總體課程計畫書》，p.21）：

Tcd：八十八學年度由校長批准就先做了外聘英文師資，第一個月很多家長抱怨聽不懂，我們這個學期本來要跟他們合作，但是課要排在哪裡？只有把它排在彈性課程裡，照理講英語應該排在語文領域裡面，而且是高年級才做，但是我們一到六年級都做，我們下學期還是這樣，一到四年級排在彈性課程，五六年級排在語文領域，第一學期老師們反映大搬進度跟不上，表面上九年一貫課程要排，彈性課程是不

夠，那時候自然排三節，……（20011108: 70-76）

Tcd：我現在認為我們可能課程教材部分要寫，下次要寫的部分是主題教學、跟你統整的部分，彈性課程這個部分，因為你有教材的部分，很少老師會去做增刪的動作，大部分是整個複製，包括教學指引整個都有，這部分品質部分不會掉下來，反而是彈性課程、主題教學的部分，又沒有買課本，完全靠老師的自編能力，這樣能力差一點，品質就會掉下來。（20011108: 129-133）

T校的老師則將彈性時數主要運用在補救教學、評量、鄉土語言與綜合活動等。

Tt14：課程是我來之前，去年他們老師就討論好，彈性課程各老師不一樣，我覺得蠻好的，我覺得孩子應該蠻快樂的，因為我是一個新進教師，我以前的背景不是待小學，所以以前那種上課方式我沒有經歷過，我跟別的老師不一樣，別的老師上國小已經很有經驗了，她已經習慣了一個方式，可是我來這邊，我就不會覺得有什麼不一樣，習慣可能是一種阻礙吧？已經習慣一種方式，如果要換另一種方式，可能會不清不楚，對某些人來說，像現在學校告訴我們要做些什麼，像以前在學校唸書的時候，我們一接觸就是這個，很多老師都還沒接觸到九年一貫……（20011206: 2-10）

(九) 宣導的工作

為推廣九年一貫課程，○○市要求所屬試辦學校拍攝出十卷宣導片，二○○二年一月在有線電視連續播映一個月，每次播放三十分鐘，以一日三校方式宣導，然而宣導工作因缺乏經費配合，編列預算的制度在時效配合上令人擔憂，根據○○市的會議紀錄案由一顯示：「因教育部撥款延後是否經費經議會審查過後再行辦理」，使這項紀錄製播工作「視市府核撥經費到校之時間，依原定之作業流程，酌以延後」（文件 900615）。

> A：我們的困擾就是其實很多家長對這個還不瞭解，所以我們都很辛苦地辦了很多的宣導活動，但是教育部他們有一個宣導的計畫，什麼九年一貫影像記錄片宣導片，其實台中是我們學校負責，負責拍攝，他說拍攝這影片記錄的目的是為了讓家長對九年一貫課程有所了解，立意非常好但是他時間上不能配合，例如說我們現在九月份開學已經開始在做九年一貫課程了，但宣導片連拍都還沒有拍，他問題不是卡在我們承辦學校，我們學校是負責拍攝台中市的啊，他本來預計今年的七月、八月這兩個月要放映，要放映在第四台，各地方電視台要放映，宣導家長認識九年一貫課程，立意非常好，但是他預算到現在還沒下來，人家都已經開學了，宣導片預定七、八月要播映的，到現在連拍都沒有拍，我們家長其實早就學好的，但是為什麼我們不敢拍？因為沒有錢啊，經費還沒下來

啊，所以就說他這個政策沒有預算的配合，時間上落差很多，所以現在家長對九年一貫課程不是那麼了解，所以我們自己在新生入學的時候，對新生的家長很辛苦地給他們做宣導，但是問題是家長他們來的並不是百分之百啊，他來的百分之三十、百分之四十他有聽到但是其他人就不知道，所以我們級任老師就比較辛苦一點，就是說宣導方面教育部立意良好，說要宣導，可惜卡在編列預算，所以時間浪費非常多。（Ct2520010921: 265-283）

是項計畫後經查證，於二○○一年十二月竣工，隔年一月正式於台中市有線電視台持續放映一個月，每天九點半到十點，每次三十分鐘，每校十分鐘簡介，一次播映三校。

五、試辦工作心聲

根據訪談結果，主要報導人對九年一貫課程政策大致上持正向、負向及觀望三種態度。

(一) 正向

主要報導人對九年一貫課程政策所持正面的觀點，在於發展學校特色、提升學生表達能力、課程設計較為活潑多元。

C校前教務主任目前的訓導主任則認為九年一貫課程讓學校展現特色。

Csd：那要完全看地方、看師資，各個方面都要考量到，現在就是百花爭鳴的時代，學校本位，連學校都要走出特色，不然都會被淘汰，那這是我覺得第二個蠻好的地方，提前讓學生學習英語教學。（20011002: 191-201）

試辦C校校長認為九年一貫課程的推動提升學生表達能力。

Cp：最近有一位家長說你們這樣的教學方法不錯，小孩子學得比較活潑……如何去評斷好或不好？當時也沒有人敢講也沒有人再討論，這是可以理解的。因為看到這樣一個情形，小朋友發表能力比較強，……好像比較好。（20010530: 45-49）

T校一位一年級試辦教師認為九年一貫課程比較彈性與靈活。

Tt13：課程……現在不用通通教完，不用拘束在一個教室裡面，上課下課，很多方面都可以學到啦，九年一貫出來以後，學得比較多，也比較活，比較活。（20011205: 138-146）

Tt13：好的地方是學生上課比較活，像我們元宵節要搓湯圓喔，很多，譬如我們要做尋寶的、環保的，然後再回到問題，這樣也是很好啦，所以改成九年一貫課程下來，我也覺得不錯。（20011205: 75-77）

此外，有些教師也認為九年一貫課程的教學方式比較多元。

Tt13：其實做九年一貫課程我覺得滿不錯的……我們用過關來評量的，這樣比較多元。（20011205: 82-83）

(二) 負向

主要報導人對九年一貫課程政策所持負面的觀點教育改革以來，政策的大幅修改與不穩定，常使在 C 校試辦期間的一年級的方老師擔心學生成為實驗品。

Ct26：甚至有些家長心懷疑慮，今天實行的新制度、新方式，能否適用於將來國中畢業生的多元入學方案，與長久以來「智育」掛帥的傳統？萬一未來的教育政策有所改變，或配套措施仍未確立，那麼接受九年一貫課程實驗的這群白老鼠，不就輸在起跑點上。（文件，試辦心聲）

T校試辦的一年級女教師雖言不排斥九年一貫新措施，但她認為都市家長配合度高，較易推廣，鄉下地區家長教育程度不高，對學校支持度較低，試辦過程令她覺得很累，但她表明即將退休。

Tt13：為了電腦我要退休啦，暑假來學也不見得會，我都是找隔壁的老師剛畢業的嘛，又年輕，我就說要打電腦你幫我打，教學方面夠，我幫你輔導，現在比較好，我們現在來學，真是做不到，老花眼，眼睛看不到，年紀一大把，現在什麼都要電腦，我是有興趣教學，但是電腦帶給我很大的困擾，電腦的能力要會，上面要來抽查，不通過不行呀。

Q：您的意思是，上面是指？

Tt13：校長級的，會來我們這邊抽查，叫老師當場去考，當場抽。

Q：是教育局嗎？

Tt13：我也不知道，上面的人會來，我們要打快一點，上面要來抽查，不通過不行呀，我們其實很緊張，就是會打的人去就好了，眼睛不好怎麼打，我們學校〇〇老師，電腦打兩個小時，眼睛馬上變紅色……什麼指標，都是在摸索，去年不像今年這樣子，去年是試驗，今年正式做。（20011205: 27-38）

Tt13：年輕的比較會有做，像我明年、後年就想退休了。像九年一貫需要家長配合，我們這邊家長比較鄉下，很多大部分是工人，像我同學、同事在都市教，感覺夠，家長配合度比較高、比較大。九年一貫對學生來講蠻活的，基本上我不會排斥。我在這裡已經二十二年了，我從六十九年六月一號調到這裡就沒有跑了。我沒有教過三、四年級。我們發現在要教綜合活動，自己要編的，編那個計畫，所以蠻累的。我們校長要我們有成果嘛，所以就要設計教案，我們很忙，安親班又兩個下午，每個老師都要上兩個下午，家長得來這邊上課，我們開兩班，很忙兩個老師輪到，星期二又要上整天課，說我們真的很累。

（20011205: 1-9）

台灣傳統教育官場文化的思維，試辦新政策好比「國王的新衣」，坦承的小孩容易被視同「不智」，在集體意識下有些教師選擇沉默是金，最後產生寒蟬效應。因此，評鑑通常成為歌功頌德的場面。

Ct26：在長官面前大家不敢有負面的聲音出現，大家都要歌功頌德：「很好、很好，你這九年一貫實施得太棒了。」他們要聽的是這種聲音，如果有一個跑出來一個是負面的；我跟你講，他會是被大家圍剿的對象，變成你不了解我們的政策，你是對我們不了解，因為你不關心，會被大家批評這樣子，到最後你只好封口說喔……，然後沒聲音。

（20010612: 313-323）

Ct21：對，而且他高官來就是要聽到好的。

（20010612: 325-325）

關於一些負面的評價，試辦的一位教師也認為上級的長官通常只注意到試辦良善的結果。

Ct22：然後這種那些不好的評價，我相信他們不願意進去他們的耳朵，而且大家好像也不會談到。（20010612: 327-328）

C校訓導主任（試辦時教務主任）認為試辦並無實質獎賞，造成試辦教師心理委屈，學校行政人員也無奈。

Csd：他們非常的辛苦，他們有一點耿耿於懷，因為連一張獎狀都沒有，他們真的付出很多，我們試著跟教育局爭取，希望至少有獎狀一張，都沒有，他們心理好像不是那麼的舒服，我也跟教育局反映，因為嘉獎要經過人事，如果獎狀的話教育局本身長官都有資格，包括駐區督學，目前為止，沒有嘛，所以他們心裡就有一點點說受委屈的感覺，因為他們比其他老師付出，可以說是長期性的付出，不是一兩天、一兩張獎狀可以說是秀才人情嘛，給他們有一點感覺，我也跟校長講卻變得很尷尬。（20011119: 15-21）

C校試辦期間的教務主任認為教師心中是有預期須改變原有教學方式，但意願不高，主因是付出的心力。

Csd：他們現在還是用生活課程試辦，但是教育部經費一直沒有撥下來，老師心裡有一個底知道請他繼續試辦，但是我們沒有這個經費，目前是心中有底尚未試辦，他們事實上意願也不高，畢竟要比別人付

出更多的心力。（20011002: 333-335）

為了因應九年一貫課程的實施，C校一年級的教師有較多的學年會議去討論分工與執掌的協同教學，主要有兩次主題統整課程的設計，第一次的主題統整教學為以學校生活為主，第二次則以大自然為主（C校主體統整計畫）。由於工作量激增，該校試辦期間的學年主任覺知試辦僅是一段「實驗」，下面的談話也反映台灣社會已婚女性教師在面臨職場與家庭價值時，使她們常有「良師」、「良媳」、「良妻」與「良母」多重角色間的衝突。

Ct23：要當一個媽媽的角色，我們要管自己的小孩，而且要扮演媳婦的角色，如果跟公婆同住的話，那妳要做家事：要洗衣、要燒飯、要照顧小孩，那都免不了的啊，妳怎麼會有那麼多時間，一直用來做管理這個，因為我是覺得說像我的原則一向是公私分明，我不喜歡在上班時間作自己私人的事，但是我也盡量說下了班，把學校的事情帶回家，因為畢竟人家中國人自古以來，就說要齊家治國才能夠平天下；家都不齊了，還怎麼齊家，還怎麼治國、還平天下對不對？畢竟這一年只是一個試教，我們大家心裡都很清楚這東西多一點是沒關係；但如果說我不相信任何哪一個人說，三、四十年的教學生涯都這樣不眠不休地為學生、為學校奉獻，那是一個人很基本，因為人是怎麼講，必須要休息還有自己的生活，是有感情不可能像機器一樣一直做一直做。（20010921: 17-27）

六、觀望、猶豫的態度

位處城市的C校，校長分析家長信心不足，擔心新課程政策對其子女未來升學造成不利：

Cp：他們家長對這九年一貫課程還不是很清楚，對它到底是什麼東西，他不了解，不是很了解它，就有一點害怕，我們這樣教出來的學生，到底以後在好比進國中，是不是會與其他學校有些差距，他們會害怕。（20010530: 34-36）

C校校長也認為一開始試辦新課程，家長面對新政策會有所疑慮，使學校的興革幅度不大。

Cp：當時剛開始要做的時候，家長會有個疑慮，那如果是要把國文科目通通打亂掉，那我們跟他們說因為我們比較保守，因為我們不希望說，因為我們依據舊有的東西舊有的課本來示範，所有有些科目實際上像數學的話，你不可能做特殊的變革、改變。（20010530: 10-13）

Tt13：我覺得我是不排斥啦，九年一貫我是不排斥啦，只是影響我們的教學作業，我們按照一般教學批改作業，要統整課程，學習單要計畫，很花時間，安親班要兩個下午，我們又要趕進度。（20011205: 22-24）

貳、試辦學校教育從業人員對試辦工作的困擾、問題與建議

一、困擾

C校一位實務工作者認為學校把活動取代了課程，活動課程也成為九年一貫課程的主體，以生活課程而言，她認為應重視民俗節慶的意義，而非形式的活動。

> Ctg：現在課程統整，每一個單元都要統整，不該統整能統整嗎？不要太牽強說刻意要統整，像民俗搓湯圓，一年級教形狀跟顏色，搓搓搓搓，然後大小，再來三年級，還是有造型的，然後高年級呢，是有創意的，各年級不同，當然搓沒有錯呀，那到底讓孩子學到什麼？你到高年級應該知道冬至的意義呀，節慶的意義呀，民俗的由來，應該是了解我國節日裡面從事哪些活動，最主要要教給孩子這樣，搓圓子的動作要孩子學到什麼？並不是純粹對動作來學，而是這個節日的意義由來，依照我國中國的年俗，我們每一個節慶會有哪些活動。（20011119: 19-25）

試辦課程的教師在面對掌聲下的壓力，C校主任不諱言指出教育部長的巡視與媒體的渲染，是激發試辦學校教師求好心切的霍桑效應：

Csd：部長來宣導並訪視，媒體什麼的，是C校創校以來最多媒體記者來訪的一次，部長都被媒體記者給淹沒了，教育部長總共來過一遍，平均訪視就那麼一次，其他就是各校參觀，大概師院去年一年來四次，師院的學生去年到今年前前後後大概十次，我們大概有辦過成果發表會，附小參觀過一次，其他學校來參觀過二次，師院來參觀四次，總共有六次，聯合發表會有一次，師範學校聯合發表過一次，大概有八次。（20011119: 2-7）

剛試辦時，一些老師在集體意識的影響下，即使試辦工作繁雜，她們也不願退卻，C校試辦一年級學年主任認為壓力來自於自己與同儕：

Ct13：我也覺得我們老師，我們聽到訊息就這樣，有一種「輸人不輸陣」的感覺，壓力是來自於自己，像校長說有人要來參觀教學環境，我們一年級的教室「入到」（台語洗刷的意思）快要脫皮了。（20020611: 10-13）

C校校長認為密集參觀與教師成果發表會導致行政人員與教師壓力陡增。

Cp：在我們試辦時間，……太多參觀，不管是師院還是其他學校來參觀，我們必須應付，這麼密集的參觀，對我們而言，是一種很大的負擔。評鑑得優，有人來參觀，大家一樣，提供下面參考……比如說他們會問我們像老師要編教材，統整教材要怎麼編，教學要很多的教材要怎麼準備，實施以後，大概第一個有做的，就是把課本裡面一些內容，依據我們學校行事曆，做一些局部的一些修改，課程節數沒有舊的課本那麼多。好像變了幾個單元。

（20010530: 154-161）

但各單位參觀太過於頻繁，試辦期間希望有豐富預期成果的比馬龍效應，造成參與試辦的教師為應付參觀而疲於奔命，C校主任認為同仁間的求好心切，造成壓力源：

Csd：由於我們是試辦學校，大概平均一個月會有一次，因為九年一貫試辦參觀啦，老師就要準備，我們教務處就要整理出來，今年到目前為止師院已經來過三次，平均一個月超過一次，其他如東師來過一次、花師來過一次，應屆畢業生看外埠參觀，不過我們老師都做得很好，其他單位來參觀九年一貫課程，不管是我們要他們（試辦教師）書面資料，或者看教學，他們都努力去規劃，我們（行政人員）都很感動，去年有女老師懷孕孩子掉了，我聽了很心疼，難免壓力會比較大，去年是試辦，無前例可循嘛，要靠大家自己摸索，大家壓力比較大，還有很多人來參觀的時候，大家有時求好心切，把它弄得很大，我不敢說我因此而住院啦，今年部長來之後，我就去吊點滴了，因為業務量比較大，壓力比較大，我個人而言，我就希望今年換人做看看，希望緩和一下，以免快要瘋掉，我大部分都是回家時間做，有時我是做一下，就有人來找你，就卡斷了，我是盡力去做，做到告一段落，總是要延續……（手機鈴響，訪談中斷）（20011119: 26-37）。

C校校長認為有些知識成為統整課程設計有知與行間的困擾：

Cp：不必硬是要去做統整，硬是把它拉在一起，你是硬是把它統整的話，像那有一些學科，他所學到的東西比較支離破碎，你不覺得嗎？因為你都是用一個主題，然後把它一些概念抓出來統整，學生學到了啊，可是有時學科那些系統性的知識不足，尤其數學啦……（20010612: 237-244）

許多學者認為統整課程係在改善現有課程因學科分化所產生的區隔、零碎、不能統合，並與生活嚴重脫節的現象（例如，陳伯璋，1999；黃譯瑩，1999；Beane, 1998）。然而，C校的校長卻認為統整的前提係建基於審慎設計規劃、用心推動的前提下，否則徒然割裂學科知識的完整性與邏輯性，造成另一種零碎與片段的學習斷層。這位校長認為試辦工作採隔年分段方式，將來在年級間知識與程度的銜接是統整或分離令人擔憂。

Cp：今年九月一年級全面實施，實施的階段覺得有些憂慮，九十學年度是全國一年級全面實施，那麼明年，就是九十一學年度是一、二、四，那麼到後年的四年級，就是現在讀二年級，過了暑假之後升三年級的這個年級的學生，他們就是讀到四年級，突然間變得很奇怪，突然間變得很奇怪，他們一、二、三年級都是上八科……，到四年級九年一貫，這銜接，我覺得最大的問題就是在這地方。這個問題我也要提出來，現在的二年級，課程的銜接，課程的銜接，尤其是現在，現在的二年級，過了暑假之後要升三年級的，那一屆問題很大，前三年是舊的，四年級到九年課程是新的，這怎麼銜接得起來，這不知怎麼接起來，它不是全面實施，是跳著實施的呀！先是一，九十一學年度是一、二、四（年級）這當初規劃、它的構想不知是怎樣。（20011119: 19-25）

Ct22：如果說你採用譬如說二科或三科；他會把你設計好好的，其實我們那時候去上九年一貫研習活動，那教授講說那出版社把那些專家學者都吃飽沒事做，每天在弄那，他們比我們有時間啊，在學術上他們也比我們專業，他們都會說今年只是試辦……（20010612: 249-252）

對於有些學者主張增進教師研發教材的能力，以提升教師專業素養，近年來，提倡行動研究主張「教師即研究者」的概念，認為教師應具有研究的專業能力，這樣的觀點，在試辦的 C 校校長眼中認為學生生活指導占教師多半時間，很難再從事研究工作。

Cp：看你從哪個角度講，如果你認為是種負擔的話，那工作會加重，但是你屬於老師要專業成長，老師有他的專業，對專業的定義，就是說老師你一定要有能力設計課程是比較好，這個已經有時候在實驗上根本不許可，老師的工作不是只有課程設計、教學，他有一個重要東西做主導，學生生活需要這占掉老師大部分的時間。（Cp20010612: 131-136）

由於九年一貫課程強調自編教材與協同教學的重要，使用電腦變成教師的基本能力，對於服務了二十三年，薪級已達 625 的吳老師而言，電腦是她的夢魘。在一次訪談中，吳老師四度談及想退休的念頭，其中最令她感到困擾的是電腦。

Tt13：給我最大的煩惱、恐懼、壓力齁，就是電腦，要做那個網頁呀。（20011205: 109-109）

Q：所以明年你想退休是因為……

Tt13：電腦……

這位資深教師因身體因素及眼力衰退等因素，令她在教學上有挫折感。

Q：可是你不是說學校有開這樣的課程?

Tt13：連電話都記不起來，眼睛都看不到，最主要是因為我眼睛看不到，有的老師說我是懶得學習，能力太差，不過如果我年輕來打沒有關係喔，應該要抓一個人來打電腦。

T校教務主任擔心彈性課程的教學品質須視教師自編教材創新與發展的能力來提升。

Tcd：我現在認為我們可能課程教材部分要寫，下次要寫的部分是主題教學、跟你統整的部分，彈性課程這個部分，因為你有教材的部分，很少老師會去做增刪的動作，大部分是整個複製，包括教學指引整個都有，這部分品質部分不會掉下來，反而是彈性課程、主題教學的部分，又沒有買課本，完全靠老師的自編能力，這樣能力差一點，品質就會掉下來。(20011108: 129-133)

二、問題

(一) 時間

制度的改變，使C校教務主任抱怨須花更多時間去準備新增的業務。

Ctd：怎麼說，我試辦這一年，作業量特別多，我們常常利用假日加班、利用下課時候加班……

（20010921: 2-3）

備課時間不足與家長的要求增加，使試辦教師備感疲憊、備增壓力。

Q：你所謂的吃力指的是？

Cd：就是課程還是那麼多，但是上課的節數減少了上不完，這是第一個困擾。那第二個困擾就是，因為這樣子的排課導致級任老師原來只要教授國語、數學跟一些少數的科目，但是因為這樣子互相排擠的關係，他可能任課的科目數就要增加，節數沒有增加，但是科目數增加，要備課的科目數增多時間要更長了。（20011002: 107-111）

科任及導師之間為授課時數時屢起衝突，在少數人斤斤計較的心態下，很難協同。

Ccd：一年級老師……他們的反應是他們蠻疲憊的，希望有更多的備課時間，希望有更多的科任課，這是老師共同的想法……教務處真的受限於編制，目前科任課只能有一節，備課時間不足，可能是全國老師共同的看法，希望能爭取到更多的備課時間，因為牽涉到編制牽涉到錢的問題。（20011224: 168-175）

C校試辦學年主任認為九年一貫課程新增許多業務量（進行協同

教學），使她在家庭與學校工作上備感壓力。

Ct25：像我們下午的時間來討論、來開會，那作業什麼時候改？一定是利用你自己假日的時間改、休息的時間改，一定是下班的時間來做這些事情，那課前準備，用什麼時間？準備一定是你休息的時間，那如果說好，其實教育是良心工作，雖然是這樣子，但是妳也有自己的家庭，有自己要做的事情，如果說妳三、四十年來都一直這樣子，每天都為學校無怨地付出，我覺得對一個人長遠來講，不太可能啊……（20010921: 5-10）

C校校長認為實施九年一貫課程，教師授課時間減少，但教師們認為為實施九年一貫課程教師間協調時間增加。

A：時間是有減，上課時間已經減，像一年級他們大概只剩星期二下午的課，其他有四天的時間下午的時間就是他設計的時間。（Cp20010612: 140-141）

T校教務主任也認為教師在推動九年一貫課程最大的問題在備課時間不足，為了增加備課時間，T校嘗試將早晨晨光時間納入上課節數。所謂晨光時間是指星期一、三、五早上七點五十分到八點半，全校教職員進行晨會，導師利用這段時間進行說故事、進行美語教學、音樂欣賞、點心製作、讀經或其他的學習活動。

Tcd：我們想像高雄一樣的晨光時間，就是七點五十到八點半，那個時間希望老師不要當作補救教學，看你要讀經，還是說故事，而不是抄寫紙筆的功課，所以那時候希望把它納入正課，那時候不是廢了週休二日，但是總節數並沒有減少，我們把晨光時間排成正課，把它放到正課裡面去算，讓科任按照原來標準來分，但有些科任不指導作業……

(20011108: 26-30)

Tcd：譬如這學期的排課，聽說一年的試辦老師最大的問題，是沒有足夠的備課時間……為了排課，我們參考台東一個學校，為了增加備課時間，我很大膽把晨光時間那三節課拿來當正課，既然已經排正課了，因為一個禮拜有五個早上，兩個早上開朝會，剩下三個早上，都有老師在上課，我想不如把下午的三節課通通補到上午，湊一個下午的時間。

(20011108: 89-96)

原本擔任出納與文書的現為二年級導師的蘇姓女教師，由於接受T校C主任的請託，協助C擔任教學組的工作，工作的投入，經常得用電腦設計學習單，導致她眼球嚴重地紅腫充血到視網膜剝離，擔任教學組期間不僅經常挨罵，科任與導師間安排授課時數的安排，更使她遭受極大困擾，因而趕緊於試辦一年後，轉任為級任教師。

Q：請問您的眼睛為什麼紅腫？

Tt22：我是用眼過度，一個禮拜，去年更嚴重，我自己又是一定要把事情做好的人，是我自己不對（笑聲），因為自己有帶頭作用，要做好一點，我們教務主任他之前都是兼總務，我想跟他學一點東西，他是去年接教務，今年第二年，他一直拜託我，所以我答應他。（20011128: 4-9）

然而，試辦初期將晨光時間納入計算，使導師排課節數減少，卻使科任教師抱怨連連，於是使蘇組長趕緊取消晨光時間。

Tt22：排課的時候呀，老師都會罵我，像科任就會覺得他的時數太多，我們前年有導師時間，去年我把這個時間變成晨光時間，晨光時間算一節課我們晨光時間是從七點五十分一直到八點三十分，全校都算。（20011128: 16-19）

Tt22：每個年級不一樣耶，之前我們導師時間，我們今年一、二年級比較吃虧，只有一個音樂科任，譬如說藝術與人文，但不能因誤人子弟就教人家教呀，那我只有把它切一半呀，教藝術與人文，那我們音樂與美勞就兩個人教，如果這兩個老師合得來的話，那就很好，如果美勞我們上四節的話像健康與體育禮拜三學年的話就有規定不管花多少時間，會不會花很多錢，我都會假想像我的孩子一樣，我來這邊教一年級的時候，我的孩子剛好也一年級，大家都分享到，那時候剛好有小班教學，我覺得家長普遍的反應都很好。我剛來這邊的時候，有一個老師就說受不了了，我給他的壓力太大，他就請病假請了一年，其實他年資已經夠，他不到五十歲喔！人家都說我把他弄走的，他覺得我給他的壓力很大。

（20011128: 21-38）

晨光時間納入正課在試辦一年後壽終正寢。

Q：聽說你們早上有晨光時間?

Tt22：沒有沒有，那是去年的，今年是導師時間，今年導師自行利用，本來就不算正課，後來我們也列進度，去年有我們就是列一張表出來，是全校老師一起弄的，並不是導師來做的，去年因為科任節數不好排，是不得已的，晨光時間現在大部分都是導師在上，去年我們有排，像唐詩、說故事，後來也上數學國語，不算正課。

Q：所謂正課是……

Tt22：就是第一節開始，不算二十四節之內，那是另外加的。（20011128: 11-20）

Q：你剛提到時間有限，現在一個禮拜時間多少課？

Tt22：去年我們低年級上得比較多，因為包班，去年只有兩節健體科任，還有一節英文是外聘，所以是三節，其他都是我們的，二十節課嘛，跟科任來比的話，去年來講就是課前的準備，課後的檢核表，我們有一點想退休就來不及了，檢核表計算之後還要成績呀……大概可以統整的只有兩三科，像國語第一課沒有教的話，跳到往後教，小孩子就會變成有困難，簡單的沒上，就要先上困難的；像數學，當然要循序漸進，對不對？不可以隨便改，你改的話，什麼都亂掉無法配合；不可以跳單元教，譬如說它的編排先教方向，方向教完以後，如果把這個單元順序顛倒，道德健康配合國語，你要改變順序的話，教學上和學習上都有困擾，要像那種順序調換都沒有關係的，要調換順序的話，他學生沒有那樣的經驗，我去年開始教低年級的，我們會在放假的時候，找時間一起討論，就是寒暑假，今年暑假沒辦法討論，等到開學以後才討論，去年寒假和今年暑假才有，以前沒有呀，以前叫做教學進度教學計畫、備課，備課是拿到課本，看看呀，現在因為要課程統整，買課本的就拿課本，如果沒有辦法買課本的話，統整的話，要先了解統整的主題、教學時間，哪些科目要來配合，單元先上後上，討論完才有方向，通常是以國語為主，然後配合節令。（20011128: 30-56）

(二) 師資

將傳統的分科教學，合併成七大學習領域，所遭受最大的阻力即：誰來教導七大學習領域？由於絕大多數國中小師資養成，大多接受分科教育，九年一貫課程的實施，突顯師資進修配套措施的急迫性，而教改人士所言要求教師進修第二專長成為神聖的口號，有些緩不濟急，教師的困擾來自對這些政策的不明確。

> Ccd：老師是分科養成的，我們可能在師院的養成教育裡面，師院現在的在校生可能已經朝著領域的方面去培養師資，但是對於我們這些在職教師而言，在當時都是以分科的方式來養成，那現在我們面臨到統整教學，可能我們的專長不適合去教那些領域，那些領域是我們所欠缺的，但是我們在在職養成專業進修方面也是比較欠缺的。（20011002: 153-157）

C校由於九年一貫課程將鄉土語言融入語言領域，這方面的師資不足、缺乏檢覈與分配不均，造成試辦學校課程安排的困擾。

> Ccd：一年級在排課上目前的困擾最主要是發生在鄉土語言方面的部分，那種師資在教育部目前整個整體措施之下，我覺得很難調訓到每個學校的鄉土語言師資，這是第一點很難完全全面性調訓到，第二點能夠參加研習的時數太少，然後層面太窄不夠廣，那第三個英語師資是經過教育部檢核通過的，但是這種鄉土語言師資是不需要通過檢核的，這是現在面臨在師資上的困擾……（20011002: 43-47）
>
> Ccd：缺點的部分就是其中有少數幾個領域師資養成不足，舉例講說像鄉土語言像客語或是像原住民……但我們的師資都是沒有經過檢核的，我們也還看不出來有什麼配套措施，可以盡快的把這些師資養成

而且是經過國家檢覈的，政策都還沒有看到，所以我們不知道對於學生的學習有沒有品質上的保證。（20011002: 137-141）

舊課程與師資培訓有系統銜接，九年課程一貫課程是先有課程，師資培訓的單位似乎在觀望。

Ctd：我記得以前六十四年的那個課程標準的時候，推行六十四年的課程標準的時候，它很有系統的調訓導師，所以老師對那次的課程改革都認識得很清楚，但是這一次，這一次我不曉得是不是受限於經費不夠，所以他的調訓就較沒有系統、較沒有一系列。本來九年課程他應該要分階段，全面性，分階段他不可能一次就調完，分階段很有系統的一梯、一梯這樣子的調，但是他現在有種頭痛醫頭、腳痛醫腳這種感覺，例如說今年教一年級的，他七月份才被調訓，七月份調訓跟以前六十四年那個課程標準不一樣，六十四年的課程標準他是早在要實施的前一、兩年就開始很有計畫地調訓，所以到真正實施的時候大家都很了解。但是這次就是比較頭痛醫頭、腳痛醫腳，今年一年級要教，所以今年的一年級全面調訓，那明年可能調二年級，但是人員的異動會有人員的異動，所以說第二點就是說調訓可以做更積極一點、系統一點，有系統，層面再廣一點。（20010921: 303-317）

(三) 多元評量

C校主任認為九年一貫課程要求各校多元評量概念的實施，對於轉學生的成績處理及入學依據是一大挑戰。

> Ct25：因為你如果說你要各校或是各縣市統一的話，會造成另一個困擾就是轉學，學生轉學，例如說我從台東市轉學到台東縣，我給台東縣的表格上格式跟台東縣的格式不一致的時候他如何轉換。例如說我台東市有三科用量的方式呈現有四科用描述的方式，那你到台東縣，那台東縣整個完全是用量的方式呈現，那如何把質的東西轉換成量的東西，如何轉換這就有很多模糊的空間，有很多模糊的空間……資料轉換會發生困難，現在的家長又很重視那個成績，例如說他畢業，他的孩子領到四張獎狀，那是什麼獎，事實上老師給獎他必須根據成績，這樣才沒有爭議，根據成績，你那成績如果他一年級到六年級都在同一個學校那就 OK，對不對，問題在說假如他有轉學，甚至轉到外縣市的學校，那他資料轉換會有問題。
> （20010921: 453-465）

在評量的概念上，C校前後任教務主任認為培養學生具有多元的思想要比標準答案重要，然而，他們所擔心的是這些所謂多元評量的結果如何成為未來入學的依據？

Ccd：到目前為止我覺得學生有多元的思想是蠻好的，有很多事情並沒有所謂對或錯，只要小朋友能講出未什麼對或錯，應該是比較重要，比答案的正確與否更重要。其實評量的用意，是要看學生如何解釋，也就是說，我們不是要很正規、很正式的標準。我覺得政府當局應該趕快去給一個明確的答案指針對多元評量，因為這個掌握我們小朋友入學的因素，我覺得政府應該趕快去測量孩子基本能力，讓所有家長與老師依據，人都是因為無知所以會害怕，如果能夠把辦法談清楚，我想這種恐懼的感覺可能會減輕一點。（20011224: 20-30）

Ct25：現在以 4×5 設計的評量表格全市統一適用，他還沒有頒布出來，我有去參加那個會議，所以我知道他在設計，委託一個學校研究，研究出一個草案以後請一些一個小組來看，看那個草案可行的話他就會頒布到全市，所以說像評量辦法就照這樣的模式，學期管理也是這樣的模式，他現在的表格都為了因應九年一貫，都改了，大部分都沒公布出來，因為他好像還沒達到成熟階段，但他一定要趕在學期中，最慢學期末，學期末就要登錄了……

（20010921: 425-431）

Ct25：因為最後總是要要求一個總成績，那你一個描述性的東西和量的東西你怎麼樣平均，沒辦法平均；所以要平均，簡單的方法就是量的方式呈現，所以這個部分因為這樣有爭議，所以還沒公布，其實我覺得這一方面應該像請校長他們那些人家費心一下，我覺得還是設計一個全國通用的，至少是一定的版本，至少是參考的版本。（20010921: 446-451）

T 校的處理方式則是提供新舊學籍卡以便對照。

Tcd：八十九學年度就碰到評量的問題，七大領域，原本是德、智、體、群、美五育月考的成績怎麼算，我們那時候就搭配，校內設計一個成績單，教務處先提供一個格式，這個格式再由大家來討論，我們自己有更改，學籍卡我們有變大，舊的卡我們把你的成績單用影印一份貼在後面，用對照的，本國語言對照國語，數學問題不大，社會領域對照原來社會，自然生活科技對照自然和電腦，綜合活動對照團體活動，一個對一個，沒有那個欄位，就找欄位來補。（20011108: 31-37）

然而九年一貫課程實施初期，由於該縣頒成績評量辦法尚未實施。T 校自行研發之成績處理系統仍有 BUG，尚須改進，因此引發學籍卡登錄是要逐年改進，或是全校一致採取新學籍卡，莫衷一是的窘境。

(四) 排課

由於新課程產生巨大變化，學校教務排課上倍增困擾。

Ccd：現在學校是採「一致？」的方式，那牽涉到編制的問題，我們沒有辦法說哪一個年級專門配一個老師，像我們現在一年級的課只有一節科任課，那實際上就是六節科任課，加上一節學年主任多一節課用，就是七節科任課，我們不可能就是完整配一個老師給他。（20011002: 84-87）

T校教學組長擔心，新課程與舊師資間在排課上可能造成困擾，她舉例說：

Tt22：譬如說藝術與人文但不能因誤人子弟就教人家教呀，那我只有把它切一半呀，教藝術與人文那我們音樂與美勞就兩個人教，如果這兩個老師合得來的話，那就很好。（20011128: 23-26）

在執行協同教學時，小學編制牽涉到學校行政人員減課，對實質進行教學的教師，幫助不大。

Ccd：但是由於編制的問題，現在協同教學不是很容易，我們現在編制是 1.5，按講我們六個班級應該要有九個老師呀，我們六個班級只有七個老師，其中一個老師還是六節課的鄉土語言老師，要進行協同教學，除非是進行交換教學或班群教學才有可能。（20011224: 116-120）

台灣教育政策似乎配合政治選舉時的承諾，然而，人事的更迭，使學校發展，經常受限於教育的政策。

Ccd：目前我們的編制是1.5，但是今年教育部給我們的是1.53節的外語外加老師，但是明年有沒有這位老師，我們就不清楚，我們編制雖然是1.5，但是級任老師是占掉了一個部分，但是行政人員和純粹的科任老師是占了0.5的部分，所以我們沒辦法把0.5很完整的配到各班去，因為像現在主任他是上五節課，輔導上十四節課，科任老師上二十二節課，我們怎麼配都沒有辦法配得很恰當，所以說這可能是一種理想。（20011002: 89-94）

Ccd：其實英語師資是今年特地考的，英語師資是經過教育部檢核，所以師資上應該是沒有問題的，那最難的問題在於說我要把這兩節英語課安排到各個班的課表中，我要從哪裡抽出這兩節課出來？（20011002: 308-315）

Ccd：兩節的英語課是從國語課抽，電腦課從社會課抽一節，所以我們國語課就變成七節課，社會課就變成兩節課，可能國語課和社會課就會上不完，所以這可能就是當初教育部在考慮整個課程的安排設計上，有點操之過急……

Q：你所謂的操之過急是指？

Ccd：沒有考慮到現在五、六年級的學生使用的是八十二年的課程，臨時插入這兩節課程非常的困擾，也不知道應該從哪邊抽比較合宜，加上我們請示教育局，教育局認為這是我們學校可以自行決定的，沒有一個共同的意見，所以各校可能排課的情形就不是很一致了。（20011002: 127-129）

C校校長認為新課程的領域與議題間融合有時造成困擾。

Cp：這個師資以後會有面臨到相同的問題，電腦也是沒有任何認定的問題，那如果我們的名稱叫做自然與生活科技，那如果電腦課包含在裡面，那這個生活與科技的老師，能不能去教電腦又是一個問題，這是一個很大的問題，現在新興的六大議題都是用融入的方式，譬如說，我上語文的時候也可能需要上到環保的議題、上到兩性的議題、上到人權的議題、上到其他的家政議題，什麼都要上，但是六大議題其實也是需要專長師資的，他只是融入到課程裡面，我們怎麼去六大議題有沒有融入？學生的程度有沒有達到我們所要的？（20010530: 186-196）

他擔心課程在縱的銜接上是否有困擾：

Ct25：去年的排課不受現行課程標準的限制，去年二年級是適用因為試辦的關係，他們可以不受現行課程標準的限制，節數和科目內容都可以和其他年級不一樣，以去年而言是一校兩制，去年二年級和一年級都是低年級，但二年級是適用八十二年公布的課程標準，一年級是試辦九年一貫授課時數的標準，所以兩個標準是不一樣，去年試辦的一年級，就是試辦的年級，他們只有一天上全天課，二年級就有兩天課。（20010921: 116-121）

C校試辦學年主任認為教材版本內容的銜接顯然比版本重要。

Ct25：因為課程現在它有課程綱要，所以雖然說轉學以後可能遇到不同版本；例如說我本來在＊＊國小，他是用◎◎（版本）的語文，轉到另一所學校以後，他用※※（版本）的語文；但是他們基本上他們基本的架構會一樣、能力指標會一樣，只是他的內容呈現不太一樣，那個沒有關係，能力還是相同的，那比較沒關係，銜接上比較沒問題，比較有問題的就是說，例如學習表的方式或者說他成績呈現的方式，他的銜接就會有問題，這是很小的事，但是對家長而言就是很重要的事。（20010921: 495-506）

T校主任認為教育行政當局在執行新政策時，對於不明確的業務則要求學校自行負責，或者美其名為「學校本位管理」，徒增學校的無所適從。

Tcd：學校銜接，怎麼樣轉換，以前是全國都一致，你到哪裡去都是一樣，國語、數學、社會、自然都一樣，全國都用同一個表格，所以轉學都沒有困擾。那如果說我們現在不規範讓各校自主管理、本位管理，那就每個學校表格都不一樣，天下大亂，我是覺得這個東西，你可以做一個至少做一個參考的樣版，參考的樣版出來，不要說強制規範，至少要有參考的樣本，其實參考樣本出來以後，大部分的學校都會用你那個樣本，這樣轉換之間就沒有問題，這是我覺得九年一貫以後，很多的典章制度都亂掉了，典章制度行之有年，也許會覺得它很僵化，但是你都把它通通授權給各校本位管理以後，一下子從很緊突然到很鬆，第一個學校可能會無所適從；第二對家長造成很多轉換間的困擾，所以我覺得過渡期間要有一個參考的樣本給我們，參考的樣本，不要都長官開口、閉口就說都這是你們學校本位的東西，你們學校自已決定。（20011108: 48-52）

(五) 空間

T校教師則認為協同教學立意良好，但該校校長認為學校空間規劃上不足，較難配合實施。形成有協同無場地的窘境，協同教學部分，受限於教室不足及場地限制，雖完成班群編組，但無法推行。

Tp：我覺得九年一貫的配套措施不足。譬如說我們要舉行班群協同教學，應該要有大教室、中教室

等，讓老師們有足夠空間來安排上課，進行協同教學。（20011031: 16-18）

(六) 教科書

T校審查教科書主要考量點在於銜接的問題，組織衝突與人事異動是影響選擇教科書的主因，教科書無法於假期初送達，教師編寫計畫時間被壓縮。

Tcd：教科書上面也出現問題，可是校長理念也跟我們不一樣，我們的想法是比較屬於輔佐性的，做法是各個老師選了以後，經過學年會議，譬如選了哪個版本，然後全校討論，討論就是這個的東西有沒有連貫性，譬如一到六要用同一個版本會比較好，各學年討論完，再全校一起，各領域的老師在哪個版本，版本太多也很難選，因為老師你選的是你以後要教的，後來就我在中間做折衝協調，部分按照校長意思，大多數按照老師的意思，就是這樣讓我和校長關係不好，以為我去幫老師講話，是我去替老師對抗，我們選完以後找課程委員一起來挑，大多數家長都尊重教師選的，銜接部分是校長裁示，我們第一次開會時給家長參與年級到年級間，我們試辦到現在這麼久，最大問題同一領域一到六縱的銜接比較難，目前我們還沒有作處理，為什麼縱的方面比較難處理，最主要暑假時候人員異動、班級異動、功課異動，照理

講你寫完計畫彙整完比較好處理，學年部分比較好，領域的部分比較難做到。（20011108: 107-121）

暑假教師更動頻繁，人員確定須至八月初，也影響教師撰寫教學計畫。

Tcd：今年寒假的時候希望加強領域縱的銜接，暑假會比較多人退休啦，等到你人員補齊了，到時候你寫計畫就會來不及，會很趕。我們八月一號就會發布，你不來也可以，但是我會請學年主任要求你提出東西，事先我們就把要回答的問題寄給老師，就是幾號前要提出個人計畫，教務處彙整，然後再發給委員，通知委員在時間內審查。（20011108: 121-125）

(七) 課程評鑑

課程計畫審查時間不足。三個小時內要將校課程計畫審查完畢，無法進行細部審查，徒具形式。T校教務主任認為教學評鑑多半成為形式的審查。

Tcd：我們現在審查就是時數、內容、節數有沒有符合，教得完教不完，能力指標會不會太多，再來有沒有配合學校願景，表現各個學校特色，再來就是看看有沒有錯字。（20011108: 134-136）

Tcd：課程發展委員會之家長代表缺乏訓練，對於教師擬訂之課程計畫內容之適用性及可行性無法判定，家長加入課發會之審查機制，效果有限。學習領域研究小組運作不彰，並未完成各領域縱向銜接。（email）

(八) 經費的運籌

根據「國民教育階段九年一貫課程試辦要點」第八項經費補助規定：

1. 教育部補助各試辦學校經費，係採「教育專款、代收代付」方式辦理，不得納入地方政府預算辦理或任意流用，且應當年度執行完畢，如有故違，應全數繳回補助款。

2. 教育部從嚴審查各校試辦計畫，依計畫內容核實補助，唯各校每年最高補助五十萬元為限。各校應依據左列項目及相關標準核實編列：

(1)人事費：包括聘請學者專家出席指導費（每人次一千元）、鐘點費等。

(2)業務費：依計畫核實編列（含辦理研討會、教學觀摩會、圖書資料蒐集、印刷費、文具紙張、撰稿費、誤餐費等實際計畫需求項目）。

(3)差旅費：依計畫核實編列。

(4)雜支：按前三項合計之5%計列。

(5)充實圖書及教學軟體設備費：依計畫核實編列，唯最高不得超過十萬元。

C校試辦經費五十萬元來自教育部補助。

Q：錢都是教育部那邊出？

Cp：對，試辦兩年，教育部專款補助，我記得第一年我們是補助五十萬。

Q：今年五十萬？

Cp：八十八學年度，補助五十萬，八十九年度，好像是補助二十萬。（20010921: 159-161）

Ctd：他們五十萬是一次撥款，八十八學年度的五十萬是一次撥款進來，但是第二年的二十萬是分兩次撥款，但第一次撥款是進來了，第二次撥款到現在還沒進來。（20010921: 374-376）

經費的運籌，因為行政撥款程序繁瑣，導致試辦學校經常寅吃卯糧，試辦經費補助的緩不濟急，造成基層推動九年一貫課程的困擾。

A：像我剛講第二年二十萬的補助款，其中的十萬早在今年的去年，ㄟ，早在去年就下來了，去年底的第一個十萬下來前半的預算下來，後半的預算理論上應該今年的七月底執行完畢，那是八十九學年度的預算，因為八十九學年度試辦的預算八十九學年度的最後期限就是九十年，就是八十九，不對，九十年的七月三十一號應該是八十九學年度的最後一天，應該

最慢在那天要撥款下來；但是那筆十萬到現在還沒有撥。（20010921: 287-292）

Q：那你們怎樣處理？

Cp：所以說我們都由家長會先墊，要花的錢要出去就都先墊出去，像會計就一直催我，那十萬塊到現在都還沒下來怎麼辦，我們跟教育局反應，教育局說教育部沒有下來，沒有辦法啊，所以預算跟政策之間有很嚴重的時間上的落差。（20010921: 296-299）

Cp：那我們是先從，其實那個過程應該就是那個過程，行文規劃，核定金額之後，我們就編預算表……

Cp：聽說現在要透過市議會的預算。

教育局試辦經費來不及撥給，配套措施不完善，加上核銷有時限，往往造成學校行政經費匀支的困擾，試辦績效也因此大折扣。

Cp：已經核定啦，總不能再反悔吧！公文都下來了，不能再反悔了。

Q：所以目前的行政效率好像都跟……錢不下來，那……

Cp：小錢都還可以接受，大錢根本沒辦法接受。（cp20010530: 237-239）……大錢你不用，錢花一花，到時候沒有錢。自己ㄅㄧㄣ（台語）。一、二萬還可以，花了就花了，你要是那個超過十萬、一百萬你要叫怎麼做？（台語）

Q：到時候你的補助沒……

Cp：根本沒有辦法。（20010530: 241-245）

Q：就經費方面？

Cp：對，其實我像上次我有去參加一個會議，有機會聽到教育部的長官說他們現在撥款的程序更為繁瑣，他們現在撥款不能預告，不但不能提早反而更慢，他們好像透過集中的管制這樣子的東西，透過管制的機制才能撥款出來，並不是說一個單位或會計單位就出來，不行，他們有個類似一個集中，教育部集中管制經費的機制，要那個機制通過才能撥款，所以他們好像說以後撥款，不但沒辦法更快還會更慢。一定要彙整到那個東西去，那個機制通過，才能撥款，所以以後教育部的撥款更慢；他們也是很無奈。（20010921: 374-387）

不過根據我的查證，C校收到撥款通知書的正確日期係在二〇〇〇年一月四日，而要求核銷的日期則為六月三十日。

Tcd：像××縣教育局，撥款的速度很慢，九月份的憑證到現在都還沒有消息。有些憑證是四月份報的，那小姐倒是九月份才報，到現在都還沒有下來，他一年的經費給四十萬元，他今年二月才給一半，最近這一個月公文才要核銷，二十萬元到今年二月才下來，目前他都不聞不問，沒有下來，還沒有下來，目前二十萬元已經核銷了，後面的二十萬元還沒有下來。就看它的速度，就像九月份的，我錢事先墊就對的，九月份出去的憑證到現在都沒有消息。

Q：這應該算是國教課的業務吧？

Tcd：這是學管課的業務。他的承辦人員對於九年一貫根本不懂，現在換的業務人員，比較清楚怎麼做。一個人負責業務的比較清楚，但他就是一個人。教育府教育局的人員，他就一個人，要應付這麼多學校。（200111082: 1-19）

T校教學組長認為經費不足，學習單氾濫造成學生負擔。

Tt22：我們做九年一貫下來，影印機大概用壞一兩台了，就是滾筒也壞掉，要一、兩萬，沒有錢呀，那又必須印呀，作綜合活動，常常需要學習單，一個年級一兩百張，我們下個學期將會統一做，這樣比較好，太多學習單造成太多學習負擔，學生負擔很大，家長負擔很重，老師負擔最大。我是盡量讓學生自己做，讓他們在學校做，很少帶回家做這樣，除非說要家長幫忙才讓學生帶回家，大部分都在學校做，就是要看學習單的內容啦，他能接受，就會幫忙，自己也沒辦法處理的話怎麼做？像我們今年要學生上網什麼的，學生家裡沒有電腦怎麼上，對不對？所以我們盡

量要學生在學校完成。（20011128: 115-127）

三、試辦教師對九年一貫課程的建議

該校校長認為該要試辦時教師意願都不高，主要因素係對「同工不同酬」的反動，他認為如果有教師分級配套措施可減少教師的阻力。

> Cp：因為就是我們在試辦的時候，老師都不要試教，我們要開會做決定，有時候老師會說為什麼要增加我們工作，但你要是把它分級下去的時候，就是你為了當教授一樣，像大學教授一樣研究。這是教師的專業成長，反正一樣，大家都一樣，如果說要我做的話，我就應付一下，那如果說我們利用分級的方式，讓老師覺得說我必須在教學方面在有進步的話。（20010530: 84-89）

C校校長認為推動教師分級是促進教師成長與研究的重要因素。

> Cp：我的看法就是說如果說老師，現在都要老師來編教材，不能再像以前說，反正課本來我就教就好了，那也不想進步成長的老師，反正來一天過一天。那教師分級的話，就可以激勵老師除了教書外要多做研究。（20010530: 70-72）

C校教務主任認為實施九年一貫課程，需要校園組織再造配套措施。

Cp：目前沒有，目前只是說可以聘兼課老師，他有講，光這樣講。

Q：沒有配套措施？

Cp：沒有人敢做，到時候聘進來錢從哪裡來，目前我所知道的是有部分學校他們如果要聘一些比較這麼說體制外的東西，他們請家長會支援，但是我覺得那不是長久之計。

Q：真是沒有在想就是了……

Cp：你要人進來，很現實的，你要給他錢，所以說教育部就一定要配套。（20010921: 241-247）

參、兩校辦理九年一貫的差異

根據上述訪談與文件分析的結果，兩校辦理九年一貫課程主要差異分析整理如表 7-3。

由於兩校社會脈絡背景不同，在實施九年一貫課程難免採取不同策略，主動申辦的 T 校對於該政策採取較為主動的因應策略，被指定的 C 校雖然在彈性課程上展現較多彈性，但試辦的範圍與向度顯得保守許多。

表 7-3 九年一貫課程東西兩所試辦學校試辦情況比較表

	C 校	T 校	備註
試辦情況	縣市政府遴薦	主動爭取	
試辦範圍	選擇一年級 行政支援教學	全校總動員	
試辦期程	1999 年 9 月至 2000 年 7 月	2000 學年度	
試辦領域	試辦生活一課程	包含七大領域	
受參觀情況	多	少	
週領域學習時數	高年級 28 節 中年級 25 節 低年級 21 節	高年級 27 節 中年級 25 節 低年級 20 節	
週彈性學習時數	高年級 5 節（含電腦和生活英語各 1） 中年級 6 節（含電腦 1 節和生活英語 2 節） 低年級 2 節（班級彈性節數）	高年級 5 節（含班級彈性上課 3 節，電腦 1 節及行事節數 1 節）中年級 4 節（含班級彈性上課 1 節，英語 1 節，電腦 1 節及行事節數 1 節） 低年級 3 節（含班級彈性上課 2 節，英語 1 節）	
主要行政策略	教師增能、網路資源、家長投入及境教	組織重整、設立教科圖書選用委員會、學校總體課程計畫	組織重整、設立兩校皆有各學習領域課程小組
願景	快樂自信、尊重關懷、進步卓越	健康、合作、卓越、創意	
第一年試辦教育部經費補助	50 萬	40 萬	

第八章
代結語與省思篇

本章精華

第一節 ► 教育的隱喻與政策
第二節 ► 冬至的湯圓
第三節 ► 後記

教育是百年大業，教育成敗與否涉及時空背景、社會脈絡、教育參與者的理念，因此，本章將分述教育的隱喻與政策、冬至的湯圓及後記。

教育的隱喻與政策

如第二章所介紹之教育政策理念篇，教育政策的研擬涉及教育政策制定常見的價值與假設，因此教育政策指標基本上受教育觀念所影響，蘇格拉底教育即接生的說法，設若教育的過程如同產婆為產婦接生或助產無異，那麼知識的主體在學生，教師是輔導者、協助者與心靈的產婆，啟迪學生心智能力、知識與品德；設若教師是陶匠，「塑」成為改善學生行為的方法；設若教育即雕刻，那麼雕琢是重要的行為改變技術；設若教育如杜威所言之成長，有機是受教者本質，止於至善成為受教者的目標。

教育產出對象並非商品或機器，需要服膺社會需求而大量生產，教育的本質是人，自然包含人力、人才與人性的培育。無可否認地，知識經濟時代極為重視人力與人才的培育，甚至視人才為人財的概念。不過教育始終是以人為本，因此，人性的尊嚴在此中應為重要的核心價值，少了人性的教育，基本上只是訓練與增能而已。教育政策的規劃若僅聚焦於人力，而忽略基本的人性，卻企圖國家整體發展，恐怕只是緣木求魚的作法。

受到政治、經濟及文化的影響，傳統課程難免有意識形態、我族中心及主流文化的考量，近年受到後現代思潮及多元文化等觀念所影響，此波教育改革包括了課程、心靈、教材、教法、空間、時間、資源、評量、制度等的鬆綁，在課程上，著重主題式教學，兼顧學習階段的課程應有連貫性，打破傳統分科方式，經由教師自編教材的設計與安排，促使教學適性化與多樣化。

然而，這涉及了教師選編教材、或自編教材、或創新教材的能力，長期以來，教師高度依賴教科書的教學模式，甚少花時間進行課程設計或統整，欠缺研發教材能力，許多教師習於照本宣科，大多數的師資培育機構裡重運用教材，輕忽研發教材的現象，教師在職教育亦忽略教材編擬研發，使所受培育的教師，充其量只是針對某一科目單元做教案設計，欠缺合科的或主題式的教學與學習，自然衍生學生學習偏重課本支離破碎的知識，且與實際生活未充分聯結，可能導致培養出學術的泰斗，卻是生活的庸才。因此若無應變的計畫，教師可能會難以適應，以致不知所措，教學無主題，成效相對降低，因此，未來宜強化教師研發教材能力。

一九二九年中華民國首度公布國民小學課程標準，其後歷經一九三二年、一九三六年、一九四二年、一九四八年、一九五二年、一九六二年、一九六八年、一九七五年等八次修正，一九九三年九月二十日由教育部正式公布新課程標準，計畫於一九九六年正式實施，這項政令實施未及五年，教育部（2000）隨即於二○○○年九月三十日公布「國民中小學九年一貫課程暫行綱要」，於是，在二○○○學年度試辦九年一貫課程的六年制國民小學，就面臨所謂「一校三制」的情況，六年級使用一九七五年頒定的舊課程，二到五年級使用一九九三年版的新課程標準，一年級則試辦九年一貫課程。大多數教師還在適應新課程的同時，又得面臨新一波的「九年一貫課程」。我認為重大的教育政策的轉型不僅須知其然，還要知其所以然，更重要的是深入了解基層從業教育工作者實際執行教育政策時的反應與意見，設若光有理念未能實際深入現場了解其需求，這樣的教育政策能有多少壽命？因此本研究探討這些重大教育政策是否能增進並改善學校效能？基層教師的因應措施等現象引發我的研究動機。

冬至的湯圓

整本書的研究除以歷史文獻資料，分析台灣教育的現場、透過歷史、地理、人口、政治、經濟、社會及文化等背景因素詳論台灣教育政策變遷的情況，也利用政策社會學的分析方式，詳論教育政策理念、教育政策形成及影響教育政策的相關因素，此外在第七章也用個案情境（case scenario）的方式蒐集教育政策研擬相關人員對於鬆綁的概念，分析教育改革審議委員會之委員、教育部官員、基層校長與教師對於教育改革的重要理念之想法，更以深度訪談與焦點團體訪談等方式訪談兩所試辦九年一貫課程學校，從相關影響決策者的角度看教改，到進入實際教學現場看教育人員的因應策略，兩年多來，可說研究者的心境可說是回首向來蕭瑟處，也無風雨也無晴。

從第一份的研究中發現，教育改革難免具有眾聲喧譁的特質，鬆綁概念的見仁見智，時有所聞教育主張來自國家、媒體、政府及民間。政策也是一種權力的展現，一套遊戲規則，在特定的文化脈絡與時空下有其意涵。

在第二份的研究中，研究者看見教育從業人員為因應此一教育重大轉變時，從一開始瞎子摸象的窘境，到柳暗花明的驚嘆，在模仿中，教師驚人的創造力因而展現，不過也從這些相關的困境中，看見現場教育人員疲於奔命的窘態，原意要百花齊放的學校本位管理理念，從某一學校研發出「冬至的湯圓」單元，各校在摸索過程中成為此項課程汪洋的靠岸，類似的作為經研發出來的協同教學，因各校爭相模仿反而成為全國一致的範本，此與學校本位課程設計的原意相去甚遠，被觀察的學校原本重視學生學習的權利，反而為了接二連三的視察而準備許多因應的書面資料，如此是否喪失教育應有的本質？原本為學校自主的改革模式，由於有些學校不知如何應對，模仿於是成為一種比較捷徑，一些專家提出願景、SWOT 等模式，也成為此波教育改革難得一見的一種全國制式化的百家爭鳴。

課程其實反映社會主流價值，信念與深層文化，九年一貫課程的試辦在台灣教育史上掀起前所未有的大規模變異，教育改革的列車已然駛動，不管是在車上乘車者、等車者、旁觀者或者規避者，它在校園勢必掀起一番不同的氣象，為檢視這波改革，我無意作一個批判者，倒是希望透過基層的聲音，呈現這波改革的脈動，讓改革有改善的空間，而非無意義地謾罵。

我對兩所試辦九年一貫課程學校之心得大體如下：一、學習生活化、活潑化；二、提升教師間的互動；三、考驗教師課程編纂的能力；四、提升教師行動研究能力，促進教師自我成長；五、家長參與校務，增進與教師的良好關係。在試辦期間兩校同時發現下列的問題：一、教師對統整課程的專業素養不足；二、家長對九年一貫課程的認知與信心不足；三、行政配套措施支援不足；四、課表編排不易；五、主題課程發展時間不足；六、教師工作壓力沉重。

兩校在試辦一年後提出具體建議事項如下：經費預算宜及早核撥，以利教學及行政的進行，此外，宜加強辦理親師懇談、溝通，加強教育政策宣導，並明定教師授課鐘點數的標準，專任行政職員的設置，兼任教師的涉入及減輕教師非關教學之事務性工作負擔。

教育行政單位在經費與獎勵措施的不足與不當，常令我懷疑如果少掉教育部的補助款，這場課程的霍桑實驗又將會如何？面對教師多重角色的衝突與壓力，迫使教師既是學生課業生活輔導者、課程發展者、行動研究者、教材教科書選定者、學校人事決策者、終身教育者、社區營造領航者，這些角色扮演讓教師工作充滿挑戰也備感壓力。

教育改革除了見林見樹，也要重視永續經營與相關配套措施，教育改革的理念也應考慮與基層教師的教學慣性與態度間所產生的巨大落差，是目前教育改革難以落實的主因。教育改革原意思維的解放與鬆綁，在政治意識與商業利益的共構下，為教科書多元化下了一個合理的註腳，也為挑戰文化霸權提出一個適當的解釋。然而，教師也成為自編教材與總體課程計畫間的「樹」與「林」的守門人，決定知識的質與量，教學的創意在刻意強調「創意」的教學，與希冀放諸四海皆準的教學模組思維影響下，教師的自主反而受到「創意」與模組的宰制。此外，語言政策在師資養成與在職教育的不足，使發展統整課程成為零碎活動的堆積，只顧形式上的統整，忽略整體課程的銜接與發展。儘管教改的口號喊聲震天，基層工作者的認知與實際作為如何？兩者間到底產生多大的差異？華而不實的試辦教學活動，與令人炫目的檔案資料，是基層工作者耗盡精力換得，然而，試問所謂的「成果」究竟是為了應對上級檢視？還是對師生真正受益？

後記

檢視台灣這波教育改革，研究者認為改革口號太多、務實過少，政治性意識形態太多，教育理念檢討與內省的時間過少，而部長頻換，使教育政策搖擺不定，造成挖東牆補西牆的政治作風，原本極佳的理念，由於欠缺規劃，師資培育配套未成，草率且粗略地實施九年一貫政策，加上內外環境變異，在實施後扭曲變形，造成基層人員疲於奔命，以服從政治政策上的宣示，反而忽略教育的本質與重心。

在課程政策上，為了扭轉以往過於偏重中國式的教育，層峰刻意將改革的主軸朝向本土與國際化，去中國化的課程設計取向，從大學設系及中小學課程皆有軌跡可循，本土化的重視，在加強社會認同與國家認同概念，然而過度地去中國化，將使台灣更局限於井蛙觀天的格局。而全球化被過度簡約成美國化，將使台灣有畫虎不成反類犬之譏，台灣如何在中國經濟飛躍之際，在課程設計上去中國化而企圖與全球化銜接？而課程的設計著重智力與能力的培育，缺乏德育的涵養，從國際趨勢觀之，教育政策的規劃應慎思改革的意涵，如 Fullan 認為改革是歷程，非藍圖，美國受進步主義影響，重視兒童興趣教學，不過，隨即因蘇聯史波尼克號事件的影響，教育政策隨即重視基礎學科的學習，從英、美近些年的教育措施，也可發現教育政策對家長教育權的重視。

此外，當我聚焦在教育政策改革的議題時，在每一次的訪談中，我發現整個研究的主軸不斷地在更新，兩校在辦理試辦業務時，也可以發現教育當局推動新政策對兩校的影響，原本想了解教育鬆綁後學校內部的實際因應情況，到後來卻逐漸聚焦在九年一貫課程的實施，對我而言，國民小學九年一貫課程的試辦，提供了一個研究的行動場域，焦點的轉移，也說明社會變遷的快速對於教育政策的影響之巨。

綜觀兩所學校的策略與對實施九年一貫課程的態度，可以發現行政系統整合不足，兩校人員在因應上猶如瞎子摸象，從當中試圖找出一條出路，這些教育從業人員在因應政策所採取的策略與所面對的壓力，他／她們對教育的執著與現實場域限制所遭遇的兩難，讓我為這群教育工作者，因巧婦無米的窘境致上個人深深的敬意。

附　錄

附錄一 第一階段主要報導人人數一覽表

		全國層級			地方層級		學校層級					
訪談對象	性別	教改會成員	教育部官員	全國教師會	地方教育局	地方教師會	大專教授	學校教師會	學校行政人員	學校教評會	一般教師	合計
	男	2	3	1	4	2	2	1	3	1		19
	女	1	1		1		1		1		2	7
小計		3	4	1	5	2	3	1	4	1	2	
總計		8			7		10					26

附錄二 第二階段主要報導人基本資料一覽表

一、C校主要報導人

代碼	訪談年月日	職務	性別	出生年	畢業學校	經歷	到職日期	任教年資	月薪	備註
Cp	20010530 20010612 20010921	國小校長	男	1950	教研所 40 學分師院暑期行政碩士班	校長	1994.9.1	30年（擔任9年半校長）	625	目前已轉任他校
Csd	20010921	訓導主任	男	1952	師院國民教育研究所	國小教師	1992.3.1	28.1	625	試辦期間教務主任
Ccd	20011002 20011224	教師兼教務主任	女	1966	彰師大輔導學系輔研所 40 學分	國小教師	2001.8.1	15.1	475	
Ct25	20010612	二年五班級任	女 試辦期間學年主任	1963	大學家政教育學系	國小教師	1996.8.1	17.1	430	
Ct13	20010921 20011008 20011029 20011119 20020107	一年三班級任	女 學年主任	1951	師專國校師資科	國小教師	1997.8.1	30.1	625	
Ct21	20010612	二年一班級任	女	1972	師院社會教育學系畢業	國小教師		7.1	245	
Ct22	20010612	二年二班級任	女	1962	大學經濟系	國小教師	1995.8.1	12.1	330	
Ct23	20010612	二年三班級任	女	1959	大學企業管理學系大學畢業	國小教師	1995.8.1	9.1	430	

代碼	訪談年月日	職務	性別	出生年	畢業學校	經歷	到職日期	任教年資	月薪	備註
Ct24	20010612	二年四班級任	女	1968	師院初等教育系畢業	國小教師	1998.8.1	12.1	330	
Ct26	20010612	二年六班級任	女	1951	師範專科學校國校師資科	國小教師	1994.8.1	15.2	500	
Ct11	20010921 20011008 20011029 20011119 20020107	一年一班級任	女	1968	師院初等教育系	國小教師	1999.8.1	13.1	350	
Ct12	20010921 20011008 20011029 20011119 20020107	一年二班級任	女	19589	師專國校師資科	國小教師	1995.8.1	22.1	500	
Ct14	20010921 20011008 20011029 20011119 20020107	一年四班級任	女	1953	師院初等教育系	台北市國民小學教師	1993.2.1	28.1	625	
Ct15	20010921 20011008 20011029 20011119 20020107	一年五班級任	女	1949	師專國校師資科	台中縣國小教師	1989.8.1	24.10	625	
Ct16	20010921 20011008 20011029 20011119 20020107	一年六班級任	女	1964	大學企管學系	國小教師	1995.8.1	11.1	310	

二、T校主要報導人

代碼	訪談年月日	職務	性別	出生年	畢業學校	經歷	到職日期	任教年資	月薪	備註
Tp	20011031	校長	男	1939	師院	校長	1992.8.28	44	625	
Tcd	20011108 20011128	教務主任	男	1968	師院	導師、主任	1998.8.1	14	430	
Tt22	20011128	二年級導師兼註冊組長	女	1965	大學	組長、導師	1995.8.1	10	290	試辦期間教學組長
Tt13	20011205	一年級導師	女	1948	師專	組長、導師	1980.8.1	23	625	
Tt14	20011206	一年級導師	女	1972	師院	導師	2001.8.1	1	190	

附錄三 代碼釋義

第一階段的訪談對象分別以數字編碼，以（224a: 34-35）爲例，224b指的是二月二十四日訪談，a表示當天第一位受訪者，b爲第二位，餘類推；34-35指的該段文本位於逐字稿的行數距。

第二階段主要報導人代碼說明：代碼第一個英文字表示學校（如c指的是C校，t指的是T校），第二或第三個英文代碼指的是職位（如 p 表示校長，sd 表示訓導主任，cd 表示教務主任，t 表示教師），接下來的一連串數字表示日期（如20010530指的是二○○○年五月三十日），最後冒號後的數字表示該段落在逐字稿中的行數（如34-42指的是該檔案中第34行至42行）。

參考文獻

壹、中文書目

一、台灣部分

丁志權（1999）。六個主要國家高等教育財源與支出水準之比較。載於中華民國比較教育學會（編），**教育研究與政策之國際比較**，149- 194。台北：揚智。

王文科（2001）。**教育研究法**。台北：五南。

王玉民（1994）。**社會科學研究方法原理**。台北：洪葉。

王如哲（1999a）。**比較教育**。台北：五南。

王如哲（1999b）。**教育行政學**。台北：五南。

王如哲（2000）。英國教育改革分析。**教育研究資訊雙月刊**，8(1)，1-23。

王前龍（2002）。變遷的國家認同與「鄉土語言」課程規劃所面臨的挑戰。載於國立花蓮師範學院（編），**第四屆教育社會學論壇論文集**，136-137。花蓮：國立花蓮師範學院。

中正大學教育研究所（編）（2000），**質的教育研究方法**。高雄：麗文。

中華民國課程與教學學會主編（2000a）。**課程統整與教學**。台北：揚智。

中華民國課程與教學學會主編（2000b）。**課程統整：理論篇**。台北：教育部。

仁林文化（2001）。**九年一貫問與答**。台北：仁林。

牛惠之、夏堪臺（2002）。**由基因治療之風險性論人體試驗規範與傷害之賠償**。2003 年 07 月 04 日，取自 http://www.bio.idv.tw/data/data2/ 2002030101.htm。

方德隆（1999）。**課程與教學研究**。高雄：復文。

方德隆（2001）。教育的內容：課程。載於王家通（編），**教育導論**，253-297。高雄：麗文。

白文正（1996）。**教育改革：從傳統到後現代**。台北：師大書苑。

丘愛鈴（2004）。從國家控制到大學市場化：大學入學政策的變革與挑戰。謝季宏（主持人），第十屆台灣教育社會學論壇。**變遷中的社會文化與入學制度改革學術研討會**，國立高雄師範大學。

石慧瑩，吳瓊君（2001）。從赫爾辛基宣言審查ddI人體試驗。**應用倫理研究通訊**，19，46-55。

卯靜儒（2002）。認同政治與課程改革：以鄉土課程為例的課程社會學分析。**台灣教育社會學研究**，2(2)，1-27。

艾立勤（2000）。**胚胎幹細胞實驗的倫理省思**。2003 年 07 月 10 日，取自 http://210.60.194.100/life2000/professer/ilichin/i5.htm。

朱柔若（2000）。**社會研究方法：質化與量化取向**。台北：揚智。

行政院（2003）。**高級中等學校多元入學招生辦法**。台北：行政院。

江樹人（無年代）。**一九九四年改革美國學校法案簡介**。民國 92 年 4 月 20 日，取自 http://www.houstoncul.org/ecs/ecs95/ecs8.txt。

吳文賢（2001）。「台南市勝利國小」國小學校總體課程計畫展歷程與實例。載於教育部（編），**國民中小學九年一貫課程試辦與推動工作：國中小組學校經營研發學習手冊**。

吳明清（2002）。教育的意義、目的與功能。載於楊國賜（編），**新世紀的教育學概論**，18-19。台北：學富。

吳芝儀、李奉儒譯（1995）。**質的評鑑與研究**。台北：桂冠。

吳定（1999）。**公共政策**。台北：中華電視公司教學部主編。

吳俊升（1989）。**教育哲學大綱**。台北：商務。

吳美玲（1999）。約翰彌爾功利主義與自由思想對現今道德教育之啟示。**教育研究**，7，313-326。

吳美惠、蔡惠如、張宏節（2001）。從新生兒篩檢談新生兒基因資訊之取得與利用—兼論基因資料庫之建立。載於劉尚志（編），**2001 全國科技法律研討會論文集**，561-581。新竹：國立交通大學科技法律研究所。

吳清山、林天祐（1995）。教育名詞淺釋—教育優先區。**教育資料與研究**，5，989。

吳清山、林天祐（1999）。教育名詞：教育基本法。**教育資料與研究**，30，68-69。

吳清山、林天祐（2001）。教育名詞－課程領導。**教育資料與研究**，38，47。

吳清山、黃久芬（1995）。美國教育選擇權之研究。**初等教育學刊**，4，1-26。

吳清山（1998）。**學校效能研究**。台北：五南。

吳清山（2000）。龐大的教育改造工程才開始：教育基本法與教育發展。**教育資料與研究**，32，2-10。

吳清基（1989）。**教育與行政**。台北：師大書苑。

吳密察（1990）。**台灣近代史研究**。板橋：稻香。

李安明（1998）。我國國小校長教學領導之研究省思。**教育研究資訊**，6(6)，121-146。

李衣雲、林文凱、郭玉群（譯）（1997）。**後現代性**（B. Smart）。台北：巨流。

李坤崇（2001）。國小學校總體課程計畫及發展歷程解析：以選用出版社教科書為主。載於南一書局（編），**國小學校總體課程計畫發展歷程、解析與實例**，3-40。台南：南一。

李奉儒、詹家惠（2002）。檢視高中多元入學方案 —— 批判教學論觀點。**教育研究月刊**，101，60-71。

李奉儒（2003）。從教育改革的批判談教師作為實踐教育正義的能動者。**台灣教育社會學研究**，3(2)，113-115。

李怡嚴（2002）。隱喻：心智的得力工具。**當代**，59(177)，56-65。

李建興、楊淑妃（2004）。台灣高等教育在全球化趨勢和展望。載於張明輝（編），**教育政策與教育革新**，23-40。台北：心理。

李萬吉（1999）。接續九年一貫課程的下一棒。**出版界**，57，28-29。

李園會（1999）。**協同教學法**。台中：作者自行出版。

余英時（1994）。哈伯瑪斯的「批判理論」與意識形態。**中山社會科學學報**，8(1)，1-16。

余桂霖（1997）。論功利主義。**復興崗學報**，60，62-86。

余桂霖（1998）。康德義務論系統之研究。**復興崗學報**，65，21-47。

但昭偉、邱世明（1998）。今日教育改革的基本性質—典範的轉移。載於國立教育資料館（編），**教育資料集刊—教育改革**，1-38。台北：國立教育資料館。

邢泰釗（1999）。**教師法律手冊**。台北：教育部。

沈清松（1997）。論複製人的倫理問題。**哲學雜誌**，21，232-254。

何懷宏（2002）。**倫理學是什麼**。台北：揚智。

邱才銘（2002）。**國民小學九年一貫課程的辦理模式與成效評估之研究**。發表於高雄師範大學教育學系九十學年度第二學期碩博士班研究生論文計畫及論文發表會，高雄。

邱秀娥（1999）。哈伯馬斯的批判理論及其在教育上的啟示。**教育研究**，7，301-312。

林文生（1999）學校為本位的課程發展——以一所學校課程發展的經驗為例。**教育資料與研究**，26，28-32。

林火旺（1998）。**羅爾斯正義論**。台北：台灣書店。

林天祐（1996）。認識研究倫理。**教育資料與研究**，12，57-63。

林天祐（1997）。**教育政策執行的變異現象研究**。高雄：復文。

林天祐（1998）。初等教育改革課題之分析。載於國立教育資料館（編），**教育資料集刊：教育改革**，79-106。台北：國立教育資料館。

林生傳（1994）。**教育社會學**。高雄：復文。

林生傳（2000）。**教育社會學**。台北：巨流。

林明地（2003）。**校長學——工作分析與角色研究取向**。台北：五南。

林佩璇（2001）。課程統整理念與實踐。發表於 90.11.23 **辦理九年一貫課程研習研習會及教學觀摩會手冊**。花蓮：慈濟大學教育研究所。

林茂生（2000）。**日本統治下台灣的學校教育——其發展及有關文化之歷史分析與探討**（林詠梅譯）。台北：新自然主義。（原著出版年：1929）

林威志（2004）。國中小學學校組織再造政策述評。**現代教育論壇研討會**，72-97。台中：台中師院。

林偉人（2000）。學校本位管理的成效與限制。發表於**學校本位課程與課程發展研討會**。花蓮：慈濟大學教育研究所。

林清江（1998）。**教育社會學新論——我國社會與教育關係之研究**。台北：五南。

林博文（2000）。**美聯邦最高法院 6 次歷史性裁決**，2000.12.15，中國時報。http://www.mcu.edu.tw/department/pubaffair/parn/pais/gov-us_judicial.htm.

林閔政（1996）。**論「民眾參與」在教育政策制定過程中的理論與實踐：以師資培育法為例**。未出版碩士論文，台中：東海公共行政研究所。

周志宏、陳舜芬（2000）。**教育法規**。台北：學林。

周祝瑛（2002）。高等教育整合模式之初探。淡江大學教育學院教育政策與領導研究所、淡江大學教育學院高等教育研究中心（編），**大學整併理念與策略學術研討會論文集**，91-101。台北：淡江大學台北校園。

周新富（2003）。家庭社會資本組成構面及其與學習成果之關係。**台灣教育資社會學研究**，3(2)，85-112。

胡幼慧、姚美華（1996）。一些質性方法上的思考：信度與效度：如何抽樣？如何收集資料、登錄與分析？載於胡幼慧（編），**質性研究**，141-158。台北：巨流。

姜添輝（1997）。教育的功能——三個社會學派的觀點。**花蓮師院學報**，7，215-240。

柯勝文（譯）（2000）。**權利與社會——社會科學導論**（D. Thomas

著）。台北：桂冠。

洪雯柔（1999）。美國種族／族群問題與多元文化教育。**中等教育**，50(4)，62-77。

洪雯柔（2002）。全球化、本土化辯證關係中的比較教育研究。**比較教育**，53，80-90。

洪鎌德（1996）。馬克思倫理觀的評析。**國立台灣大學中山學術論叢**，14，27-61。

派翠西亞．鶴見著（1999）。**日治時期台灣教育史**（*Japanese Colonial Education in Taiwan*）, 1895-1945（林正芳譯）。宜蘭：財團法人仰山文教基金會。（原著發行於 1977 年）

翁大鈞（2000）。**複製人之立法研究**。未出版碩士論文，國立台灣大學三民主義研究所法律組，台北市。

殷允芃（1998）。有海闊天空的老師，才有海闊天空的未來。**天下雜誌**，10-11。

孫效智（1995）。道德論證問題在基本倫理學上發展——目的論與義務論之爭。**哲學與文化**，24(4)，318-324。

高敬文（2002）。【師資培育理念與機制的顛覆與重建】計畫的再現：邊緣機構與成員的失陪、失身，與失聲。載於國立台灣師範大學教育研究中心（編），**教育改革的未來：國科會人文處教育學門成果發表會會議手冊**，178-187。台北：國立台灣師範大學教育研究中心。

許士軍（2001）。**管理學**。台北：東華書局。

許行（譯）（1969）。**社會學方法論**（E. Durkheim 著）。台北：幼獅、台灣商務。

許祝齡（2001）。**存在學校兩性互動中的性別差異對待：一所茶**

香迷你小學的觀察研究。未出版碩士論文，國立台北師範學院國民教育研究所，台北。

許添明、許瑞津（2000）。國民中小學校務發展計畫改革芻議。載於國立花蓮師範學院國民教育研究所（編），**學校本位經營理論與實務學術研討會**，53-82。花蓮：國立花蓮師範學院國民教育研究所。

許智香（2003）。教育的國家角色和功能——政治經濟的分析。**慈濟大學人文社會科學學刊**，2，99-126。

許漢（2001）。基因工程的倫理思考。錢永詳（主持人），生物科技的倫理問題與哲學省思。**八屆張昭鼎紀念研討會——回應21世紀生物科技之衝擊與挑戰**，89-103。台北：國立師範大學。

陳立宙（2000）。由全球化、國家與本土化的辨證關係談教育改革。**今日教育**，68，124-135。

陳伯璋、許添明（2002）。學校本位經營之理念與實踐：以花蓮縣教育為例。載於國立台灣師範大學教育研究中心（編），**教育改革的未來：國科會人文處教育學門成果發表會會議手冊**。台北：國立台灣師範大學教育研究中心。

陳伯璋（2004）。大學整併的省思與前瞻。載於張明輝（編），**教育政策與教育革新**，65-82。台北：心理。

陳明印（1999）。析論國民教育法新修正條文。**教育資料文摘**，25，19-30。

陳明印（2000）。台灣地區國民中小學教科書編審制度。載於**教科書制度研討會資料集**，131-157。台北：中華民國教材研究發展學會。

陳林曉梅（2000）。**大學「甄選入學」制度之研究**（1993-2000）。

未出版碩士論文，國立台東師範學院教育研究所，台東。

陳明鎮（2002）。**國民中學推動九年一貫課程的可行模式與相關問題之研究**。發表於高雄師範大學教育學系九十學年度第二學期碩博士班研究生論文計畫及論文發表會，高雄。

陳美如（2002）。教師即課程評鑑者之實踐探究：合作評鑑過程的分析。**教育研究集刊**，48(1)，185-230。

陳奎憙（1991）。**教育社會學研究**。台北：師大書苑。

陳奎憙（1998）。我國師資培育制度變革之分析。載於國立教育資料館（主編），**教育資料集刊——教育改革**，171-195。台北：國立教育資料館。

陳昭穎（2001）。**從菁英走向大眾：台灣高等教育擴充過程之政策分析**。未出版碩士論文，國立台北師範學院國民教育研究所，台北。

陳惠邦（1998）。**教育行動研究**。台北：師大書苑。

陳維昭（2002）。大學整併的理念與實踐。載於淡江大學教育學院教育政策與領導研究所、淡江大學教育學院高等教育研究中心（編），**大學整併理念與策略研討會專題演講**，1-6。台北：淡江大學台北校園。

陳靜音（1998）。活的數學——從實務的觀點看建構式數學教學。**師友**，378，82-84。

陳錦瑩（1999）。以霍穆斯問題解決模式研析美國社區學院及其對我國的啟示。載於中華民國比較教育學會（編），**教育研究與政策之國際比較**，97-120。台北：揚智。

陳麗珠（2002）。大學整併政策的規模經濟觀點與盲點。載於淡江大學教育學院教育政策與領導研究所、淡江大學教育學院高等教育研究中心（編），**大學整併理念與策略學術研討會論文集**，62-71。台北：淡江大學台北校園。

郭玉霞、蔡因吉（2001）。**驅動與平衡——一所國民小學課程發展故事**。載於九十學年度師範學院教育學術論文學術發表會，101-126。台中：國立台中師範學院。

郭重吉（1995）。從建構主義談數理師資培育的革新。**科學發展月刊**，24(7)，555-561。

郭昭佑（2000）。**學校本位評鑑**。台北：五南。

郭英調（2001）。國內「人體試驗委員會」簡介。**應用倫理研究通訊**，19，22-24。

郭為藩（2002）。從一九八〇年代美國教育改革檢視近年國內的教改運動。載於國立台灣師範大學教育研究中心（編），**教育改革的未來：國科會人文處教育學門成果發表會會議手冊**，10-11。台北：國立台灣師範大學教育研究中心。

張光甫（2003）。**教育哲學——中西哲學的觀點**。台北：雙葉。

張明輝（1999a）。九〇年代中小學學校教育革新之策略與展望。**教育研究集刊**，43，103-137。

張明輝（1999b）。實施九年一貫課程的有效機制——學校、家長與社區合作夥伴關係的建立。民 91 年 11 月 30 日，截取自 http://web.ed.ntnu.edu.tw/~minfei/artical/artical(eduadmin)-9.htm

張建邦（2002）。「狐狸世紀」大學的整併與發展。載於淡江大學教育學院教育政策與領導研究所、淡江大學教育學院高等教育研究中心（編），**大學整併理念與策略研討會專題演講**，1-8。台北：淡江大學台北校園。

張厚基編（1991）。**西元一八八五年至一九八五年：長榮中學百**

年史。台南：長榮高級中學出版。

張勝彥編（1999）。**台中市史**。台中：中市文化中心。

張鈿富、葉連祺（2004）。2003 年台灣地區教育政策與實施成效調查。**教育政策論壇**，7(1)，1-18。

張鈿富（1998）。1997 台灣地區教育政策與實施成效調查。**教育政策論壇**，1(1)，1-23。

張德銳（1995）。**教育行政研究**。台北：五南。

教育部主計處（2004）。高中職學校數及學生數。民 93 年 3 月 23 日，擷取自 http://www.edu.tw/EDU_WEB/EDU_MGT/STATISTICS/EDU 7220001/bbs/T02.htm1.open 曹校雯（2002）。論哈柏瑪斯之知識論、方法論與批判論。**蘭女學報**，8，95-108。

教育部（1996）。**第六次中華民國教育年鑑**。台北：教育部。

教育部（2000）。**國民中小學九年一貫課程暫行綱要**。台北：教育部。

教育部（2001a）。**國民中小學九年一貫課程暫行綱要**。台北：教育部。

教育部（2001b）。**九年一貫課程問題與解答**。台北：千毅。

教育部（2003a）。**2003 全國教育發展會議實錄**。台北：教育部。

教育部（2003b）。**人權教育推廣與深耕**。台北：教育部。

梁恆正（1992）。美國全國教育目標執行策略之研究。**教育研究所集刊**，34，203-217。

章英華（2001）。社會變遷與現代化。載於詹火生、林瑞穗、陳小紅、章英華、陳東升（主編），**社會學**，443-474。台北縣：國立空中大學。

莫家豪（2002）。全球化與大學整併：國際的經驗。載於淡江大學教育學院教育政策與領導研究所、淡江大學教育學院高等教育研究中心（編），**大學整併理念與策略學術研討會論文集**，1-20。台北縣：淡江大學。

莊淑琴（2002）。從文化霸權觀點反思教師角色。**中等教育**，5(53)，166-180。

麻國慶（2002）。文化的技術與文化共同體：兼具技術的『進步』與困惑。載於江雁秋、江佩穎（編），**科技發展與人文重建論文集**，43-54。台北：法鼓人文社會學院。

黃乃熒（1996）。從「教學領導」談學校教育革新。**中等教育**，47(6)，50-57。

黃乃熒（1999）。教育政策分析了解的可信度。載於中華民國比較教育學會(編)，**教育研究與政策之國際比較**，23-58。台北：揚智。

黃文三（2004）。從台灣後現代社會論多元入學制度的回顧與展望。謝季宏（主持人），**第十屆台灣教育社會學論壇**。變遷中的社會文化與入學制度改革學術研討會，國立高雄師範大學。

黃光國（2003）。一萬四千個證人。**台灣教育**，624，41-47。

黃光雄（譯）（2001）。**質性教育研究：理論與方法**。（Robert C. Bogdan, Sari Knopp Biklen 著）。嘉義：濤石。

黃武雄（1990）。〈教授治校〉，**大學之再生**。台北市：時報文化。

黃昆輝、郭生玉（2004）。教改問題的解決途徑。載於張明輝（編），**教育政策與教育革新**，3-22。台北：心理。

黃庭康（2002）。葛蘭西：國家權力與文化霸權。載於蘇峰山（編），**意識權力與教育——教育社會學理論導讀**，1-34。嘉義：南華大學。

黃瑞琴（1999）。**質的教育研究方法**。台北：心理。

黃嘉雄（1999）。英、紐自主管理政策之比較。載於中華民國比較教育學會主編，**教育研究與政策之國際比較**，195-242。台北：揚智。

黃藿（1997）。應用倫理的基本課題與方法論——以「倫理委員會探討法」為例。**中大社會文化學報**，4，45-63。

黃藿（2003）。從德行倫理學看道德動機。**哲學與文化**，3(8)，5-20。

彭秉權（譯）（1999）。P. McLaren 著。**批判教育學**。通識教育季刊，6(2)，109-155。

曾淑芬（2002）。社會公平與數位落差。**研考雙月刊**，26(1)，56-52。

湯梅英（2003）。人權教育的課程與教學：一個重要卻受忽視的新興議題。**課程與教學**，4(4)，1-19。

傅偉勳（2002）。**死亡的尊嚴與生命的尊嚴**（第十版）。台北：正中。

葉至誠（2000）。**社會學**。台北：揚智。

詹志禹（1998）。當前中小學課程改革的趨勢。**教育資料與研究**，22，23-25。

溫明麗（2001）。從批判思考談九年一貫課程。發表於 90.10.17 **慈濟大學九年一貫課程學習領域教學設計工作坊研習手冊**。

楊泰順（1993）。**建立遊說活動管理制度之研究**。台北：行政院研究發展考核委員會。

楊國德（2000）。第五項修煉的教育實踐篇簡介。**成人教育**，53，

50-52。

楊碧川（1998）。**台灣歷史辭典**。台北：前衛。

楊瑩（1988）。**台灣地區教育擴展過程中，不同家庭背景子女受教育機會差異之研究**。未出版博士論文，國立台灣師範大學教育研究所，台北。

楊瑩（1992）。從教育機會均等談高級中等教育之改革。載於**二十一世紀的高級中等教育**。台北：台灣書店。

楊瑩（2002）。台灣與中國大陸高等教育改革之比較研究。載自中華民國比較教育學會（編），**新世紀的教育遠景**，121-170。台北：學富。

鄒理民（譯）（1991）。**知識社會學——社會實體的建構**（P. L. Berger, & T. Luckmann 著）。台北：巨流。

翟本瑞（2000）。多元文化與身份認同——網路時代的社會化問題。載於國立花蓮師範學院（編），**第四屆教育社會學論壇論文集**，155-156。花蓮：國立花蓮師範學院。

蓋浙生（2003）。高等教育的經濟與財政。**教育研究資料**，11(1)，23-47。

趙敦華（1992）。**勞斯的《正義論》解說**。台北：遠流。

趙敦華（2002）。**現代西方哲學新編**。台北：五南。

廖蘇西姿（1999）。台灣中小學教科書的開放其行銷現況。**出版界**，57，32-33。

蔡文山（2004）。再製乎？抑或公正乎？台灣升學機制之教育社會學探究。鍾蔚起（主持人），**第十屆台灣教育社會學論壇**。變遷中的社會文化與入學制度改革學術研討會，國立高雄師範大學。

蔡文杰（2001）。「台北縣菁桐國小」築夢菁桐、願景相隨。載於教育部（編），**國民中小學九年一貫課程試辦與推動工作：國中小組學校經營研發學習手冊**。

蔡秀媛（1998）。**台北市公立國小校長教學領導及其相關因素之研究**。未出版碩士論文，國立台灣師範大學教育研究所，台北。

鄭世仁（2000）游移在軟心與硬腦的兩難之間——淺談開放教育的爭議及其解決之道。**教育資料與研究雙月刊**，32，31-40。

鄭淵全（2001）。創新教學之行政規劃。載於**九十學年度九年一貫課程改革下的創新教學研討會**，175-192。高雄：高雄師範大學。

鄭造桓、陳偉（2002）。全球化與大學整併：高等教育跨越式發展的明智選擇。淡江大學教育學院教育政策與領導研究所、淡江大學教育學院高等教育研究中心（編），**大學整併理念與策略學術研討會論文集**，87-87。台北：淡江大學台北校園。

鄭榮輝（2000）。職前教師對生物倫理教育的認知與態度。未出版碩士論文，國立台灣師範大學生物系，台北市。

鄭燕祥（2003）。**教育領導與改革：新範式**。台北：高等教育。

劉永元（2002）。**全球化、效能與改進**。原作者 Peter Mortimore。2003 年 12 月 5 日，取自 http://web.ed.ntnu.edu.tw/~minfei/90-1schoolmanages-hare.htm

劉世閔（1996）。**教師專業成長與在職教育研究——台中市一所國民小學教師的個案分析**。未出版碩士論文，國立台中師範學院，台中。

劉世閔（2000）。小班教學的興革與因應。**小班教學通訊**，19，2-3。

劉世閔（2001a）。改革的隱喻——以教育為例。**菁莪季刊**，13(2)，

2-6。

劉世閔（2001b）。班級的量與質：就讓教學回歸平實吧！**小班教學通訊**，29，1-2。

劉世閔（2002a，12 月）。教育改革後：台灣東西城鄉兩所國民小學教育人員因應教改新政策故事分析之研究。發表於「**教育研究與實務的對話：回顧與展望**」國際學術研討會，國立台灣師範大學，台北。

劉世閔（2002b）。九年一貫課程知與行之間的對話。**菁莪季刊**，14(2)，11-20。

劉世閔（2003a）。美國種族的教育衝突案例。**教育文粹**，32，35-45。

劉世閔（2003b）。九年一貫課程政策形成之社會背景分析。發表於第九屆教育社會學論壇國際學術研討會議程「**九年一貫課程中的教學變革：社會學的觀點**」。台中：國立台中師範學院。

劉世閔（2003c）。學校行政：蝴蝶效應。**教育研究月刊**，114，145-146。

劉世閔（2003d）。高等教育的學術研究與國際競合。發表於**教育部九十二年度「導航 e 世紀——全國教育發展會議」南區教育論壇**，2-9。高雄：國立高雄師範大學。

劉世閔（2003e）。從教師角色的隱喻談教師結社與罷教爭議。**師友**，431，27-29。

劉世閔（2003f）。教育研究法：裸體者 QSR N6（NUD*IST）。**教育研究月刊**，115，140-143。

劉世閔（2003g）。教育小百科：三角校正。**菁莪季刊**，14(4)，70-71。

劉世閔（2004）。家長參與教育權對學校行政之意涵。**教育研究月刊**，122，150-152。

劉春榮、陳怡文（2000）。台灣第一所小學——國語學校附屬芝山巖學堂。在林天祐（編），**台灣教育探源**，4-6。台北：國立教育資料館。

劉慶昌（2001）。「花蓮師範實小」學習節數與教學節數調整實例。載於教育部（編），**國民中小學九年一貫課程試辦與推動工作：國中小組學校經營研發學習手冊**。

歐滄和（1996）。談學習歷程檔案法的點點滴滴。**教育資料與研究**，20，28-30。

鄧廣良（1998）。**新右派對社會政策的影響**。載於李健正（編）。新社會政策，67-76。香港：中文大學出版社。

賴佩如（2000）。九年一貫試辦曾志朗訪視中華，肯定校方成立課程發展委員會，表示名稱將改為「教學創新九年一貫」（2000年12月5日）。聯合報，18版。

賴清標（2001）。從五項修煉談國民小學教育願景的發展。載於教育部（編）**國民中小學九年一貫課程試辦與推動工作：國中小組學校經營研發學習手冊**。

謝文全（2003）。**教育行政學**。台北：高等教育。

戴正德（2000）。醫學研究的倫理思考。**第二屆生命倫理國際會議論文集**，2，58-63。

戴曉霞（2002）。高等教育整併之國際比較。載於淡江大學教育學院教育政策與領導研究所、淡江大學教育學院高等教育研究中心（編），**大學整併理念與策略學術研討會論文集**，21-45。台北：淡江大學台北校園。

薛承泰（2003）。**當前教改的一些迷思**。台灣教育，624，48-55。

薛曉華（1995）。八〇年代中期後台灣的民間教育改革運動：「國家一社會」的分析。未出版碩士論文，國立台灣師範大學教育研究所，台北。

魏宗明（2000）。英國國定課程的課程社會學分析。**嘉縣國教**，34，64-66。

魏振煇（1999）。教師無法執行績效評估之研究：利害關係人角度的觀察。未出版碩士論文，私立東海大學公共行政研究所，台中。

瞿海源（2003）。追求高教育成就一清代及日據時代台灣教育制度與價值的分析。**台灣教育社會研究**，3(2)，1-39。

顏國樑（2000）。我國教育基本法的立法過程、內容分析及其對教育發展的影響。**新竹師院學報**，13，375-401。

顏國樑（2002）。**教育法規**。高雄：麗文。

顏慶祥（1997）。開放教育的迷思與難題。輯於高雄市政教人力資源發展中心（編），**開放教育**，119-127。高雄：高雄市政府公教人力資源發展中心。

譚光鼎（1998）。社會與文化再製理論之評析。**教育研究集刊**，40，23-50。

羅清水（1999）。從公共政策的形成模式探討教育政策制定的合理性。**技術及職業教育雙月刊**，51，7-14。

蘇永明（2000）。迎接新世紀的教育挑戰——以英國教師綠皮書之因應策略為例。載於中華民國比較教育學會（編），**新世紀的教育挑戰與各國因應策略**，189-191。台北：揚智。

蘇峰山（2002）。象徵暴力與文化再製——布爾迪厄之反思。載於蘇峰山（編），**意識權力與教育：教育社會學理論論文集**，117-146。嘉義：南華大學。

嚴祥鸞（1996）。參與觀察法。載於胡幼慧（編），**質性研究—理論、方法及本土女性研究實例**，195-205。台北：巨流。

二、大陸部分

王雪峰（2004）。美國教師教育面臨多元文化的挑戰。**教育研究月刊**，2，46-54。

朱希花（2004）。班級人數少，對學生好嗎。**教育研究月刊**，2，35-45。

貳、英文書目

Aldrich, R. (1995). Educational reform and curriculum implementation in England: An historical perspective. In D. S. G. Carter & M. H. O' Neill (Eds.), *International perspectives on educational reform and policy implementation* (pp. 125-139). London. Washington, DC: The Farmer Press.

Antikainen, A. (2003)。學習者的生活史、「學習社會」與全球化：從國際的觀點看芬蘭的例子。**台灣教育社會學研究**，3(1)，1-25。

Arnot, M. (2000). Equal opportunities and educational performance: Gender, race and class. In J. Beck & M. Earl (Eds.), *Key issues in secondary education* (pp. 77-85). London & New York: Cassell.

Ashcroft, K. & Palacio, D. (1997). Introduction to the primary school curriculum. In K. Ashcroft & D. Palacio (Eds.), *Implementing the primary curriculum: A teacher's guide* (pp. 2-17). London. Washington, DC: The Falmer Press.

Astuto, T. A., Clark, D. L., R., Read, A., McGree, K., & Fernandez, L. P. (1994). *Roots of reform: Challenging the assumptions that control education reform*. New York: Phi Delta Kappa.

Atagi, R. (1996). *Japan's internationalization policy in education*. Unpublished doctoral dissertation, University of Michigan.

Ball, S. J. (1999). Labour, learning and the economy: a "policy sociology" perspective. *Cambridge Journal of Education*, *29* (2), 195-206.

Basini, A.(1996). The national curriculum: Foundation subjects. In J. Docking (Ed.), *National school policy: Major issues in education policy for schools in England and Wales, 1979 onward* (pp. 1-14). London: David Fulton Publishers.

Bolman, L. G. & Deal, T. E. (1991). Reframing organizations: *Artistry, choice and leadership*. San Francisco: Jossey-Bass Publishers.

Bourdieu, P. & Passeron, J.(1990). *Reproduction in education, society and culture*. London: Sage.

Boyd, T. F. & Lee, C. (1995). Educational need and economic advancement: The role of vocation in the Republic of China. In A. H. Yee (Ed.), *East Asian higher education: Traditions and transformations* (pp. 193-210). Oxford, U. K. New York: Publish for the IAU Press by Pergamon.

Brcharach, S. B. & Conley, S. C. (1987). Uncertainty and decision making in teaching: Implications for managing line professionals. In T. J. Sergiovanni & J. H. Moore (Eds.), *Schooling for tomorrow: Directing reforms to issues that count* (pp. 311-330). Boston: Allyn and Bacon.

Brown, P. (1997). The "third wave": education and the ideology of parentocracy. In A. H. Halsey, H. Lauder, P. Brown, & A. S. Wells (Eds.), *Education, culture, economy, and society*. Oxford: Oxford University Press.

Caldwell, B. J. & Spinks, J. M. (1988). *The self-management school*. London: Falmer Press.

Campbell, A. (2000). Cultural identity as a social construct. *Intercultural Education, 11* (1), 31-39.

Campbell, L., Campbell, B., & Dickinson, D.(1996). *Teaching and learning through multiple intelligences*. Boston: Allyn & Bacon.

Cave, E. (1990). The changing managerial arena. In E. Cave & C. Wilkinson (Eds.), *Local Management of Schools－some practical issues* (pp. 1-14), London: Routledge.

Chang, C. C. (1991). *The nine-year compulsory education policy and the development of human resources in Taiwan* (1950-1990). Unpublished doctoral dissertation, University of Maryland, Baltimore County.

Chen, C. J. (1998). *The Republic of China yearbook 1998*. Taipei: Government Information Office of the Republic of China.

Cheng, Y. C. (1996). *School effectiveness and school-based management: A mechanism for development*. London. Washington, DC: The Falmer Press.

Cladis, M.S. (1995). Education, virtue and democracy in the work of emile durkheim. *Journal of Moral Education, 24* (1), 37-52. Retrieved October 27, 2003, from Professional Development Collection database.

Copper, J. F. (1996). *Taiwan: nation-state or province?* Boulder: Westview Press.

Daly, J. (2000). Marx and justice. *International Journal of Philosophical Studies, 8* (3), 351-370.

Davies, B. & Anderson, L. (1992). *Opting for self-management*. Lodon and New York: Routledge.

Denzin, N. K. (1989). *The research act* (3rd ed.). Englewood Cliff, NJ: Prentice Hall.

Dewey, J. (1916). *Democracy and education*. N.Y.: Macmillan.

Dfee (1999). *The national curriculum: Handbook for primary teachers in England key stages 1 and 2*. London: QCA.

Directorate-General of Budget, Accounting and Statistics (1989). *Social indicators in Taiwan areas of the Republic of China 1989*. Taipei: Ministry of Interior, Executive Yuan, Republic of China.

Ely, M., Anzul, M., Friedman, T., Garner, D., & Steinmetz, A. M. (1991). *Doing qualitative research: Circles within circles*. London: The Falmer Press.

Feintuck, M. (1994). *Accountability and choice in schooling*. Buckingham. Philadelphia: Open University Press.

Floyd, B. A. (1999). *The impact of rapid socioeconomic and demographic change on childhood and adolescent growth patterns in urban and rural Taiwan*. Unpublished doctoral dissertation, University of Oregon.

Fullan, M. G. with Stiegelbauer S. (1991). *The new meaning of educa-*

tional change. New York, NY :Teachers College Press, Teachers College, Columbia University.

Gardner, H. (1983). *Frame of mind: The theory of multiple intelligences*. New York: BasicBooks.

Gardner, H. (1993). *Multiple intelligences: The theory in practice*. New York: BasicBooks.

Gardner, H. (1997). Multiple intelligences as a partner in school improvement. *Educational Leadership, 52*(3), 20-21.

Gardner, H. (1999). *Intelligence reframed: Multiple intelligences for the 21st Century*. New York: Basic Books.

Huang, C. C. (1998). *The rise in single parent families in Taiwan*. Unpublished doctoral dissertation, Columbia University, NY.

Huang, Y. C. (1994). *A centrally planned and controlled higher education system: Case study of policy issues related to the development of doctoral education in Taiwan*. Unpublished doctoral dissertation, University of California, Los Angeles.

Jovchelovitch, S. & Bauer, M. W. (2000). Narrative interviewing. In M. W. Bauer & G. Gaskll (Eds.), *Qualitative researching with text, image and sound* (pp. 57-74). Landon. Thousand Oaks. New Delhi: Sage.

Lawton, D. (1995). The national curriculum in England since 1988. In D. S. G. Carter & M. H. O'Neill (Eds.) *International perspectives on educational reform and policy implementation* (pp. 44-51). London. Washington, DC: The Farmer Press.

Lee, W. O. & Postiglione, G. A. (1995). Social change and educational development: Mainland China, Taiwan and Hong Kong. In G. A. Postiglione & W. O. Lee (Eds.), *Social change and educational development – Mainland China, Taiwan and Hong Kong* (pp. 3-14). Hong Kong: Centre of Asian Studies of the University of Hong Kong.

Lincoln, Y. S. & Guba, E. G. (1985). *Naturalistic inquiry*. Beverly Hills, CA: Sage.

Liu, S. M. (2000). *A study of new directions in Taiwan's education policy*. Unpublished doctoral dissertation, New York University, NY.

Liu, S. M. (2001). Educational innovation in Taiwan: A comparative study of educational policy analysis。載於中華民國教育學會（編）：**新世紀的教育願景**（pp. 379-427）。台北：學富。

Maclure, S. (1992). *Education re-formed: A guide to the education reform act third edition*. London Sydnet Auckland: Hodder & Stoughton.

Mao, C. J. (1997). *Constructing Taiwanese identity: The making and practice of indigenization curriculum*. Unpublished doctoral dissertation, University of Wisconsin-Madison.

Minogue, M. (1983). Theory and practice in public policy and administration. *Policy and Politics, 11*, 10-29.

Moon, B. (1996). *A guide to the National Curriculum*. Oxford: Oxford University Press.

Morgan, G. (1997). *Images of organization*. Thousand Oaks: Sage Pub.

Murphy, J. (1990). The education reform movement of the 1980s: An comprehensive analysis. In J. Murphy (Ed.), *The education reform movement of the 1980s: Perspectives and cases* (pp. 3-56). Berkeley, CA: McCutchan.

Murphy, J. & Beck, L. G. (1995). *School-based management as school re-*

form. Thousand Oasks, California: Corwin Press, Inc.

Odden, A. & Busch, C. (1998). *Financing schools for high performance: Strategies for improving the use of educational resources*. San Francisco: Jossey-Bass publishers.

Patterson C. (1995). *The Civil Rights Movement*. New York: Facts on File.

Raffe, D., Brannen, K., Crxford L., & Martin, C (1999). Comparing England, Scotland, Wales and Northern Ireland: the case for "home internationals" in comparative research. *Comparative Education Volume, 35* (1), 9-25.

Rahim, M. A. (2001). *Managing conflict in organizations* (3rd Ed). Westport, Connecticut: Quorum Books.

Richards, L. (2002a). *N6 reference guide*. Doncaster Victoria Australia: QSR International Pty. Ltd.

Richards, L. (2002b). *Using N6 in qualitative research*. Doncaster Victoria Australia: QSR International Pty. Ltd.

Richardson, L. (1994). Writing: A method of inquiry. In N. K. Densin & Y. S. Lincoln (Eds.), *Handbook of qualitative research* (pp. 516-529). Thousand Oaks, CA: Sage.

Riley, K. A. (1994). *Quality and equality: Promoting opportunities in schools*. London: Cassell.

Rogers, R. (1994). *How to write a school development plan*. London: Heinemann.

Schein, E. (1985). *Organizational culture and leadership: A dynamic view*. San Francisco: Jossey-Bass.

Sheu, T. M. (1993). *School finance equality in Taiwan, Republic of China: A longitudinal analysis, 1981-1990*. Unpublished doctoral dissertation, Teachers College, Columbia University, New York.

Shu, W. N. (1996). *A comparison of factors that influence vocational education law-making in the U. S. and Taiwan, Republic of China*. Unpublished doctoral dissertation, the University of Minnesota.

Stuffebeam, D. L., et al. (1971). *Educational evaluation and decision making*. Phi Delta Kappa.

Su, C. (1997). *The Republic of China Yearbook 1997*. Taipei: Government Information Office of Republic of China.

Swanson, B. B. (1991). *The national education goals: Questions and answers.* Washington, DC: Office of Educational Research and Improvement(ED). (ERIC Document Reproduction Service No. ED334715)

Tai, L. M. (1998). *Teacher education curriculum in Taiwan: Problems and prospects*. Unpublished doctoral dissertation, University of California, Los Angeles.

Tapper, T. (1997). *Fee-paying schools and educational change in Britain: Between the state and the marketplace*. London: The Woburn Press.

Teelken, C. (1999). Market mechanisms in education: School choice in The Netherlands, England and Scotland in a comparative perspective. *Comparative Education Volume, 35* (3), 283-302.

Thomas, R. M. (1990). *International comparative education: Practices, issues, & prospects*. Oxford: Pergamon Press.

U. S. Department of Education. (1991). *America 2000: An education strategy*. Washington, DC: Author.

Weick, K. E. (1996). Educational Organization as Loosely Coupled Systems. In Primis Education Packet (1996), *Educational Administration* (pp. 267-286), NY: McGraw-Hill.

Wengraf, T. (2001). *Qualitative research interviewing*. London: Sage.

West, A., Pennell, H., & Edge, A. (1997). Exploring the Impact of Reform on School-Enrollment Policies in England. *Educational Administration Quarterly*, *33*(2), 170-182.

Wohlstetter, P. (1994). Education by charter. In A. Odden (Ed.), *School-Based Management* (pp. 139-164). San Francisco: Jossey-Bass Publishers.

Wu, D. M. (1999). *Education, earnings, and rates of return: The case of Taiwan*. Unpublished doctoral dissertation, Florida International University, Miami, Florida.

Yang, S. K. (1998b). *Comparison, understanding and teacher education in international perspective*. NY: Peter Lang.

Young, Y. R. (1995). School as the epitome of the society: Education and social change in Taiwan. In G. A. Postiglione. & W. O. Lee (Eds.), *Social change and educational development: Mainland China, Taiwan and Hong Kong* (pp. 120-129). Hong Kong: Centre of Asian Studies of the University of Hong Kong.

Zeng (1996). *The dragon gate: The orgin and development of university entrance examinations in Japan, Korea and Taiwan*. Unpublished doctoral dissertation, Stanford University, C. A.

Zeng, K. (1995). Japan's dragon gate: the effects of university entrance examinations on the educational system and students. *A Journal of*

Comparative Education, *25* (1), 59-83. Retrieved April 22, 2004, from Academic Search Elite datebase.

壹、人 名

一、中文部分

二、英文部分

貳、名詞

一、中文部分

二、英文部分

國家圖書館出版品預行編目資料

社會變遷與教育政策／劉世閔著.--初版.--臺北市：心理, 2005
（民 94）　面；　公分.--（一般教育；88）
參考書目：面
含索引
ISBN 957-702-776-8（平裝）

1. 教育 - 政策　2. 社會變遷

526.19　　94003451

一般教育 88　社會變遷與教育政策

作　　者：劉世閔
責任編輯：唐坤慧
執行編輯：陳文玲
總 編 輯：林敬堯
出 版 者：心理出版社股份有限公司
社　　址：台北市和平東路一段 180 號 7 樓
總　　機：(02) 23671490　傳　　真：(02) 23671457
郵　　撥：19293172　心理出版社股份有限公司
電子信箱：psychoco@ms15.hinet.net
網　　址：www.psy.com.tw
駐美代表：Lisa Wu　tel: 973 546-5845　fax: 973 546-7651
登 記 證：局版北市業字第 1372 號
電腦排版：龍虎電腦排版股份有限公司
印 刷 者：東縉彩色印刷有限公司
初版一刷：2005 年 3 月

定價：新台幣 450 元　
ISBN 957-702-776-8

讀者意見回函卡

No. ______　　　　　　　　　　　　　　填寫日期：　年　月　日

感謝您購買本公司出版品。為提升我們的服務品質，請惠填以下資料寄回本社【或傳真(02)2367-1457】提供我們出書、修訂及辦活動之參考。您將不定期收到本公司最新出版及活動訊息。謝謝您！

姓名：______________ 性別：1□男 2□女

職業：1□教師 2□學生 3□上班族 4□家庭主婦 5□自由業 6□其他____

學歷：1□博士 2□碩士 3□大學 4□專科 5□高中 6□國中 7□國中以下

服務單位：__________ 部門：______ 職稱：______

服務地址：__________ 電話：______ 傳真：______

住家地址：__________ 電話：______ 傳真：______

電子郵件地址：______________

書名：______________

一、您認為本書的優點：（可複選）

❶□內容 ❷□文筆 ❸□校對 ❹□編排 ❺□封面 ❻□其他____

二、您認為本書需再加強的地方：（可複選）

❶□內容 ❷□文筆 ❸□校對 ❹□編排 ❺□封面 ❻□其他____

三、您購買本書的消息來源：（請單選）

❶□本公司 ❷□逛書局⇨______書局 ❸□老師或親友介紹

❹□書展⇨____書展 ❺□心理心雜誌 ❻□書評 ❼其他______

四、您希望我們舉辦何種活動：（可複選）

❶□作者演講 ❷□研習會 ❸□研討會 ❹□書展 ❺□其他____

五、您購買本書的原因：（可複選）

❶□對主題感興趣 ❷□上課教材⇨課程名稱__________

❸□舉辦活動 ❹□其他__________　　　　（請翻頁繼續）

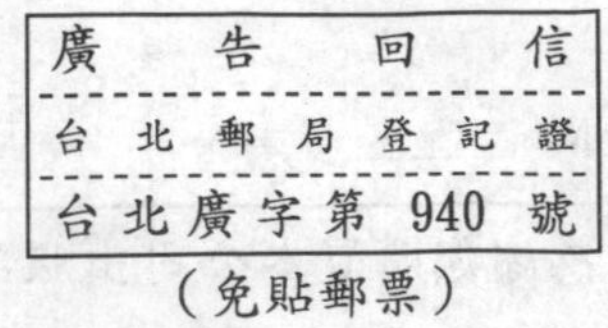

（免貼郵票）

心理出版社股份有限公司

台北市106和平東路一段180號7樓

TEL: (02) 2367-1490
FAX: (02) 2367-1457
EMAIL:psychoco@ms15.hinet.net

沿線對折訂好後寄回

六、您希望我們多出版何種類型的書籍

❶□心理 ❷□輔導 ❸□教育 ❹□社工 ❺□測驗 ❻□其他

七、如果您是老師，是否有撰寫教科書的計劃：□有□無

書名／課程：________________

八、您教授／修習的課程：

上學期：________________

下學期：________________

進修班：________________

暑　假：________________

寒　假：________________

學分班：________________

九、您的其他意見

____

謝謝您的指教！

41088